U0812476

日本社会观察

(2016年)

主　　编 · 金永明
执行主编 · 王　虎

CJS
Shanghai Academy of Social Sciences
Center for Japanese Studies

上海社会科学院出版社
SHANGHAI ACADEMY OF SOCIAL SCIENCES PRESS

《日本社会观察》编委会

主　　任　王　振

副 主 任　金永明　傅钧文　吴雪明

执行主任　王　虎（执行主编）

编委会委员（按姓氏笔画为序）

王少普　王　虎　王　振　李轶海
李　薇　吕耀东　杨伯江　吴寄南
武心波　周　宇　胡令远　金永明
高　洪　傅钧文　郭洁敏　廉德瑰

前言

中国与日本互为一衣带水的近邻，推动两国关系长期健康稳定发展，符合两国人民根本利益，也有利于本地区的和平稳定与发展。中日两国自邦交正常化以来，在战争历史问题、领土主权和海洋权益争端问题、国家安全防务问题等众多方面一直存在着重大分歧，没有取得实质性突破。尽管如此，两国在经贸发展各领域仍有着广阔合作空间，在优势互补领域展开深入务实的拓展，展现了互利共赢、共同发展的良好愿望，为两国经济社会快速发展起到重要的促进作用。

统计资料显示，2015 年日本从中国进口货物为 1 606.24 亿美元，占其进口总额的 24.8%。中国已连续多年取代美国，成为日本货物进口的第一大国。日本从中国进口的主要货物依次为服装服饰、通信设备、计算机及周边机器、半导体等电子产品、影视音响设备等。

同年，日本向中国货物出口为 1 427.15 亿美元，占同年出口总额的 17.5%，仅次于美国。日本对中国出口主要货物依次为半导体等电子产品、集成电路、光学仪表仪器、塑料、汽车、有机化合物等。

中国国家发展改革委国际合作中心资料显示，截至 2015 年底，日本累计对华投资达到 1 030 亿美元，是中国第一大投资来源国。而中国对日本的直接投资规模一直较小，根据日本银行国际收支统计显示，截至 2015 年底，中国对日本直接投资存量为 2 187 亿日元(约为 20.6 亿美元),仅占日本外国直接投资总额的 0.9%。

在人员往来方面,目前长期居住在中国的日本人数为 13.12 万人。2015 年,前往中国旅行的日本人数为 249.77 万人。在华日本留学生人数为 1.4 万人,在 202 个国家及地区 39.8 万在华留学生中位列第 7 位。

相比而言,中国赴日人员数量更多。据统计,长期居住在日本的中国人数为 66.58 万人(含在日华侨)。2015 年,中国大陆前往日本的旅游者人数为 499.36 万人。中国大陆赴日留学生人数达 9.41 万人,同比稍有减少,但占全部留学生的比例仍然高达 45.2%,名列日本外国留学生总数第一。

从中日经贸稳步发展、人员交往频繁可以得知,尽管两国之间存在着不少复杂敏感问题,但中日关系总体延续着改善势头。

日本政治、社会、经济、文化等各方面的现状如何,第二次世界大战(简称"二战")后日本经济的大起大落有哪些值得我们学习和借鉴。尤其是如何评价日本过去的 20 年,是创新转型、厚积薄发、蓄势待发的 20 年,还是转型失败、创新乏力、停滞不前的 20 年。上海社会科学院日本研究中心的学者们,秉承"以史为鉴、面向未来"的宗旨,致力于改善发展中日关系的基本立场,围绕中日关系中的重要方面进行讨论研究,在推动学习交流、促进相互认知和增进双方互信方面发挥了积极作用。

本辑论文集继续就日本政治、经济、产业、文化、教育、历史等诸多方面进行了积极的摸索探讨,回顾了日本社会经济发展历程,介绍了值得我们借鉴的经验和教训,并指出了目前影响日本发展、影响改善中日关系、日本亟待克服的国际国内问题。本论文集的出版期待得到国内外专家学者的关注与指正。

上海社会科学院日本研究中心

2016 年 12 月 28 日

目　录

外交与政治

产业与企业

社会与历史

外交与政治

中国维护东海权益的国际法分析

金永明*

[摘　要] 东海问题尤其是钓鱼岛主权争议问题是横亘在中日关系中的重大敏感问题。对此,两国存在严重的对立和分歧,为维护本国的权益和立场,在东海呈现海空安全严峻态势。而造成此境况的关键要素为:日本否定争议的存在,否认"搁置争议"的共识。为此,本文重点分析了国际争议的要义、"搁置争议"存在的背景以及依据国际法确立钓鱼岛主权的制度。考虑到中日两国均为重要的国家,双边关系又是重要的关系,各方均有恢复和发展两国关系的意愿,所以,中日两国应以达成的处理和改善中日关系四点原则共识为基础,加强沟通和对话,从事实和国际法出发,就两国关系中的敏感问题展开谈判,以切实管控东海海空安全态势,发展和充实中日战略互惠关系内涵。应该说,以中日四个政治文件的原则和精神稳固发展中日关系,是包括两国政府和多数人民在内的国际社会的共同期盼。

[关键词] 中日关系;钓鱼岛问题;搁置争议;国际法制度

近来,中日两国之间围绕东海问题的争论又起。例如,日本外务省网站于2015年7月22日发布了中国东海油气平台的位置、图片等信息,鼓吹"中国海洋威胁论",并要求中方停止在日方单方面主张的"中间线"中方一侧海域的开发活动。②对此,中国外交部于2015年7月24日发表了"中国东海油气开发活动正当合

---

* 金永明,法学博士、理论经济学博士后。上海社会科学院创新工程特色人才、法学研究所研究员、日本研究中心常务副主任;中华日本学会常务理事,上海市日本学会副会长。研究领域:国际法、海洋法、中日关系。本文为作者在《钓鱼岛主权若干国际法问题研究》(《中国边疆史地研究》2014年第2期)基础上补充完成的研究成果。

② 日本外务省发布中国东海油气平台的位置、图片等信息内容,参见 http://www.mofa.go.jp/mofaj/files/00091720.pdf and http://www.mofa.go.jp/mofaj/files/000091722.pdf,2015年7月23日访问。

法”的政策性立场。[①]

实际上，东海问题的核心为钓鱼岛主权争议问题，双方立场严重对立且不可调和。中国政府针对钓鱼岛问题的代表性立场为，外交部发言人洪磊于 2013 年 11 月 4 日指出，钓鱼岛是中国的固有领土，“二战”结束时的有关国际文件已在法律上确认钓鱼岛应归还中国；20 世纪 70 年代初，美日私下授受钓鱼岛是非法和无效的，并不能改变钓鱼岛主权属于中国的事实；当前的钓鱼岛紧张事态，是由日方一手造成的，是日方企图改变现状，而不是中方。日本认为，从历史和国际法看，尖阁诸岛明确是日本固有领土，并不存在与尖阁诸岛有关应解决的领土问题，日本为保全领土将毅然和冷静地应对，通过遵守国际法，确保区域的和平与安定。[②]

即使中日两国于 2014 年 11 月 7 日就处理和改善中日关系达成四点原则共识后，日本政府依然坚持先前的政策和立场，即钓鱼岛是日本的领土，两国不存在主权争议。[③] 因此，为切实改善和发展中日关系，尤其是深化两国战略互惠关系内容，有必要依据国际法分析中日两国针对钓鱼岛问题的基本立场和法律主张，以维护我国在东海的权益。

一、钓鱼岛问题难解的要因

一般认为，东海问题争议主要包括岛屿主权归属争议、资源开发争议、海域划界争议和海空安全争议。在这些争议问题中，核心是岛屿主权归属争议，即钓

---

① 《中国东海油气开发活动正当合法》内容，参见 http://www.fmprc.gov.cn/mfa_chn/wjbxw_602253/t1283725.shtml，2015 年 7 月 29 日访问。

② 日本针对钓鱼岛问题的基本立场，参见日本外务省文件：《尖阁诸岛：不依力量而基于法律支配寻求和平之海》（2014 年 3 月），See http://www.mofa.go.jp/mofaj/area/senkaku/index.html，2014 年 5 月 10 日访问。关于“固有领土”内容，参见金永明：《论日本的所谓“固有领土”之含义》，《东方早报》2014 年 2 月 18 日。“固有领土”含义，是指历史上未有任何国家对其提出任何异议的领土，即历史性权原；如果中日双方均依据历史主张权原，则必须精查各方的历史。参见［日］芹田健太郎：《领土争端的法律与政治——宪法第 9 条及争端的和平解决》，《法律时报》第 84 卷第 13 号（2012 年 12 月），第 4 页。

③ 例如，在日本第 187 次临时国会的众议院会议上，日本外务大臣岸田文雄于 2014 年 11 月 21 日在回答下世代党议员西野弘一关于尖阁诸岛的领有权问题的第 71 号提问时答辩指出，日本依然坚持先前的立场，即中日两国不存在需要讨论解决钓鱼岛的主权争议问题。See http://www.shugiin.go.jp/internet/itdb_shitsumon.nsf/shitsumon/187071.htm，2014 年 11 月 25 日访问。针对日本政府就钓鱼岛问题通过的上述答辩书，中国外交部发言人洪磊指出，钓鱼岛及其附属岛屿自古以来是中国的固有领土，中方对其拥有无可争辩的主权；中国政府维护国家领土主权的决心和意志坚定不移；我们要求日方停止一切损害中国领土主权的行为；……我们敦促日方信守承诺，拿出诚意，以实际行动维护和落实中日四点原则共识，妥善处理当前两国关系面临的突出问题，为推动两国关系改善发展作出努力。参见 http://www.fmprc.gov.cn/mfa_chn/fyrbt_602243/t1213754.shtml，2014 年 12 月 17 日访问。

鱼岛及其附属岛屿主权归属争议，其他争议问题由此引发或与其关联。现今的重点是管控东海海空安全，即构筑和实施东海海空安全的管理制度，以实现两国政府和平友好发展意愿，这是两国政府无法在钓鱼岛问题上达成妥协的过渡时期的安全措施。

而在中日关于钓鱼岛及其附属岛屿（以下简称钓鱼岛列屿或钓鱼岛列岛）的主权归属争议中，关键问题主要体现在：中日两国之间是否存在争议、是否存在"搁置争议"的共识以及对国际法制度或国际秩序的理解和认识上的分歧等方面。

（一）钓鱼岛列屿存在主权争议，日本不容否认

对于是否存在钓鱼岛列屿争议的问题，从国际实践看，并不是单方面的判断可以决定的，而需要从事实和法律立场予以阐释。在国际法文件中，诚然没有明确定义国际争议或国际争端的概念，但从国际法院多次引用常设国际法院在 1924 年 8 月 30 日审理"马弗提斯和耶路撒冷工程特许案"（Mavromamat Palestine Concessions）的判决内容可以看出，所谓的争端是指两个当事人（或国家）之间在法律或事实论点上的不一致（desaccord），在法律主张或利害上的冲突（constradiction）及对立（opposition）。[①] 换言之，国际争议或国际争端是针对特定主题，两者间互相对抗的主张出现明显化的状况。正如国际法院在此后多次提及的那样，（国际）争议是由客观事实确定的，不依赖于当事者是否承认。[②] 对照此判决内容，结合中日两国针对钓鱼岛问题的立场与态度，中日两国在钓鱼岛问题上是存在争议的。[③]

从日本政府针对钓鱼岛问题的文件内容可以看出其基本立场为，钓鱼岛为

---

① See *PCIJ*, Series A, No.2, p.11.例如，国际法院关于印度领域通行权案的本案判决，see *ICJ Reports*, 1960, p.34.国际法院关于萨尔瓦多和洪都拉斯之间的陆地、岛屿和海上边界争端案判决，see *ICJ Reports*, 1992, p.555, para.326.

② 参见［日］杉原高岭著：《国际法讲义》，有斐阁 2008 年版，第 544 页。

③ 中国政府针对钓鱼岛问题的立场与态度文件，主要为：《中华人民共和国外交部声明》（1971 年 12 月 30 日，2012 年 9 月 10 日）以及《钓鱼岛是中国的固有领土白皮书》（2012 年 9 月）。以上资料，参见国家海洋信息中心编：《钓鱼岛——中国的固有领土》，海洋出版社 2012 年版，第 25—30 页；中华人民共和国国务院新闻办公室：《钓鱼岛是中国的固有领土》，人民出版社 2012 年版，第 1—16 页。日本政府（外务省）针对钓鱼岛（"尖阁诸岛"）问题的立场性文件，主要为：《日本关于尖阁诸岛领有权问题的基本见解》（1972 年 3 月 8 日）、《日本针对尖阁诸岛的"三个真实"》（2012 年 10 月 4 日）、《日本尖阁诸岛宣传资料》（2013 年 10 月）。以上资料，参见［日］浦野起央等编：《钓鱼台群岛（尖阁诸岛）问题研究资料汇编》，（香港）励志出版社、（东京）刀水书房 2001 年版，第 272—273 页；［日］冈田充著：《尖阁诸岛问题：领土民族主义的魔力》，苍苍社 2012 年版，第 225—226 页；以及 http://www.mofa.go.jp/mofaj/area/senkaku/pdfs/senkaku_flyer.pdf，2013 年 10 月 30 日访问。

日本固有领土,这在历史和国际法上均没有怀疑,即使现今其仍被日本有效地支配,所以,对于钓鱼岛问题,不存在应解决领有权的问题。[①] 即否认中日两国针对钓鱼岛问题存在争议。甚至日本外务省官员指出,如果中方认为存在争议,则中方可向国际法院提起诉讼。因为日本已于 1958 年 9 月作出了无保留地选择国际法院管辖权的声明,又于 2007 年 7 月 9 日就接受国际法院管辖的选择性声明作出了保留,所以一旦中方提交诉讼,则日本必须接受其管辖(应诉),从而事实上承认在两国之间存在钓鱼岛争议的情形。[②] 为此,在日方坚持强调不存在争议的情形下,中方需考虑是否主动提起诉讼的问题,并对国际司法解决方法作出评估,关键应作好法律诉讼或仲裁裁决的精细准备。

在日本学者中,也出现了日本主动提起司法诉讼或仲裁的观点,即由国际法院或仲裁法庭裁定或判决是否存在争议的问题,以确保东海海空安全,避免因中国的“强力行为”或“危险行动”,在东海海空引发的安全事故和冲突事件。如果日本主动提起诉讼,则中国就面临是否应诉的问题。这对于我国一直坚持和主张以政治方法或外交方法优先解决与其他国家之间的领土争议问题的政策面临重大挑战。因为,我国不仅未就《国际法院规约》第 36 条第 2 款的管辖权作出选择性声明;[③] 同时,我国已依据《联合国海洋法公约》(以下简称《公约》)第 298 条的规定,于 2006 年 8 月 25 日向联合国秘书长提交书面声明,指出,对于《公约》第 298 条第 1 款第(a)、(b)和(c)项所述的任何争端(即涉及海洋划界、领土、军事活动等争端),中国政府不接受《公约》第 15 部分第 2 节规定的任何国际司法或仲裁管辖。换言之,中国对于涉及国家重大利益的海洋争端,排除了适用国

---

① 在日本,支持日本政府针对钓鱼岛问题见解的代表性学者系列新论文,主要为:尾崎重义:《尖阁诸岛与日本的领有权》(绪论、[1]、[2]、[3]),载《岛屿研究期刊》创刊号(2012 年 6 月),第 8—17 页;《岛屿研究期刊》第 2 卷第 1 期(2012 年 10 月),第 8—27 页;《岛屿研究期刊》第 2 卷第 2 期(2013 年 4 月),第 6—33 页;尾崎重义:《尖阁诸岛的法律地位——编入日本领土的经纬与法律权原》([上]、[中]、[下之一]),载《岛屿研究期刊》第 3 卷第 2 期(2014 年 4 月),第 6—27 页;《岛屿研究期刊》第 4 卷第 1 期(2014 年 11 月),第 6—27 页;《岛屿研究期刊》第 4 卷第 2 期(2015 年 3 月),第 6—24 页。

② 日本为避免突然受诉,于 2007 年 7 月修改了原来的声明并作出了保留,即对于其他国家作出接受国际法院管辖的声明,并在未满 12 个月向国际法院提起的争端,日本不应诉。参见[日]芹田健太郎:《领土争端的法律与政治——宪法第 9 条及争端的和平解决》,《法律时报》第 84 卷第 13 号(2012 年 12 月),第 3 页;[日]田中则夫、药师寺公夫、坂元茂树编:《基本条约集》,东信堂 2014 年版,第1189 页。

③ 《国际法院规约》第 36 条第 2 款规定,本规约各当事国的随时声明关于具有下列性质之一切法律争端,对于接受同样义务之任何其他国家,承认法院之管辖为当然而具有强制性,不须另订特别协定:(一)条约之解释;(二)国际法之任何问题;(三)任何事实之存在,如经确定即属违反国际义务者;(四)因违反国际义务而应予赔偿之性质及其范围。

际司法或仲裁解决的可能性，坚持有关国家通过协商谈判解决的立场。也就是说，如果中国不撤回上述书面声明或不同意接受规定的程序，包括两国无法缔结协议提交国际司法或仲裁，则国际司法或仲裁机构就无法管辖此类争端。[①] 那么，在中国不主动起诉的情形下，就只留下中国是否接受日本单独提起的争端并接受"应诉管辖"(forum prorogatum)的问题了。

所谓的"应诉管辖"，是指相关方即无义务管辖权的一方，在对方是否同意接受国际法院管辖权毫不知情的情形下，向国际法院提起的诉讼，在此后的过程中，根据对方的明示或默示的意思表示接受法院管辖权，而赋予法院对该事件的管辖权并正式开始诉讼的状况。尽管通过应诉管辖的方法，国际法院可开始诉讼程序，但此方法并未在《国际法院规约》中作出明确的规定，只是从常设国际法院作出裁判后以惯例方式逐渐加以认可的，也得到了国际法院的案例确认。例如，国际法院于 1948 年 3 月 25 日对"科孚海峡案"作出的先决性抗辩判决就属于应诉管辖。即针对英国一方向国际法院提出的请求，阿尔巴尼亚在送交法院书记官的信中指出，尽管英国一方提起的诉讼并不合适，但为使自己国家表示对"国家间友好合作及和平解决争端各原则"的热情和诚意，并不错失机会，国家有在法院出庭的意思，从而接受了国际法院的管辖权。[②]

虽然应诉管辖在国际法院存在提起诉讼增加的趋势，但由于一方是在对方是否承诺管辖毫不知情的情形下向国际法院提起的诉讼，所以有容易利用这种方法提起诉讼的可能性(即政治利用可能性)。同时，如果事先知道对方不会应诉而提起诉讼时，也存在国际上宣传对方不诚意解决争端的意图而被利用的可能性。所以，在 1978 年修改《国际法院规则》时，增加了严格限制应诉管辖的新条款。例如，《国际法院规则》第 38 条第 2 款规定，请求书应尽可能地指明法院有管辖权的理由，并应说明诉讼请求的确切性质以及诉讼请求所依据的事实和理由的简明陈述；第 5 款规定，当请求国提出以被告国尚未表示的同意为法院管辖的根据，请求书应转交该被告国，但该请求书不应登入总目录，也不应在程序中采取行动，除非并直到被告国同意法院对该案的管辖权。

---

① 《公约》第 298 条第 2 款规定，根据第 1 款作出声明的缔约国，可随时撤回声明，或同意将该声明所排除的争端提交本公约规定的任何程序。

② 参见[日] 田佃茂二郎：《国际法新讲》(下册)，东信堂 1995 年版，第 151—152 页。

(二)中日间存在"搁置争议"的共识,日本不容否认

对于"搁置争议"术语,虽然未在《中日联合声明》(1972 年 9 月 29 日)、《中日和平友好条约》(1978 年 8 月 12 日签署,1978 年 10 月 23 日生效)等文件中显现,但 1978 年 10 月 25 日邓小平副总理在日本记者俱乐部上的回答,表明两国在实现中日邦交正常化、中日和平友好条约的谈判中,存在约定不涉及钓鱼岛问题的事实。[①] 邓小平副总理指出:"这个问题暂时搁置,放它十年也没有关系;我们这代人智慧不足,这个问题一谈,不会有结果;下一代一定比我们更聪明,相信其时一定能找到双方均能接受的好方法。"[②] 换言之,中日两国领导人同意就钓鱼岛问题予以"搁置"。否则的话,针对邓小平副总理在日本记者俱乐部上的回答内容,日本政府和人民可作出不同的回答,而他们并未发表不同的意见,也没有提出反对的意见,这表明对于"搁置争议"日本政府是默认的。此后,日本政府也是以此"搁置争议"的原则和精神处理钓鱼岛问题的,具体表现为"不登岛、不调查及不开发、不处罚",从而维持了钓鱼岛问题的基本稳定。

应注意的是,由于邓小平副总理在日本记者俱乐部上的回答,是在 1978 年 10 月 23 日中日两国互换《中日和平友好条约》批准文后举行的,所以针对钓鱼岛问题的回答内容,具有补充《中日和平友好条约》内容原则性、抽象性的缺陷,具有解释性的作用和效果,即针对钓鱼岛问题的回答内容,也具有一定的效力。因为《维也纳条约法公约》第 32 条第 2 款规定,对于条约的解释,条约之准备工作及缔约之情况,也可作为解释条约之补充资料。

《中日渔业协定》(1997 年 11 月 11 日签署,2000 年 6 月 1 日生效)第 1 条规定,此协议适用海域是指中日两国的专属经济区;但两国的专属经济区界限至今未确定。其第 2—3 条规定,各国基于相互利益,根据此协定及自国的相关法令,可许可他方缔约国的国民及渔船在自国的专属经济区内作业,并发给许可证,也可征收合适的费用。同时,在作业时应遵守对方国家确定的渔业量及作业条件,而在决定作业条件时应尊重中日渔业共同委员会的协议内容。但此渔业协定只适用于北纬 27 度线以北的海域,位于钓鱼岛的北纬 27 度线以南海域不是该渔

① 关于邓小平副总理在日本记者俱乐部上的发言内容,参见《邓小平与外国首脑及记者会谈录》编辑组:《邓小平与外国首脑及记者会谈录》,台海出版社 2011 年版,第 315—320 页。

② 参见日本记者俱乐部编:《面向未来友好关系》(1978 年 10 月 25 日),第 7 页,http://www.jnpc.or.jp/files/opdf/117.pdf,2014 年 8 月 12 日访问。

业协定适用的海域，所以，在此协定未规范的海域，仍适用如在公海那样的在自国登记的船舶由自国管理的“船旗国管辖”的原则。[①] 从上述《中日渔业协定》的规定可以看出，日本政府是同意将钓鱼岛周边海域作为争议海域处理的，承认两国对钓鱼岛周边海域存在争议，这些内容无疑是以两国存在“搁置争议”共识为基础的产物。

针对“搁置争议”共识是否存在的问题，日本坚持认为中方有这样的提议，但并未得到日本的同意或许可，只停留于听过（出席邓小平、园田会谈时日本外务省原中国课课长田岛高志的证言），即其是中方的单方面的行为，而不是双方的行为，所以对日方无拘束力。[②] 特别是日本外务省官员指出，在所有《日本外交文书》中没有这些内容的记录。所以，自始至终不存在“搁置争议”的共识。而日本在 1972 年、1978 年后，采取了尽可能地平稳而慎重地管理钓鱼岛的方针，包括限制建造建筑物及人员上岛，目的是为了避免与中国发生摩擦的事态，这是从发展中日友好关系的大局出发予以考虑并决策的。尤其是 1976 年、1996 年建立灯塔时日方的反驳，均否定了“搁置争议”共识的存在。[③]

此外，自 1972 年 9 月中日两国发表《中日联合声明》，并依据《中日联合声明》在缔结和平友好条约的谈判过程中，日本众议院议员佐佐木（良）委员于 1975 年 10 月 22 日在国会众议院预算委员会提问关于钓鱼岛问题时指出，“对于钓鱼岛问题，尽管在条约中并未言及，但达成了进行搁置的默契”；对此，日外务省予以确认。为此，宫泽国务大臣指出，“所谓的搁置这种形式在中日的条约谈判过程中并不存在这种事实”。1988 年 11 月 8 日，齐藤外务省条约局局长在众议院外交委员会上，回答“对于钓鱼岛问题，存在什么样的合意，或在什么样的状态下双方有认识”时指出，“尽管中国有争取并阐述了搁置的想法，但对日本来说，钓鱼岛被我国实际控制，是日本领土的一部分，所以，完全不考虑搁置之事，因此，搁置之事在中日间完全不存在合意”。[④] 也即日本政府极力否定中日两国

---

① 参见[日] 丰下楢彦：《何谓“尖阁问题”》，岩波书店 2012 年版，第 177—178 页。

② 参见[日] 田岛高志：《尖阁问题“中方不想谈，而日方只限于听过”——邓小平和园田会谈同席者的证言》，《外交》第 18 卷（2013 年 3 月），第 77 页。

③ 参见[日] 田岛高志：《尖阁问题“中方不想谈，而日方只限于听过”——邓小平和园田会谈同席者的证言》，《外交》第 18 卷（2013 年 3 月），第 78 页。

④ 参见[日] 芹田健太郎：《尖阁》，载国际法案例研究会编：《领土》，庆应通讯 1991 年版，第 161、163—164 页。

之间存在“搁置争议”的共识。

而依据中国前驻日大使陈健先生在上海交通大学出席会议(2013年11月3日)时提供的资料,当时田中首相针对周恩来总理的谈话表示:“好,不需要再谈了,以后再说。”[①] 即当时的日本首相田中是作出回答的,与邓小平副总理和园田外相的谈话内容是不一样的。换言之,日方是同意“搁置争议”的,也即存在“搁置争议”的共识的。所以,所谓《日本外交文书》中无这些记录内容,是由于日本删除了与“搁置争议”谈话有关的内容,致使在《日本外交文书》中没有了在中日邦交正常化、中日和平友好条约谈判过程中与“搁置争议”有关的记录。[②] 为此,中国外交部应就此内容予以明确,包括适时公布外交部相关档案,以证视听。

可见,日本政府违背历史事实,在钓鱼岛问题上否定争议、否定“搁置争议”的共识,是中日两国长期以来无法得到实质性进展或合理解决钓鱼岛问题的关键因素。当然,美国所谓的《美日安保条约》第5条适用于钓鱼岛列屿的表态以及在《归还冲绳协定》时一并将钓鱼岛“交还”日本的做法等,也是钓鱼岛问题难解决的重要因素。

二、钓鱼岛主权的国际法分析

如上所述,中日两国针对钓鱼岛问题的分歧,还体现在对国际法制度或国际秩序的理解和认识上,所以有必要分析与钓鱼岛问题有关的国际法,特别是与其有关的条约法内容,也有必要系统地阐述日本针对钓鱼岛问题的立场和主张。

(一)日本针对钓鱼岛问题的基本立场

日本认为,在“二战”后,日本的领土是依据1952年4月28日生效的《旧金

---

① 中国前驻日大使陈健先生展示的资料内容全文如下:1972年9月27日,周恩来总理同日本首相田中角荣就中日邦交正常化问题举行会谈时,田中首相提出:“借这个机会我想问一下贵方对‘尖阁列岛’的态度。”周总理表示:“这个问题我这次不想谈,现在谈没有好处。”田中首相表示:“既然我到了北京,这问题一点也不提一下,回去后会遇到一些困难,现在我提一下就可以向他们交代了。”周总理表示:“对。就因为在那里海底发现了石油,台湾把它大做文章,现在美国也要做文章,把这个问题搞得很大。”田中首相表示:“好,不需要再谈了,以后再说。”周总理表示:“以后再说。这次我们把能解决的大的基本问题,比如两国关系正常化的问题先解决,不是别的问题不大,但目前急迫的是两国关系正常化问题。有些问题要等待时间的转移来谈。”田中首相表示:“一旦能实现邦交正常化,我相信其他问题是能解决的。”以上内容,也可参见国纪平:《钓鱼岛是中国领土铁证如山》,《人民日报》2012年10月12日,http://www.politics.people.com.cn/n/2012/2012/c1001-19239223.html,2012年10月14日访问。

② 参见[日]矢吹晋:《尖阁问题的核心——日中关系会如何》,花伝社2013年版,第32—42页。

山和约》以法律的形式确定的。尖阁诸岛依据《旧金山和约》第3条作为日本西南诸岛的一部分置于美国的施政下，并包含在1972年5月生效的美日关于琉球诸岛和大东诸岛协定(《归还冲绳协定》)返还给日本施政权的区域内。尖阁诸岛在历史上一贯构成日本领土——西南诸岛的一部分。尖阁诸岛是在1885年以后，经过多次或再三调查慎重确认其没有清朝统治的痕迹后，于1895年编入日本领土的。此后，根据日本政府的许可予以移民并在岛上经营鲣鱼生产的事业。而日本于1895年1月将其编入日本的领土，在国际法上属于正当地取得领土权的方式(所谓的无主地先占)。此后，于1968年预测在尖阁诸岛周边海域可能埋藏石油资源后，至1971年中国政府及台湾地区当局在主张领有权以前，日本以外的任何国家和地区均没有主张领有权，并提出异议。①

（二）批驳日本针对钓鱼岛问题的错误立场

针对日本政府关于钓鱼岛列岛领有权的所谓上述主张，有以下国际法问题需要澄清。

1. 在1895年以前，钓鱼岛等岛屿不是无主地

从《日本关于尖阁诸岛领有权问题的基本见解》(1972年3月8日)可以看出，日本自1885年起，开始图谋侵占钓鱼岛等岛屿。其过程如下：1885年，日本内务卿山县有朋密令冲绳县令西村舍三勘查钓鱼台列屿，以设立“国标”。1885年9月22日，西村以密函回报称：此等岛屿系经中国命名，且使用多年，载之史册，如在勘查后即树立“国标”，恐未妥善，建议暂缓。山县有朋并不死心，再次征询外务卿井上馨之意见。1885年10月20日，井上馨在答复山县有朋的极密函件《亲展第38号》中，亦指出“清国对各岛已有命名”，且当时中国报纸报道(即1885年9月6日上海《申报》标题为“台湾警信”的报道)指出：“近有日本人悬日旗于其上，大有占据之势，促请清政府注意。”此时，日本明治政府因自忖力量不足，又察“近时清国报纸等揭载我国政府欲占据台湾近旁清国所属岛屿的传闻”，乃未敢妄动，决定“当以俟诸他日为宜”，且为免“招致清国猜疑”，要求勘查之事“均不必在官报及报纸刊登”。为此，日本内务、外务两卿联合在1885年12月5日下达指示，要求冲绳县暂勿设立“国标”。同时，对当时福冈人古贺辰四郎开发

① http://www.mofa.go.jp/mofaj/area/senkaku/index.html，2013年6月9日访问。

钓鱼岛的申请,亦予驳回。[①] 可见,在 1885 年时,日本知悉钓鱼岛等岛屿根本不是无主地,已为中国命名和使用且载入史册,根本不是所谓的无清朝统治的痕迹,其确为属于中国的领土。1894 年 7 月,中日甲午战争爆发,至 10 月底中方海、陆军皆已战败。此时,日本内阁鉴于甲午战争胜利在望,乃以"今昔情况已殊"为由,于 1895 年 1 月 14 日秘密核准冲绳县于钓鱼岛设立"国标"。日本对钓鱼岛等岛屿的窃占,至此"完成"。

此外,即使依据所谓的"无主地"先占原则取得对钓鱼岛列岛的主权,但至 1969 年 5 月 5 日,日本政府没有在钓鱼岛列岛建立任何具有管辖痕迹或领土意思的标志,也就不符合国际法意义上的先占原则。[②] 那么,为何日本在此时突然设置了"标桩"? 主要原因之一,在发表《埃默里报告》之前的调查成员新野弘于 1967 年 9 月在日本的《科学与技术》的刊物上,独自发表了一篇专论,强调钓鱼岛列屿周边海域有蕴藏大量石油的可能,并向日本政府建言献策,要在联合国亚洲及远东经济委员会(ECAFE)公布中国黄海、东海及南海勘测报告之前,抢先向钓鱼岛列屿海域派出勘测队,以期获得更加准确的资料。受此"建言"影响,日本政府不仅实施了两次勘测活动,也加快了设置"标桩"的步伐。[③] 主要原因之二,日本也认为钓鱼岛列屿是台湾的属岛,既然台湾已通过《马关条约》割让给了日本,所以无须再设置"标桩"了,从而"延缓"了设置"标桩"的进程。

2. 自 1885 年以来,日本并未对钓鱼岛等岛屿进行过多次调查

证据之一,1892 年 1 月 27 日,冲绳县知事丸冈莞尔致函海军大臣桦山资纪,鉴于钓鱼岛列屿为"踏查不充分"之岛屿,要求海军派遣"海门舰"前往钓鱼岛列屿实地调查,然后海军省以"季节险恶"为由,未予派遣。证据之二,1894 年 3 月 12 日,冲绳县知事奈良原繁致函内务省谓:"自明治 18 年(1885 年),由本县属警部派出的调查以来,期间未再进行实地调查,故难有确实事项回报。"而此一文件为 1894 年 8 月 1 日中日甲午战争爆发前的最后一份官方文件,不但直接反

---

① 参见(中国)台湾"外交部":《钓鱼台列屿之主权声明》(2011 年 5 月 27 日)。此外,对于《日本关于尖阁诸岛领有权的基本见解》内谎称的所谓"再三对钓鱼岛等岛屿的实地调查"反驳内容,参见金永明:《再驳"日本关于钓鱼岛等岛屿领有权的基本见解"的错误性》,《东方法学》2012 年第 5 期,第 54—61 页。

② 为显示日本对钓鱼岛等岛屿的行政管辖,1969 年 5 月 5 日日本石垣市在各岛设置了钢筋水泥制的标识或标记。参见郑海麟:《钓鱼岛列岛之历史与法理研究》(增订本),中华书局 2007 年版,第 117 页。

③ 参见吴天颖:《甲午战前钓鱼列屿归属考》(增订版),中国民主法制出版社 2013 年版,第 6—9 页。

驳日本政府所称对所谓尖阁诸岛进行过多次或再三彻底调查的说法，也说明明治政府当年确实是借甲午战争的胜利而窃占钓鱼岛等岛屿的。[①]

实际上，日本用“出云丸”对钓鱼岛的所谓现场调查活动，只有一次，即1885年10月30日的上午10点到下午2点，前后最多也只有六个小时，根本不存在所谓的“多次调查”的说法。[②]

3. 所谓的依据许可对钓鱼岛列屿实施“有效统治”，也属无效

日本辩称对钓鱼岛列屿进行了所谓的“有效统治”，包括政府批准民间人士在岛上进行开发活动。由于钓鱼岛列屿是中国的领土，并不是无主地，也违反无主地先占的要件，尤其是日本政府秘密通过的内阁决议，不仅无国际法效力，也无国内法效力。因为，在日本秘密将钓鱼岛及其部分附属岛屿编入所谓的日本领土的内阁决议(秘别133号)，直到1952年日本外务省编辑出版的《日本外交文书》中才显现，而在此之前国际社会包括中国无法知晓。[③] 所以，严重地违反了国家取得领土的基本要件：向国际社会予以公示，因此其不具有国际法的效力，是一种违法的行为。[④] 同时，从《冲绳县之郡编制的敕令》(第13号)内容可以看出，在冲绳县的五郡中根本没有钓鱼岛等岛屿的内容。此外，根据明治宪法规定，内阁只是天皇的辅助机构，日本的法令只有以天皇的名义发布才算有效，而从日本针对其他领土(例如，硫磺岛[iwojima]、南鸟岛[minamitorishima]等无人岛)编入日本领土均予以公示的实况来看，日本将钓鱼岛等岛屿纳入日本领土的手续与其他领土编入手续明显不同，即《冲绳县之郡编制的敕令》未通过天皇敕令发布，所以毫无国内法的效力。[⑤] 为此，日本是借甲午战争胜利之际窃占中国领土——钓鱼岛列屿，一点也不脱离事实。所以即使采取了所谓的有效统

---

① 参见(中国)台湾“外交部”：《钓鱼台列屿之主权声明》(2011年5月27日)，第7页。

② 参见[日]村田忠禧：《日中领土问题的起源——公文书表明的不切实际的事实》，花伝社2013年版，第220—221页。

③ 日本内阁决议(1895年1月14日)附件内容：对于内务大臣建议的位于冲绳县八重山群岛之西北称为久场岛、鱼钓岛之无人岛，近年有人试图从事渔业等，故须加以取缔之。对此，应按照该县知事呈报批准该岛归由冲绳县所辖，准其修建界桩。此事应如建议顺利通过。参见[日]浦野起央等编：《钓鱼台群岛(尖阁诸岛)问题研究资料汇编》，励志出版社、刀水书房2001年版，第167—170页。

④ 要使对无主地的先占有效，需具备以下两个要件。第一，想先占无主地的国家需要有将此土地作为自己领有的意思，并通过一定的方式予以表示；第二，国家必须对该土地实施有效占有。参见[日]田佃茂二郎：《国际法新讲》(上)，东信堂1994年版，第191—192页。

⑤ 关于硫磺岛编入东京府(1891年)、南鸟岛编入东京府(1898年)内容，参见[日]百濑孝：《史料考证：日本的领土》，河出书房新社2010年8月版，第61—65、87—89页。

治,也属无效,因为不法行为不产生权利。[①] 换言之,自1895—1945年日本统治台湾期间,钓鱼岛列屿既为台湾属岛,故俱为日本领土。日本人使用该岛自无他人抗议,古贺辰四郎父子的开发行为即为一例。[②]

4. 日本声称在1970年代前没有任何国家对钓鱼岛列屿提出主权主张,不符合事实

1946年6月22日,美国主导下的盟军总司令部划定的日本渔区图,将中国钓鱼岛渔区划入日本渔区,遭到中国政府的反对,但盟军却知错不改,向中国和其他盟国解释说,"日本粮荒急迫,应增加渔产,俾谋救急",希望盟国谅解。[③] 可见,盟军明知钓鱼岛不是日本的领土,且中国明确反对,却仍将钓鱼岛海域划入日本渔区,理由是出于对日本粮荒的救济。此外,1950年和1953年,美国琉球当局将托管范围包括钓鱼岛列屿的"依据"并非认为其是日本的领土,而是按照1944年的日本陆军地图地名索引确定的。[④] 所以,根本不符合日本声称的在20世纪70年代无任何国家提出对钓鱼岛列屿拥有主权的事实。

至于1920年,当时的中华民国驻长崎领事在救出遇难中国渔民的感谢状中,载有"日本帝国冲绳县八重山郡尖阁列岛(即钓鱼岛列屿)"的字样。这也无日本拥有钓鱼岛列屿领土主权的效果。因为如上所述,自1895—1945年日本统治台湾期间,钓鱼岛既为台湾属岛,故俱为日本领土。日本人使用该岛自无他人抗议,古贺辰四郎父子的开发行为即为一例。此可解释民国九年(1920年)我国驻长崎总领事馆冯冕何以在一份感谢状中承认"尖阁列岛"为日本领土,因为当时确实如此。[⑤]

---

① 关于"不法行为不产生权利"内容,参见王可菊:《不法行为不产生权利》,《太平洋学报》2013年第7期,第91—93页。

② 日本窃占钓鱼岛列屿后,即许可其国民在岛上开发。自1897年起,古贺辰四郎及古贺善次父子先后曾在钓鱼岛上从事羽毛及鸟粪收集、标本制作、鲣鱼罐头工厂经营及农耕。前后二阶段,共历时二三十年,终因成本过高及太平洋战争爆发而终止。参见(中国)台湾"外交部":《钓鱼岛列屿之主权声明》(2011年5月27日),第2、7页。

③ 参见胡德坤、韩永利:《旧金山和约与日本领土处置问题》,《现代国际关系》2012年第11期,第11页。

④ 参见胡德坤、韩永利:《旧金山和约与日本领土处置问题》,《现代国际关系》2012年第11期,第11页。

⑤ 参见(中国)台湾"外交部":《钓鱼台列屿之主权声明》(2011年5月27日),第7页。另外,以"中华民国驻长崎领事冯冕"名义分别给予日本地方官员和各位救助者的感谢状共有七份,其原件现存于冲绳县石垣市立八重山博物馆。参见朱建荣:《辨析日本关于钓鱼岛主权主张的结构性缺陷》,《日本学刊》2013年第1期,第29页。

另外，对于日本声称的在1953年1月8日《人民日报》的记事中，写有琉球诸岛由包括钓鱼岛列屿在内的七组岛屿组成的记载，也无效力。经查原文，《琉球群岛人民反对美国占领的斗争》是一篇编译文章。因为该文没有作者，只注明"资料"字样，且"尖阁诸岛"纯属日语写法，文中的冲绳地区"嘉手纳"被按日语翻译成"卡台那"(译音)，所以是一篇辅助阅读的资料。这显然不能成为代表中国政府或《人民日报》报社的立场。更为重要的是，此文对"琉球群岛"的定义范围也存在错误。因为依据《旧金山和约》，大隅诸岛不在琉球群岛之内，也不在美军占领的范围内，根本不存在"反对美军占领的斗争"事实。换言之，《人民日报》的文章只是资料性质的参考文献，且属于日本本土鹿儿岛的大隅诸岛也不在琉球群岛范围之内，其存在定义范围之错误，所以其无法代表中国政府的立场。

此外，至于1960年在中国发行的中国世界地图集中，把钓鱼岛列屿作为冲绳岛屿处理的辩称，也无作用。因为当时中国无单独测绘出版地图的能力和水平，此地图或是沿用日本占据台湾时期的地图，或是直接参看了日本的地图，证据之一为中国后来正式测绘的地图所使用的岛屿名称也有变化，例如，将土噶喇诸岛称为土噶喇列岛。① 所以，这种地图充其量只能反映日本统治台湾期间把钓鱼岛划归琉球管辖的历史侧面，不足以证明历史的全貌，更不能以此作为辩明领土主权归属的依据。

事实上，日本是于1968年预测在钓鱼岛列屿周边海域埋藏丰富石油资源后，才开始加紧活动的。主要表现在：1969年6月、1970年4月，日本政府组织东海大学科研人员对钓鱼岛列屿周边海域实施了两次勘测调查活动，调查认为在钓鱼岛列屿附近海域蕴藏丰富的石油资源；② 1969年后，琉球政府船只开始驱赶台湾渔民在钓鱼岛列屿周边海域的捕鱼活动。③ 目的是使驻琉美军与琉球政府共同派人前往钓鱼岛列屿周边海域调查石油矿藏；④ 1969年5月，琉球政

① 针对日本辩称的《人民日报》文章、有关地图内容分析及其作用，参见朱建荣：《辨析日本关于钓鱼岛主权主张的结构性缺陷》，《日本学刊》2013年第1期，第32—34页。

② 国家海洋局海洋发展战略研究所编：《钓鱼岛问题纪事》，1996年，第15—16页。

③ 参见丘宏达：《中国对于钓鱼台列屿主权的论据分析》，《明报月刊》第78期(1972年6月)，第59页；(中国)台湾"外交部"：《钓鱼台列屿之主权声明》(2011年5月27日)，第7—8页。

④ 参见朱建荣：《辨析日本关于钓鱼岛主权主张的结构性缺陷》，《日本学刊》2013年第1期，第30页。

府石垣市官员在钓鱼岛列岛的五个岛上设置了显示“行政管辖”的“标设”;[①] 1970年9月1日,琉球政府立法院通过了《关于尖阁列岛的领土权》的决议,指出“尖阁列岛”在行政上属于冲绳石垣市;[②] 1974年1月,日韩签署所谓的共同开发大陆架协定等。这些事实充分反驳了日本认为中国是在1970年代预测在东海海底蕴藏丰富石油资源后,才开始主张或强化对钓鱼岛列屿的主权要求及管理措施的谬论。

5. 日本主张依据所谓的条约取得对钓鱼岛的“主权”,违反国际法

即日本认为,钓鱼岛列屿的“主权”是依据《旧金山和约》《归还冲绳协定》取得的,而不是依据《马关条约》割让的领土。尽管《马关条约》第2条未提及钓鱼岛列屿,但并不能推出其为琉球西南诸岛一部分的结论。因为台湾全岛及所有附属各岛屿所涵盖的其他许多岛屿都没有在《马关条约》第2条中提及,如接近台湾本岛的兰屿、琉球屿、花瓶屿、彭佳屿等。

1951年9月8日,美日等国在旧金山签署的《旧金山和约》第3条规定的美国行政权管辖下的琉球列岛及其领海范围,并无涉及钓鱼岛列屿或日本所称的“尖阁群岛”“尖头群岛”。[③] 而日本政府对《旧金山和约》第3条的地域范围解释时,明确指出“历史上的北纬29度以南的西南群岛(或诸岛),大体是指旧琉球王朝的势力所及范围”。此解释表明,《旧金山和约》规定交由美国托管的范围,不含钓鱼岛列屿,因为钓鱼岛列屿并非“旧琉球王朝的势力所及范围”。[④] 所谓的钓鱼岛列屿为琉球西南诸岛的一部分,只是错误地反映了日本在割让台湾后重新将钓鱼岛列屿划归冲绳管辖的“事实”,未能体现历史的真实面貌。

同时,钓鱼岛列屿由于台湾渔民经常出没作业的关系,习惯上将该列岛视为台湾附属岛屿,这是一种历史的自然形成。对于这种地理概念的历史形成,中日

---

① 参见[日]浦野起央:《尖阁诸岛·琉球·中国——日中国际关系史》,三和书籍2005年版,第154页。

② 参见[日]浦野起央等编:《钓鱼台群岛(尖阁诸岛)问题研究资料汇编》,励志出版社、刀水书房2001年版,第192—198页。

③ 《旧金山和约》第3条规定,日本对于美国向联合国所作任何将北纬29度以南之西南诸岛(包括琉球群岛及大东群岛)、孀妇岩以南之南方诸岛(包括小笠原群岛、西之岛及硫磺列岛)及冲之鸟岛与南鸟岛,置于托管之下,而以美国为其唯一管理当局之建议,将予同意。在提出此项建议并就此项建议采取确定性之行动以前,美国有权对此等岛屿之领土暨其居民,包括此等岛屿之领水,行使一切行政、立法及管辖之权力……

④ 参见郑海麟:《日本声称拥有钓鱼岛领土主权的论据辨析》,《太平洋学报》2011年第7期,第94页。

的文献资料均有反映。例如，明朝嘉庆帝派遣的“宣谕日本国”的特使郑舜功所撰《日本一鉴》(1564年)便记有：“钓鱼屿，小东小屿也”(小东即台湾)，即钓鱼屿被视为台湾附属小屿的；明治28年(1895年)日本海军省所撰《日清战史稿本》之《别记·台湾匪贼征讨》记载的尖阁岛位置，是在“台湾淡水港北方约90海里(小基隆之海面)”，也把钓鱼岛列屿视为台湾附属岛屿的。

其实，日本人要到1885年前后才通过西洋人的海图(主要是英国《海军水路志》)注意到钓鱼岛列屿的存在。而英国海军是通过闽台人获悉钓鱼岛列屿的命名，日本人则是通过英国人才注意到钓鱼岛列屿的存在。1900年，日本才给钓鱼岛列屿起名为尖阁列岛。此外，在1895年6月2日，中日政府代表签署《有关接管台湾的公文》谈判时，日本代表水野弁理公使认为，有关台湾附属岛屿已有公认的海图及地图。此谈话表明，日本政府承认台湾附属岛屿已有公认的海图及地图，因而不需要在接管台湾的公文中列出钓鱼岛列屿，所以，日本政府实际上承认钓鱼岛列屿是台湾附属岛屿，因为钓鱼岛列屿在公认的海图及地图上早已表明它属于中国台湾。[①]

(三) 钓鱼岛主权问题与国际法制度

1945年日本战败投降后，根据《开罗宣言》《波茨坦公告》《日本投降文书》等文件的规定，钓鱼岛列屿本应作为台湾的附属岛屿归还中国。然而，钓鱼岛列屿至今仍被日本非法侵占，造成中国在法律上收回钓鱼岛列屿而未能在事实上收回的局面。[②] 换言之，钓鱼岛列屿非主权之争，而是管辖权或行政权之争。

值得注意的是，《开罗宣言》对领土内容的规定采用了不穷尽列举的方式，意在强调日本以任何方式窃取于中国的一切领土，不论是通过《马关条约》正式割让的台湾、澎湖，还是日本通过傀儡政府而实际占据的东北四省，或是以其他方式窃取的中国领土，均应归还中国。即便日方辩称钓鱼岛列屿没有作为台湾附属岛屿在《马关条约》中一并割让给日本，也不能否认该等岛屿是日本利用甲午

---

① 参见李国强：《钓鱼岛主权若干问题辨析》，《太平洋学报》2013年第7期，第2—3页；[日]芹田健太郎：《尖阁》，载国际法案例研究会编：《领土》，庆应通讯1991年版，第155—156页；滨川今日子：《围绕领有尖阁诸岛的论点——以日中两国的见解为中心》，《调查与情报》第565期(2007年2月28日)，第7页。

② 参见王可菊：《不法行为不产生权利》，《太平洋学报》2013年第7期，第95页。

战争或在甲午战争期间从中国“窃取”的领土,因而是必须归还中国的。[①]

但美国基于“冷战”及地缘战略考虑,根据1951年签订的《旧金山和约》管理琉球,并依据1953年12月25日生效的有关奄美大诸岛的《日美行政协定》,认为有必要重新指定琉球列岛美国民政府及琉球政府按照民政府布告、条令及指令所规定的地理境界,所以,美国民政府于1953年12月25日发布了《琉球列岛的地理境界》(第27号),将钓鱼岛列屿单方面地划入琉球群岛的经纬线内,并于1972年将钓鱼岛列屿连同琉球群岛一并“交还”日本。[②] 美日私底下相互授受中国钓鱼岛列屿领土的做法,导致现今钓鱼岛列屿被日本非法实际控制的局面,从而衍生出长达四十余年的中日钓鱼岛列屿领土主权之争。

在此,美国依据《归还冲绳协定》“归还”琉球群岛及钓鱼岛列屿行政权之举,不仅未取得“二战”盟国的同意,而且也违反《旧金山和约》要求将琉球纳入联合国托管制度的目的。即美国出于自身战略利益考虑,没有将托管琉球的建议提交联合国审议,所以使得“从敌国分离的潜在的托管领土——琉球”,始终没有受到联合国托管制度的约束,进而违反《旧金山和约》拟将琉球提交联合国托管的出发点和归宿。[③]

1943年10月,中、美、英、苏发表了《四国关于普遍安全的宣言》,宣布四大国决心在打败敌人及处理敌人投降方面,采取共同行动。可以看出,盟国一致原则和不单独媾和为反法西斯四大国之间的庄重约定,各国必须遵守。所以,于1951年9月8日在没有中国参加、苏联没有签字,美日等国签署的《旧金山和约》突破了盟国的共同决定,改变了盟国对日本领土的许多规定,在国际法上无效。[④] 中国政府周恩来总理兼外长代表政府郑重声明,指出《旧金山和约》没有中华人民共和国参加的对日单独和约,不仅不是全面的和约,而且完全不是真正

---

① 国纪平:《钓鱼岛是中国领土铁证如山》,参见 http://politics.people.com.cn/2012/1012/c1001-19239223.html,2012年10月14日访问。

② 关于美国单方面划定琉球地理境界并依据“群岛基线”划定琉球群岛经纬线范围内容,参见郑海麟:《日本声称拥有钓鱼岛领土主权的论据辨析》,《太平洋学报》2011年第7期,第94—96页。

③ 对于《旧金山和约》第3条的含义是指,日本同意,琉球作为普通托管领土或战略托管领土,经过联合国大会或者安理会批准并置于联合国托管理事会、大会以及安理会的监督之下后,由美国作为唯一管理当局;而在此托管程序开始或完成之前,琉球暂由美国“施政”。换言之,一旦琉球完成联合国托管的程序,则正式成为托管领土,而在此之前,则是由美国临时施政的“潜在的托管领土”。参见罗欢欣:《论琉球在国际法上的地位》,《国际法研究》2014年第1期,第21—22页。

④ 胡德坤、韩永利:《旧金山和约与日本领土处置问题》,《现代国际关系》2012年第11期,第8—10页。

的和约;中国政府认为是非法的、无效的,因而是绝对不能承认的。[①]

中国政府的上述立场和观点得到国际法的支持。例如,《维也纳条约法公约》第34条规定,条约非经第三国同意,不为该国创设义务或权利;第35条规定,如条约当事国有意以条约之一项义务之方法,且该项义务经一第三国以书面明示接受,则该第三国即因此项规定而负有义务。上述条款内容,体现了国家主权平等原则和"协议不损害第三国及不得益第三国"的原则。所以对于《旧金山和约》,由于中国政府没有参加,并作出了反对的声明,因此与中国有关的内容,对中国政府无拘束力。

在此特别应该指出的是,所谓的日本对钓鱼岛列屿的主权,尤其是"二战"后对于日本的领土范围,日本试图割裂与重要的国际法文件之间的关系。即日本主张依据《旧金山和约》《归还冲绳协定》确定日本的领土范围,这就是所谓的对国际秩序或国际制度的认识差异,明显是日本的诡辩。

对于日本的领土范围,中、美、英政府首脑于1943年12月1日公布的《开罗宣言》指出,我三大盟国此次进行战争之目的,在于制止及惩罚日本之侵略,三国决不为自己图利,并无拓展领土之意思;三国之宗旨,在剥夺日本从1914年"二战"开始在太平洋上所夺得或占领之一切岛屿;在使日本所窃取于中国之领土,例如,东北四省、台湾、澎湖列岛等,归还中华民国;其他日本以武力或贪欲所攫取之土地,亦务将日本驱逐出境。[②]

《波茨坦公告》第8条规定,《开罗宣言》之条件,必将实施;而日本之主权,必将限于本州、北海道、九州、四国及吾人所决定其他小岛之内。[③]

由于《日本投降文书》内的《向同盟国投降文书》(1945年9月2日)规定,日本接受美、中、英政府首脑于1945年7月26日在波茨坦所发表,其后又经苏联所加入之公告列举之条款;日本担任忠实执行《波茨坦宣言》之各项条款。[④] 同时,《中日政府联合声明》(1972年9月29日)第3条规定,中华人民共和国政府

---

① 《周恩来外长关于美国及其仆从国家签订旧金山和约的声明》,载田桓主编:《战后中日关系文献集(1945—1970)》,中国社会科学出版社2002年版,第103—104页。

② 《开罗宣言》内容,参见丘宏达编辑,陈纯一助编:《现代国际法参考文件》,三民书局2002年版,第926—928页。

③ 《波茨坦公告》内容,参见丘宏达编辑,陈纯一助编:《现代国际法参考文件》,三民书局2002年版,第928—929页。

④ 《日本投降文书》内的《向同盟国投降文件》内容,参见丘宏达编辑,陈纯一助编:《现代国际法参考文件》,三民书局2002年版,第930—932页。

重申：台湾是中华人民共和国领土不可分割的一部分；日本国政府充分理解和尊重中国政府的这一立场，并坚持《波茨坦公告》第 8 条的立场。[①] 所以这些国际法文件对日本有拘束力。

依据这些条约文件内容，日本应放弃或归还的岛屿及领土，主要包括以下三个方面。第一，日本应归还“一战”后夺得的太平洋上的一切岛屿，其是指西太平洋群岛的岛屿，主要为加罗林群岛、北马里亚纳群岛、马绍尔群岛；第二，日本应归还窃取于中国的领土；第三，日本应放弃以武力或贪欲所攫取之土地。[②]

总之，依据国际法文件，特别是《开罗宣言》《波茨坦公告》《日本投降文书》《中日政府联合声明》等文件的原则和精神，钓鱼岛列屿属于中国应收复的领土，毫无疑义。因为这些条约属于最高层级的立法性或造法性条约，起引导及决定性的作用，特别是当低级层次的合同性或契约性条约(例如，《旧金山和约》《归还冲绳协定》)与其发生冲突时，它们具有优先适用的性质和功能。同时，日本的领土限于四地及同盟国决定之小岛内。在这“小岛”内，自然不包括琉球。因为，第一，琉球群岛包含大小岛屿 150 多个，其中最大的岛屿冲绳有1 200 多万平方公里，人口 100 多万，是除日本四地(本州、北海道、九州、四国)以外的第五大岛屿，很难被看作“小岛”；第二，在美国占领日本与琉球期间，对于日本与琉球的方式截然不同，采取了“分离式处理”的方式，对日本的政策也都“不包含琉球”。[③]

1946 年 1 月 29 日，同盟国最高司令官总司令部(General Headquarters of Supreme Commander for Allied Power, SCAP)向日本政府发出题为《某些边远区域从日本的统治和行政中分离的备忘录》(Memorandum for Imperial Japanese Government on Governmental and Administrative Separation of Certain Outlying Areas from Japan)的“第 677 号指令”规定了日本领土的范围：日本由四个本岛和约 1 000 个较小的邻接岛屿所组成，包括对马岛及北纬 30 度以北的琉球(西南)岛屿。同时，上述备忘录指出，“即日起，日本帝国政府对日本以外的区域或此区域内的任何政府官员、职员或个人，停止实施一切政府的、行

① 参见《当前中日关系和形势教育活页文选》，红旗出版社 2005 年版，第 77—78 页。

② 参见管建强：《国际法视角下的中日钓鱼岛领土主权纷争》，《中国社会科学》2012 年第 12 期，第 132 页。

③ 参见张亚中：《两岸共同维护钓鱼岛主权：国际政治的观点》，《台海研究》2013 年第 1 期，第 36—37 页。

政的权力或权力意图”,琉球被视作日本以外区域。这种“分离式处理”方式意味着与盟军最高司令官总司令部间接管理下的日本不同,琉球被留在了美军的直接统治之下。

由于美国只是占领琉球,而且没有将琉球纳入主权的意愿,其他战胜同盟国也从来没有表达获得琉球主权的意愿。因此,琉球在战时占领期间的地位是:既不属于日本,也不属于美国,而是在国际共管下的一种地位未定的领土。更值得注意的是,美国从未真正地遵行国际共管制度规定。因为,美国在 1952 年 2 月 10 日将在北纬 29 度以北的吐噶喇群岛岛屿“返还”给了日本,违反了《第 677 号指令》规定的以北纬 30 度为界的内容。在 1952 年 4 月 28 日生效的《旧金山和约》中又认为日本的“剩余主权”可以包括在北纬 29 度以南,即南琉球群岛,美国在此区域行使的是“行政管理权”。1953 年 12 月 25 日,美国将此区域中的奄美群岛行政权交还日本。1968 年 6 月 26 日,美军将小笠原诸岛的行政权交还日本。1972 年 5 月 15 日,美国又依据《归还冲绳协议》,将北纬 29 度以南的南琉球群岛,包括钓鱼岛列屿一并交还日本。[①] 美国这种单方面变更范围及“交还”领土的行为,自然没有得到同盟国的同意,因而其是非法、无效的。

此后,同盟国未曾协商讨论决定日本的领土范围,包括琉球群岛的地位问题。鉴于钓鱼岛列屿主权问题危及或影响东亚区域及世界的和平与安全,联合国安理会有责任讨论此问题,或其可向国际法院申请咨询意见,以重申或再次确定日本领土之范围,切实保卫“二战”之胜利成果,并遵循国际制度安排,维护国际秩序。[②]

三、中日针对东海问题的努力及效果

为解决东海问题争议,中日两国之间开始了关于东海问题磋商谈判,但即使双方经过 11 次的磋商谈判(2004 年 10 月 25 日至 2007 年 10 月 11 日),仍未在东海问题上达成共识。[③] 此后,为实现中日双方领导人的政治意愿,经过多次磋

---

① 参见张亚中:《两岸共同维护钓鱼岛主权:国际政治的观点》,《台海研究》2013 年第 1 期,第 37—38 页。

② 例如,《联合国宪章》第 39 条、第 96 条第 1 款;《国际法院规约》第 65 条第 1 款。

③ 关于中日东海问题磋商谈判内容,参见金永明:《东海问题解决路径研究》,法律出版社 2008 年版,第 4—7 页。

商,2008年6月18日,中日两国外交部门公布了《中日关于东海问题的原则共识》。[①] 其为切实推进东海问题的合理解决迈出了实质性的一步,可以说取得了一定的进展。从上述文件内容可以看出,中日双方搁置了东海划界争议,强调在实现划界前的过渡期间,在不损害双方法律立场的情况下进行合作,包括合作开发和共同开发,以共享东海资源利益。[②] 此后,由于双方针对跨越"中间线"的春晓油气田的合作开发存在不同的理解和认识,所以即使已经缔结了《中日关于东海问题的原则共识》,迄今双方仍未在合作开发和共同开发上获得任何进展。[③]同时,由于中日在钓鱼岛周边海域发生渔船撞击事件(2010年9月7日),停滞了两国政府间关于东海问题原则共识的谈判磋商进程。

此后,日本政府于2012年9月10日确立"购岛"方针(所谓的"平稳及安定地维护和管理"钓鱼岛及其部分附属岛屿),9月11日签署"购买"合同,并于9月12日完成所谓的"土地所有者"登记手续"收场"。日本政府所谓"国有化"钓鱼岛、北小岛和南小岛的行为,无视中国政府的多次强烈抗议和严正警告,无视中日关系大局,不仅严重侵犯中国的主权和领土完整,也破坏纪念中日邦交正常化40周年的氛围,严重损害中日关系的发展进程。[④]

自日本政府"国有化"钓鱼岛行为后,我国出台了一系列的反制措施,尤其

---

① 例如,《中日联合新闻公报》2006年10月8日指出,中日双方确认,为使东海成为和平、友好、合作之海,应坚持对话磋商,妥善解决有关分歧;加快东海问题磋商进程,坚持共同开发大方向,探讨双方都能接受的解决办法。《中日联合新闻公报》(2007年4月11日)指出,为妥善处理东海问题,双方达成以下共识:(一)坚持使东海成为和平、友好、合作之海;(二)作为最终划界前的临时性安排,在不损害双方关于海洋法诸立场的前提下,根据互惠原则进行共同开发;(三)根据需要举行更高级别的磋商;(四)在双方都能接受的较大海域进行共同开发;(五)加快双方磋商进程,争取在今年秋天就共同开发具体方案向领导人报告。《中日关于全面推进战略互惠关系的联合声明》(2008年5月7日)指出,双方应共同努力,使东海成为和平、合作、友好之海。

② 《中日关于东海问题的原则共识》指出,双方经过认真磋商,一致同意在实现划界前的过渡期间,在不损害双方法律立场的情形下进行合作。

③ 例如,《中日关于东海问题的原则共识》指出,中国企业欢迎日本法人按照中国对外合作开采海洋石油资源的有关法律,参加对春晓油气田的开发;中日两国政府对此予以确认,并努力就进行必要的换文达成一致,尽早缔结,双方为此履行必要的国内手续。

④ 例如,2012年9月11—12日,中国外交部亚洲司长罗照辉大使在北京应约与来华的日本外务省杉山晋辅就当前中日关系举行磋商。罗照辉全面阐述了中方在钓鱼岛问题上的严正立场,强调中国政府和人民维护领土主权的决心和意志坚定不移,要求日方立即撤消所谓"购岛"的错误决定。罗照辉强调,中方决不承认日方对钓鱼岛的非法侵占和所谓"实际控制",决不容忍日方对钓鱼岛采取任何单方面行动。日方必须立即纠正错误,回到双方达成的共识和谅解上来,回到对话谈判解决争议的轨道上来。参见《中方再次要求日方撤消"购岛"决定》,http://www.fmprc.gov.cn/mfa_chn/ziliao_611306/zt_611380/dnzt_611382/diaoyudao_611400/t968814.shtml,2014年12月17日访问。

在法律上特别明显。主要为：2012 年 9 月 10 日，中国政府就钓鱼岛等岛屿的领海基线发表了声明，公布了钓鱼岛等岛屿作为基点的经纬度坐标，从而确立和明确了钓鱼岛等岛屿以直线基线为基础的领海制度及其他海域管辖范围。[①] 9 月 12 日，国家海洋局公布了领海基点保护范围选划及保护办法。9 月 13 日，中国常驻联合国代表李保东大使向联合国秘书长提交了中国钓鱼岛等岛屿领海基点基线坐标表和海域的文件。此外，国家海洋局、民政部受权于 2012 年 9 月 21 日公布了我国钓鱼岛海域部分地理实体标准名称，从而完善了中国针对钓鱼岛等岛屿的领海制度及一切法定手续。2012 年 12 月 14 日，中国政府向联合国秘书长提交了《东海部分大陆架外部界限划界案》。[②] 这是我国于 2012 年 3 月 3 日，经国务院批准，授权国家海洋局、民政部公布钓鱼岛及其部分附属岛屿名称以来的后续措施；[③] 也是依据中国的海洋法（主要包括《中国政府关于领海的声明》、中国的《领海及毗连区法》、中国的《海岛保护法》等）以及《公约》作出的决定，目的是完善中国的海洋法制度尤其是领海制度，捍卫中国的领土主权和海洋权益；[④] 也为我国对钓鱼岛周边海域实施常态化的巡航提供了法律基础和保障。

尽管我国基本完善了钓鱼岛周边海域的领海制度，并实施了常态化的巡航管理制度，但在中日双方并未解决钓鱼岛问题争议且互不妥协的情形下，两国执法机构的船只碰撞和摩擦事件发生的概率在明显地上升。同时，为强化对钓鱼岛周边海域的管理，日本不仅修改了《海上保安厅法》和《在领海等区域内有关外国船舶航行法》，赋予了海上保安厅执法人员对“登岛”人员、在钓鱼岛周边海域活动的外国船只和船员的警察权，即强化了所谓的“应对措施”；也制订了新的《海洋基本计划》（2013—2017），整备了新的安保政策和措施，重点强化了对西南诸岛的“管理”。在这种情形下，我国仅公布钓鱼岛列屿的领海基线显然是不够

① 中国关于钓鱼岛及其附属岛屿领海基线的声明内容，参见 http://www.gov.cn/jrzg/2012-09/10/content_2221140.htm，2012 年 9 月 11 日访问。

② See http://www.un.org/depts/los/clcs_new/commission_documents.htm，2014 年 12 月 27 日访问。

③ 国家海洋局、民政部受权公布我国钓鱼岛及其部分附属岛屿名称内容，参见 http://www.soa.gov.cn/soa/news/important-news/webinfo/2012/03/1330304734962136.html，2012 年 3 月 4 日访问。

④ 例如，《公约》第 16 条规定，沿海国应将标注测算领海宽度基线或界限等的海图或地理坐标妥为公布，并应将各该海图和坐标表的一份副本交存联合国秘书长；第 319 条第 1 款规定，联合国秘书长应为本公约及其修正案的保管者。

的,还需完善周边海域的执法制度,包括外国船只在钓鱼岛周边海域的航行制度,中国管辖海域巡航执法制度等,重点应明确我国海洋管理机构的职权和惩罚措施,以处置执法过程中的违法活动或行为。

为应对包括钓鱼岛周边海域在内的东海空域飞行安全、避免诸如日本舰机再次擅自闯入我国按国际规则指定的军事演习海域和空域那样的事件,作为应急和反制措施,我国国防部依据国际惯例和国内法于 2013 年 11 月 23 日宣布了《中国关于划设东海防空识别区的声明》,并发布了《中国东海防空识别区航空器识别规则公告》,以进一步管控东海空域秩序和航行安全。① 但由于中国东海防空识别区与日本公布的防空识别区(1969 年 4 月 29 日公布,1972 年 5 月 10 日和 1973 年 6 月 30 日修改)大面积重叠,使两国的飞机尤其是军机在重叠区发生冲突事故的可能性明显增加,特别在他方飞机不遵守中国东海防空识别区航空器识别规则的情况下,进一步完善执法制度,包括制定中国东海防空识别区航空器识别规则实施细则,应对具有不同性质的空域实施区别的管理制度,确保东海防空识别区的正常运作和合理管理,就显得特别关键。

《中日联合新闻公报》(2006 年 10 月 8 日)指出,加强两国防务当局联络机制,防止发生海上不测事态。2007 年 4 月 11 日,《中日联合新闻公报》指出,中日战略互惠关系的基本内涵包括加强防务对话与交流,共同致力于维护地区稳定;又强调了加强两国防务当局联络机制,防止发生海上不测事态的必要性和重要性。《中日关于全面推进战略互惠关系的联合声明》(2008 年 5 月 7 日)指出,双方坚持通过协商和谈判解决两国间的问题;双方将共同努力,使东海成为和平、合作、友好之海。《中日关于东海问题的原则共识》(2008 年 6 月 18 日)指出,双方经过联合勘探,本着互惠原则,在划定的共同开发区块中选择双方一致同意的地点进行共同开发,具体事宜双方通过协商确定;双方同意,为尽早实现在东海其他海域的共同开发继续磋商。这些文件中规范的内容,为中日双方就共同开发东海资源、构筑联络机制,维护东海安全和解决东海问题争议提供了重

① 关于中国政府划设东海防空识别区的声明内容,参见 http://www.gov.cn/jrzg/2013-11/23/content_2533099.htm,2013 年 11 月 25 日访问。关于中国东海防空识别区航空器识别规则公告内容,参见 http://www.gov.cn/jrzg/2013-11/23/content_25333101.htm,2013 年 11 月 25 日访问。关于设立防空识别区的渊源、依据和国家实践等内容,参见李居迁:《防空识别区:剩余权利原则对天空自由的限制》,《中国法学》2014 年第 2 期,第 5—19 页;刘伟民:《论防空识别区与国际法》,《国际法研究》2014 年第 3 期,第 5—15 页。

要政治基础，为双方进一步磋商谈判提供了保障。所以，两国应就东海海空安全问题重启对话和谈判，以切实管控东海海空安全秩序，稳定和发展中日关系，这是中日两国的重大职责，更是诚实履行国际文件的重大义务。2014 年 9 月 23—24 日，在中国青岛举行的中日海洋事务高级别磋商，双方原则同意重新启动中日防务部门海上联络机制，就是一个很好的开端。[①]

随着两国政府代表于 2014 年 11 月 7 日达成《中日处理和改善两国关系四点原则共识》文件，可以预见，中日两国之间关于东海问题的磋商进程仍将继续。[②] 不可否认的是，尽管两国政府代表已达成了《中日处理和改善两国关系的四点原则共识》，但双方的基本立场仍未改变，所以真正解决东海问题争议仍需双方的共同努力和相向而行，其解决也不可能一蹴而就，可谓东海问题争议解决进程任重而道远，但上述四点原则共识的达成，为中日恢复各层面包括海洋问题的谈判创造了重要的基础和条件，这是不容否认的。

四、钓鱼岛问题若干建议及中日关系展望

安倍的第二次上台以及其右倾化的政策诉求及全球外交策略，迎合了日本多数国民的期待，有利于摆脱日本多年来的经济低迷和改变国际地位下降的颓势，也可基本保持日本政局的稳定，所以，在一定程度上得到了较高的支持率，即强势及集权领导人的出现，在一定程度上可以摆脱日本的战略困境，实现“经济再生”和“外交再生”目标。[③] 但安倍政府今后如果未能在经济上有所突破和提升，在国会强行通过安保法案，则是关系他能否继续执政的关键问题。

“解铃还需系铃人。”中国认为，只有正确对待历史，才有利于日本早日卸下历史包袱；日本方面应该本着对历史、对人民、对未来负责的态度，从维护中日关

① 参见《中日重启海洋事务高级别磋商》，《东方早报》2014 年 9 月 25 日，第 A16 版。中日海洋事务高级别磋商第三轮磋商全体会议及工作组会议 2015 年 1 月 22 日在日本横滨市举行，双方同意争取早日启动防务部门海空联络机制，并达成六点共识。参见 http://www.dfdaily.com/html/51/2015/1/23/1229797.html，2015 年 1 月 25 日访问。

② 关于中日就处理和改善中日关系四点原则共识内容，参见 http://www.fmprc.gov.cn/mfa_chn/zyxw_602251/t1208349.shtml，2014 年 11 月 8 日访问。

③ 日本安倍政权的政策目标为三个方面：经济再生，灾害复兴，推进安全环境的危机管理。参见［日］菅义伟：《安倍政权追求的政治》，《亚洲时报》2014 年第 9 期（2014 年 9 月 1 日），第 5—6 页。而安倍政权的主要外交课题为：强化日美同盟，日中关系、日韩和日朝关系，以及北方领土问题。参见［日］谷内正太郎：《安倍政权的对亚洲、美国外交》，《东亚》第 559 期（2014 年 1 月），第 16—19 页。

系友好、维护亚洲地区稳定与发展的大局出发,以慎重态度严肃对待和妥善处理历史问题,认真吸取历史教训,坚持走和平发展道路。[①] 毫无疑问,这是日本应有的态度和发展之道,且已被实践所证明。同时,由于中日关系的恶化,是由于对钓鱼岛问题的强硬立场导致的,所以合理地应对钓鱼岛问题是不可回避的重要问题。在钓鱼岛问题上,中日双方均没有回旋的余地。[②] 在日本持续否认存在争议、否认"搁置争议"共识的境况下,我国应作好充分的应对准备。

(一) 钓鱼岛问题若干建议

1. 加强对钓鱼岛问题细化研究

包括成立专门研究钓鱼岛问题的机构(例如,东海研究院),就具体的问题展开系统性的全面细化研究,尤其应积极回应日方的政策和法律主张,在广泛吸纳学者代表性成果观点的基础上,适时公布中国针对钓鱼岛问题的政策建言书(学者版)或立场性文件,以弥补国务院新闻办《钓鱼岛是中国的固有领土白皮书》(2012年9月)内容的缺陷和不足。[③] 更重要的是,应尽快确立钓鱼岛及其附属岛屿的正式名称,并统一使用,改变先前描述性的名称缺陷以及

---

① 参见习近平:《在纪念中国人民抗日战争暨世界反法西斯战争胜利69周年座谈会上的讲话》(2014年9月3日,北京),参见 http://www.gov.cn/xinwen/2014-09/03/content_2744972.htm,2014年9月4日访问。

② 参见唐家璇在中日友好21世纪委员会中日关系研讨会上的主旨发言:《正本清源,标本兼治,推动中日关系向前发展》(2014年6月5日,长崎),参见 http://news.163.com/14/0605/22/9UOT22B300014JB5.html,2014年6月6日访问。

③ 近期(2010—),在钓鱼岛问题研究方面比较重要的论著,主要为,贾宇:《国际法视野下的中日钓鱼岛争端》,《人民日报》2010年10月3日;国纪平:《钓鱼岛是中国领土铁证如山》,《人民日报》2012年10月12日;刘江永:《从历史事实看钓鱼岛主权归属》,《人民日报》2011年1月13日;张海鹏、李国强:《论〈马关条约〉与钓鱼岛问题》,《人民日报》2013年5月8日;黄大慧:《钓鱼岛争端的来龙去脉》,《求是》2010年第20期(2010年10月);张新军:《国际法上的争端与钓鱼诸岛问题》,《中国法学》2011年第3期;郑海麟:《钓鱼岛主权归属的历史与国际法分析》,《中国边疆史地研究》2011年第4期;管建强:《国际法视角下的中日钓鱼岛领土主权纷争》,《中国社会科学》2012年第12期;郑海麟:《钓鱼台列屿——历史与法理研究》(增订本),(中国香港)明报出版社2011年版;吴天颖:《甲午战前钓鱼列屿归属考》(增订版),中国民主法制出版社2013年版;郑海麟:《钓鱼岛列屿之历史与法理研究》(最新增订本),海洋出版社2014年版;王军敏:《聚焦钓鱼岛——钓鱼岛主权归属及争端解决》,中共中央党校出版社2014年版;[日]井上清:《钓鱼岛的历史与主权》,贾俊琪、于伟译,新星出版社2013年版;[日]村田忠禧:《日中领土争端的起源——从历史档案看钓鱼岛问题》,韦平和等译,社会科学文献出版社2013年版。此外,在日本比较客观的著作还有[日]孙崎享编:《检证尖阁问题》,岩波书店2012年版;[日]矢吹晋:《尖阁问题的核心——日中关系会如何》,花伝社2013年版;[日]矢吹晋:《尖阁冲突始于冲绳归还——作为日美中三角关系顶点的尖阁》,花伝社2013年版;[日]村田忠禧:《史料彻底考证尖阁领有》,花伝社2015年版,等等。

使用混乱的状态。为此，建议将其命名为钓鱼岛群岛。此名称不仅反映了钓鱼岛的特征，也与南海诸岛内的四大群岛相呼应，所以有被广泛接受的可能性。

2. 增强钓鱼岛周边海空巡航效果

尽管中国海警已进入钓鱼岛领海并实施了常态化的巡航制度，这只是体现存在和宣示主权，但并未体现实质性的管辖，应逐步减少诸如无害通过等那样的行为，提升巡航的法律效果。尤其应明确中国海警局的职责，包括制定中国海警局组织法，提升组建中国海警局的功效。在东海海空应继续保持紧张态势，以增强对日本的压力，使其改变强硬立场和态度，即采取对等的行为和措施，确保东海海空安全。更重要的是，应坚守钓鱼岛问题的最低目标：不登岛、不开发、不驻军。在钓鱼岛问题上，中日两国达成新的默契，不失为一种较好的管理方法，但现今尽快地达成新的默契的可能性不大，为此，应保持战略定力和耐力。此外，两岸在钓鱼岛问题上达成正式协议的可能性也不大，所以，中国应自力综合性地应对日本的挑战。

3. 进一步理顺海洋体制机制

尽管我国已成立了中央维护海洋权益工作领导小组及其办公室和国家海洋委员会及其办公室，重组了国家海洋局等，这些均是很好的海洋机构，所以，应就如何切实推进和指导海洋工作、海洋事务作出特别的安排和规划，并采取措施真正发挥专家管理海洋事务的作用，实现海洋强国战略目标。为此，应尽早制定中国海洋战略包括东海战略，制定综合规范海洋事务的海洋法，重点明确各机构的职责和权限、阐释中国的海洋政策和立场等。

4. 做好做细中日谈判的准备

不可否认，中日关系是重要的双边关系，所以如何依据中日关系四个政治文件的原则和精神，进一步理顺关系，消除障碍和疑惑，增进互信，通过对话谈判就显得特别重要。所谓的“正本清源、标本兼治”。① 所以，我们应该尽早规划并做

① “正本清源”的意思，就是要恢复事物的本来面目，回归问题的本质。而所谓的“购岛”事件，日本领导人参拜靖国神社，其要害是对《中日联合声明》等四个政治文件规定的各项原则和精神的严重背弃。所以，处理中日关系，需要我们严格遵循中日间四个政治文件的原则精神，重新确认中日邦交正常化的“原点”。而中日关系的“原点”，就是“以史为鉴，求同存异，世代友好”。参见唐家璇在中日友好21世纪委员会中日关系研讨会上的主旨发言：《正本清源，标本兼治，推动中日关系向前发展》(2014年6月5日，长崎)，see http：//news.163.com/14/0605/22/9UOT22B300014JB5.html，2014年6月6日访问。

好与日本谈判的各种准备工作。① 同时,中日应就战略和战术层面丰富和落实战略互惠关系,重点应创造条件规划中日关系的未来,包括制订第五个政治文件,以再次准确定位中日关系。笔者认为,符合新时代要求的中日关系是一种“新型中日战略互惠关系”,主要内涵为:不冲突、不对抗,合作与竞争,共同发展和战略互惠。

5. 应正确处理与美国的关系

中国切不可排除美国在钓鱼岛问题上的作用,因为美国是引发、“交还”、操控和处理钓鱼岛问题的重要因素和决定性力量,所以,中国应利用美日之间的矛盾,尤其是美国在钓鱼岛问题上的立场(对主权不持立场、利用和平方法通过对话协商解决),切不可将美国完全推向日本,造成中国在海洋战略上的被动局面和不利态势。② 同时,应关注美日以修改日美防卫合作指针为契机,试图加强日本与其他国家之间的防卫合作步伐,增加所谓的防卫合作范围,企图强化美日之间的“无缝”对接,消除对解决南海问题、东海问题和台海问题的负面影响。③

6. 揭示日本隐藏核材料的阴谋

国际社会并未真切地了解福岛核泄漏事故的真相及危害,更未了解日本拥有众多核材料的目的和用途,所以,日本为隐瞒它们的事实和真相,减轻赔偿责任,利用和放大了钓鱼岛问题,以转移视线和关注点。为此,我们应就福岛核泄漏事故真相及危害,以及日本储藏众多核材料的用途予以追究,让日本政府对此

① 例如,2015 年 4 月 22 日,日本首相安倍晋三在与中国国家主席习近平见面时指出,“中日应加速实施《中日东海问题原则共识》达成的协议”。参见 http://www.mofa.go.jp/mofaj/a_o/c_m1/cn/page4_001136.html,2015 年 4 月 25 日访问。

② 例如,美国总统奥巴马于 2014 年 4 月 23—25 日访问日本,并与日本首相安倍会谈时,强调和平解决钓鱼岛问题的重要性,不应使钓鱼岛状况升级,不应采取激烈的言论和挑衅性的行动,中日两国应努力寻找如何合理处理的智慧,即如果中日两国不通过对话及增进信任措施,则此问题将升级并造成重大错误。参见[日] 神保太郎:《对媒体的批评》,《世界》2014 年第 7 期(2014 年 7 月),第 61—62 页。

③ 日本修改《日美防卫合作指针》(1997 年)的建议,不仅得到了美国的认可,而且在日美安全保障协议委员会(2+2)共同发表的《面向更有力的同盟及共有更大责任》的文件中得到确认(2013 年 10 月 3 日)。其规定,两国同意修改 1997 年的《日美防卫合作指针》,并指示防卫合作委员会在 2014 年底完成作业。参见[日] 防卫省编:《日本的防卫白皮书(2014)》,日经印刷公司 2014 年版,第 427—430 页。为此,日美两国于 2014 年 10 月 8 日提交了《修改日美防卫合作指针的中间报告》。参见 http://www.mod.go.jp/j/approach/anpo/sisin/houkoku_20141008.html,2014 年 10 月 9 日访问。笔者认为,日美修改防卫合作指针的目的是进一步扩大日本自卫队对美国的全球支援和合作活动,加强自卫队与美军间的“无缝合作”,“平时”到“有事”的“无缝合作”,以实现在“性质、责任、任务和范围”等方面的合作目标。2015 年 4 月 27 日,美日两国通过的《美日防卫合作新指针》内容,参见 http://www.mofa.go.jp/mofaj/files/000078187.pdf,2015 年 4 月 28 日访问。

作出明确的解释。

7. 适时利用琉球问题抑制日本对台政策

美国依据所谓的《归还冲绳协定》"交还"琉球群岛给日本的做法，不符合国际法，所以，琉球地位未定，也就是说，琉球问题依然是中日两国之间的一大悬案。为此，我国应继续加强对琉球问题的研究，以作为应对日本试图加强与台湾关系（包括制定日台关系法），冲击和干扰两岸和平发展进程的筹码。

8. 关注日本解禁集体自卫权后安保法制

尽管日本内阁已于 2014 年 7 月 1 日通过了修改宪法解禁集体自卫权的决议，但真正行使集体自卫权的关键在于修改相关法律，包括自卫队法、周边事态法、武力攻击事态法、警察官职务执行法、PKO 合作法、美军行动关联措施法以及日美防卫合作指针等。[①] 为此，我国应继续关注这些法律的修改内容和实施状况，重点应关注使用所谓的集体自卫权的"范围"及使用武器的条件，并持续关注日本内阁及政府的立场和态度及具体的行为，及时作出相应的应对安排及批驳。[②]

（二）中日关系的新发展与新展望

如上所述，2014 年 11 月 7 日，中国国务委员杨洁篪和日本国家安全保障局局长谷内正太郎分别代表各自政府，就处理和改善两国关系达成了四点原则共识。[③] 其不仅为中日两国首脑在亚太经合组织（APEC）会议上的直接会谈创造

---

① 日本内阁于 2014 年 7 月 1 日通过的《确保国家存亡和保护国民而无缝地完善安全保障法制》决议，规定了日本完善新安全保障法制的基本方针，即指出了日本完善安全保障制度相关法制的基本方向。具体内容参见［日］防卫省编：《日本的防卫白皮书（2014）》，日经印刷公司 2014 年版，第 376—378 页。而上述内阁决议是在吸纳《安全保障法律基础再构筑恳谈会研究报告》（2014 年 5 月 15 日）内容基础上作出的。

② 2015 年 4 月 12 日，日本政府确定了制定一部《国际和平支援法》和修改十部安保法制的基本框架。这些法案将于 2015 年 5 月 14 日通过内阁决议，2015 年 5 月 15 日提交国会审议。参见 http://www.asahi.com/articles/photo/AS20150511004171.html，2015 年 5 月 12 日访问。

③ 中日就处理和改善中日关系达成的四点原则共识内容为：（一）双方确认将遵守中日四个政治文件的各项原则和精神，继续发展中日战略互惠关系；（二）双方本着"正视历史、面向未来"的精神，就克服影响两国关系政治障碍达成一些共识；（三）双方认识到围绕钓鱼岛等海域近年来出现的紧张局势存在不同主张，同意通过对话磋商防止局势恶化，建立危机管控机制，避免发生不测事态；（四）双方同意利用各种多双边渠道逐步重启政治、外交和安全对话，努力构建政治互信。参见 http://www.fmprc.gov.cn/mfa_chn/zyxw_602251/t1208349.shtml；or http://www.mofa.go.jp/mofaj/a_o/c_m1/cn/page4_000789.html，2014 年 11 月 8 日访问。尽管中日双方经过多次外交磋商达成了四点原则共识，但针对四点原则共识中的内容依然存在不同的分歧和解读，为此，我们应该整体全面地看待四点原则共识的内容，避免造成不必要的分歧和对立。四点原则共识的逻辑关系是，政治基础—基本共识—发展步骤，所以应该以维护大局，求同存异，保持克制和持续努力地展开对话和协商，以切实改善和发展中日关系，确保实现中日战略互惠关系目标。

了条件,也为恢复和发展中日关系提供了重要基础,得到国际社会的积极评价,包括美国国务院的正面评价和欢迎,所以,有必要论述中日两国就处理和改善中日关系达成的四点原则共识的内容、意义及作用。

1. 坚持中日四个政治文件的原则和精神,是稳固和发展两国关系的重要政治基础,必须切实遵守,不容恶意践踏

因为它是经过实践证明处理和改善中日关系,尤其是充实和发展战略互惠关系的基石。

2. 双方同意本着"正视历史、面向未来"的精神,就克服影响两国关系政治障碍达成共识,这是正确看待历史问题,处理和改善中日关系的重要保障

"正视历史、面向未来"的要点为"正本清源、标本兼治",即需要恢复事物的本来面目,回归问题的本质,确认中日邦交正常化以来的四个政治文件的原则和精神,特别应以"以史为鉴、求同存异、世代友好"的宗旨和精神处理与发展中日关系,利用和平方法解决双方之间存在的分歧和对立问题。

3. 通过平等协商和沟通等手段应对与处理诸如钓鱼岛重大敏感争议问题

包括构筑管控东海海空安全机制,是延缓和平息两国争议、恢复和改善中日关系的现实需求,切不能延误时机和停滞发展。为此,中日处理和改善两国关系四点原则共识指出,双方认识到围绕钓鱼岛等东海海域近年来出现的紧张局势存在不同主张,同意通过对话磋商防止局势恶化,建立危机管控机制,避免发生不测事态,这无疑是延缓东海海空安全的必要举措,值得坚持和大力推进。

4. 中日两国关系的全面恢复和发展,并不能一蹴而就,需要一定的时间和可行的途径,对此必须有清醒的认识

中日处理和改善两国关系四点原则共识指出,双方同意利用各种多双边渠道逐步重启政治、外交和安全对话,努力构建政治互信。也就是说,中日双方主要将在政治、外交和安全领域创造多种条件展开对话,以就重大敏感问题达成理解和共识,提升双方政治互信为目标,进而改善和发展中日两国关系。应该说,这不仅是可以实现并且是一个可行的路径选择,因为当前中日两国在政治、外交和安全领域上的对立和分歧最为严峻和关键,这些领域是需要优先通过对话磋商解决的事项,进而再延伸或扩展到其他领域,例如,历史、文化交流和经济合作等领域,以实现全面推进中日战略互惠关系目标。

不可否认,2014年11月,在北京举行的APEC会议是两国政府领导人重启

政治互信的重要机会，所以，日本政府领导人安倍晋三在会见中国国家主席习近平时，再次提出两国应回到战略互惠关系原点并推进合作发展、为预防东海海空偶然性冲突应开始构筑海上联络机制的重要性等内容，以进一步确认和履行新近达成的中日处理和改善两国关系四点原则共识内容，以恢复和发展中日关系。①

尽管中日两国政府代表已就处理和改善两国关系达成了四点原则共识，不仅再次确认了中日战略互惠关系的基础，而且特别就重大敏感问题达成了通过对话磋商防止局势恶化，并建立危机管控机制的意愿，也明确了利用双多边渠道逐步重启对话，努力构建政治互信的途径和目标，这些均是值得肯定的事项，其不仅是双方对话和磋商重大敏感问题的基本前提，也是处理和改善两国关系的必要保障；但问题的关键在于，两国政府应真正切实履行四点原则共识的内容，包括以实际行动处理重大敏感问题、平等地倾听对方的合理诉求与关切，努力构筑政治互信，这样才能逐步推动两国关系走上良性发展轨道，为此需要双方相向而行，否则中日关系依然脆弱和严峻，两国间存在的重大敏感问题依然复杂而危险。总之，双方均应努力地遵守和实施四点原则共识规范的内容和措施，这样才能真正地处理和改善中日两国关系，并推进和充实中日战略互惠关系。②

结束语

不可否认，中日两国无论在地区还是世界，均为重要的国家，中日关系也是重要的双边关系。在中日双方均有意愿发展两国关系的良好背景下，如何处理两国间存在的重大敏感问题（例如，钓鱼岛问题）是一个重要且不可回避的现实问题，这对于稳固和发展中日关系特别重要和紧迫。为恢复和发展中日关系，中

---

① 中国国家主席习近平在APEC会议期间会见日本首相安倍晋三内容，参见 http://www.gov.cn/2014-11/10/content_2776917.htm，2014年11月10日访问。关于中日首脑就协商实施海上联络机制达成一致内容，参见 http://www3.nhk.or.jp/news/html/20141110/t10013089293000.html，2014年11月10日访问。

② 中国政府总理李克强于2014年12月4日下午在人民大会堂会见第五届中日友好21世纪委员会双方全体委员时表示："中日互为近邻，两国关系健康稳定发展对双方、对地区的和平、稳定与繁荣都很重要；中国政府发展对日关系的基本方针是一以贯之的，主张在中日四个政治文件确定的各项原则基础上，本着以史为鉴、面向未来的精神，继续克服政治障碍，推进中日战略互惠关系；只有着眼大局和长远，切实将双方达成的原则共识落到实处，两国关系改善进程才能持续推进；希望日方认真对待和妥善处理影响两国关系健康发展的问题。"参见 http://www.gov.cn/guowuyuan/2014-12/04/content_2787049.htm，2014年12月7日访问。

日两国应切实遵守两国政府代表就处理和改善两国关系四点原则共识规范的内容,以中日四个政治文件的原则和精神为基础,展开对话和协商,以合理管控东海海空安全、应对不测事态,提升政治和安全互信,并为充实和拓展中日战略互惠关系的内涵,持续稳固地发展中日关系作出努力。[①] 这是国际社会的共同期盼和合理要求!

---

① 2015 年 7 月 16 日,国务委员杨洁篪同日本国家安全保障局长谷内正太郎在北京共同主持首次中日高级别政治对话时强调指出,中方坚持主张在四个政治文件基础上,本着以史为鉴、面向未来的精神,切实落实四点原则共识,推进中日关系向前发展。参见 http://www.fmprc.gov.cn/mfa_chn/zyxw_602251/t1281919.shtml,2015 年 7 月 17 日访问。2015 年 7 月 17 日下午,国务院总理李克强在会见来华举行中日首次高级别政治对话的日本国家安全保障局长谷内正太郎时指出,中国政府重视发展对日关系,愿本着以史为鉴、面向未来的精神,在中日四个政治文件基础上推进中日战略互惠关系,增进理解与共识,管控矛盾和分歧,稳步推进交流合作,推动两国关系回到正常发展轨道。参见 http://www.fmprc.gov.cn/mfa_chn/zyxw_602251/t1282225.shtml,2015 年 7 月 23 日访问。

日本政治右倾化与民族主义的关联性探析

吕耀东[*]

[摘　要]日本的政治右倾化是日本政坛总体保守化历史必然。日本政治右倾化的内容或目标与日本民族主义的政治诉求有着“同一性”特征，且日本执政的保守政党实施政治右倾化所奉行的保守主义理念含有民族主义成分，进一步证实日本的政治右倾化具有民族主义特性。日本保守势力的保守主义执政理念体现为政治右倾化及其民族主义言行，并在日本政界成为影响政府决策及政策方针的重要因素。

[关键词]日本；政治右倾化；保守主义；民族主义

在日本政坛总体保守化的形势下，日本政治右倾化日益显现民族主义特质。当前日本保守政党奉行的保守主义执政理念，适时与日本盛行的民族主义形成“政治共鸣”，在以“自由主义史观”“爱国心”及传统文化等方式粉饰殖民及军国主义侵略历史的同时，力求通过解禁集体自卫权达到修改和平宪法目的，不断推动“正常国家论”所言的政治军事大国化进程。特别是自安倍再次上台执政以来，日本政治右倾化演绎出来一系列具有民族主义色彩的政策及主张，潜移默化地影响着日本的内政和外交。日本政治右倾化中的民族主义因素将长期左右着21世纪日本的政治局面及国家发展战略走向。

一、日本政治右倾化的民族主义要素

在日本盛行的民族主义氛围中，日本政党格局的总体保守化，必然加速日本

---

*　吕耀东，中国社会科学院研究生院教授、法学博士、博士生导师。中国社会科学院日本研究所日本外交研究室主任，中日关系研究中心副主任、研究员。研究领域为国际关系；研究专业和方向：中日关系、日本政治外交及大国关系、当代日本外交政策与外交战略、东亚的冲突与合作等。本文为作者在《论日本政治右倾化的民族主义特质》(《日本学刊》2014年第3期)基础上修改补充完成的。

的政治右倾化。日本政治右倾化是执政的保守政党及其保守主义政治理念的外化,亦表现出鲜明的民族主义的特质。

(一)从政党政治格局来看,在日本政坛总体保守化的形势下,和平主义与左翼政治思潮式微,政治右倾化的民族主义成分得以迅速提升

对于日本日益突出的"右倾化"政治现象,有学者分析指出:"日本的右派,当然是针对左派而言的";"保守也就是针对革新而言的。"[①] 右派(或右翼)坚持"传统权威、民族主义"等观点,左派(或左翼)奉行"平等主义、合理主义"等理念,[②] 两者在现实政治层面表现为"重整军备、修改宪法第九条"与"反战、和平主义和捍卫宪法第九条"等观点的对立和斗争。这样通过"左"和"右"的相对性,导出日本革新政党与保守政党的对立以及此消彼长形成的"右倾化"政治格局。日本前众议院议长河野洋平曾就日本的政治右倾化现象表示:"切身感受到整个政界都在右倾。在自民党和社会党分庭抗礼的时代,双方势均力敌,政治基本是中庸的。如今那样的平衡已完全被打破。"他还指出,修改宪法、教育基本法的议论之声高涨,强调"爱国心"的主张越来越强烈,这都是右倾化的表现。[③] 这样的观点既说明了自民党及其保守主义执政理念的张扬,也明确了日本政治右倾化的民族主义特质。对此,有学者进一步指出,政治右倾化是日本右翼保守势力及其主张在政界渐占上风并影响政府决策的一种政治倾向。[④] 当今日本政治右倾化表现为纵容极端民族主义势力抬头、以否认甚至美化殖民及军国主义侵略历史提振"爱国心"、以解禁集体自卫权及修宪谋求"正常国家化"、以领土主权纠纷及价值观外交遏制中国等。

日本的政治右倾化及其民族主义特质引起日本国内外学者的高度关注。日本学者安井裕司曾指出,安倍晋三为首的"自民党在第四十六届众议院总选举时就表示要行使集体自卫权和自卫队改国防军。当自民党获 294 席,加上改宪派日本维新会的议席比率超过三分之二,使得在随后参议院选举中继续

① 邓红:《谈谈日本的"右倾"与保守化问题》,《中国评论》2000 年 6 月号。
② 浅羽通明『右翼と左翼』、幻冬舎新書、2006 年、43 頁。
③ http://china.kyodo.co.jp/2004/sekai/20040429-204.html.
④ 参见刘江永:《中国与日本:变化中的"政冷经热"关系》,人民出版社 2007 年版,第 163 页。

改宪议题成为可能，因此所谓'右倾化'的说法是没有错的"。[①] 又如美国前助理国防部长、哈佛大学教授约瑟夫·奈在赞同日本解禁集体自卫权和修改武器出口三原则等"右倾化"政策的同时，也强调"用民族主义包装这些政策是错误的，损害了安倍自身的立场"。他还指出，安倍"参拜靖国神社、做出修改'河野谈话'的姿态涉及历史问题，会使中国和韩国想起战前的日本而感到不安，应该停止煽动民族主义情绪"。[②] 诸如此类的评论，比较直观地说明了日本政治右倾化的民族主义表现形式。正如有的学者所言："日本政治右倾化作为日本社会的一种政治思潮，与其对立的是日本左翼政治思潮与和平主义，与其相近的有新保守主义、新国家主义和极端民族主义思潮。"[③] 这表明日本政治右倾化含有保守主义、国家主义或民族主义的成分。本文认为，日本的政治右倾化就是执政的保守政党及其保守主义理念和政策体现出民族主义倾向的政治现象。

（二）从理论及政治实践来看，日本的"民族主义"和"政治右倾化"有着内在联系，即日本政治右倾化有着鲜明的民族主义要素

当代日本的民族主义大体体现为追求对于民族或国家的政治认同。英国学者厄内斯特·盖尔纳在《民族与民族主义》一书中开宗明义指出："民族主义首先是一条政治原则，它认为政治的和民族的单位应该是一致的。民族主义作为一种情绪或者一种运动，可以用这个原则作最恰当的界定。"[④] 民族性及民族主义是当代日本保守主义政治的突出表征和本质特性。在日本，民族主义与"国家主义"常常被理解为同一概念的不同解读。一般来讲，"民族"(nation)一词，含有"国家"和"民族"两方面涵义，其中"国家"的含义要高于"民族"，且更强调政治特点。也就是说，是"国家"需要"民族"这样一种概念来确定疆土、人口和主权。所以，"国家"和"民族"在概念上紧密相关，且具有鲜明的政治意味。"民族包含有现代国家这一政治制度的含义"，尤为重要的是，民族是有自己的国家或者是自

---

① 日本の政治は「右傾化」しているのか？「保守化」しているのか？それとも「ナショナリズム」なのか？ http://www.quon.asia/yomimono/business/global/2012/12/22/3762.php.

② http://china.kyodonews.jp/news/2014/04/73342.html.

③ 参见刘江永、王新生等：《战后日本政治思潮与中日关系》，人民出版社2013年版，第55页。

④ Ernest Gellner, *Nations and Nationalism*, Ithaca, NY: Cornell University Press, 1983, p.1.

治程度高、高度政治化的族群(ethnic group)。[①] 民族国家是政治单位,通过共同的价值、历史和象征性行为表达集体的自我意识。[②] 因此,“对于大多数学者而言,民族主义是一种试图把民族等同于国家的运动。他们认为如果民族与国家之间没有这种紧密的结合,民族主义就几乎没有社会或政治意义”。正所谓“民族主义是政治上的需要”。[③] 所以,要把握现代世界中民族主义的特质,“必须要从文化到政治、从历史性文化共同体到公民的民族国家”等多角度分析。[④] 从政治实践来看,民族主义是通过对国家的“依靠或反对”来关注民族利益的。不同的国家、不同的执政党对待本国的民族主义的态度不尽相同,但将民族主义作为政治手段却是常有的。在日本盛行的极端民族主义表现为,以否认殖民及军国主义侵略历史弘扬“民族精神”,恢复昔日的“民族自信心”和“自豪感”的言行,这对于急于“摆脱战后体制”、恢复“正常国家”形态的日本保守势力来说是求之不得的政治借口,因此不断演绎出一系列具有民族主义色彩的政治右倾化言行及政治现象。

(三) 从日本政治变迁过程来看,日本的民族主义有着独特的形成、演变和发展过程

日本的民族主义是“近代以来才有的现象”。日本学者小熊英二认为,日本的“所谓民族主义(国家主义),是指国家(或民族)范畴内,持有一种‘我们’意识的现象。近代以前的社会,尤其是封建社会,原则上人们拥有的只是由血统规定下的身份,再加上住处是固定的,人们很难拥有这种以国家(或民族)为单位的‘我们’意识……明治时期日本的知识分子,为了对抗来自欧美的殖民地化威胁,曾反复论及如何使人们持有‘我们’‘日本人’这种意识”。[⑤] 这可以说是日本真正的民族主义觉悟,并且给日本带来国家(或民族)近代化的根本动力。日本这种民族主义意识的产生,“大大促进了共通且同一的‘日本文化’的形成。这不仅

---

① [日]吉野耕作:《文化民族主义的社会学——现代日本自我认同意识的走向》,商务印书馆2004年版,第21页。

② 徐迅:《民族主义》,中国社会科学出版社1998年版,第31页。

③ [英]安东尼·D.史密斯:《全球化时代的民族与民族主义》,中国编译出版社2002年版,第130、185页。

④ Peter J. Katzenstein, *Cultural Norms and National Security: Police and Military in Postwar Japan*, Ithaca, NY: Cornell University Press, 1998, p.4.

⑤ [日]小熊英二:《全球化与日本的民族主义》,载于林振江、梁云祥主编:《全球化与中国、日本》,新华出版社2000年版,第19页。

局限在只是灌输给人们天皇崇拜和国家忠诚的意识形态水平上，而是意味着'文化'自身的改观"。[①] 对于日本民族主义这样的文化解读，事实上也包含着浓烈的政治意味，因为日本国民的"天皇崇拜和国家忠诚"正是在民族主义的政治演变过程中形成的。英国学者厄内斯特·盖尔纳在论及"民族主义的弱点"时指出，"民族主义的定义，是为使文化和政体一致，努力让文化拥有自己的政治屋顶"。[②] 可以说，日本民族主义从产生伊始就与"天皇崇拜和国家忠诚"的政治目的密切相关。历史事实证明，日本的民族主义原动力没有修成"正果"，最终走上了帝国主义、殖民主义和军国主义的邪路，并堕落为战后以弘扬所谓"传统文化""民族气魄"来否认殖民及军国主义侵略历史的政治的、极端的民族主义。

（四）从日本政治思潮发展过程来看，日本激进的民族主义逐步展现出排外言论盛行、"皇国史观"复活、力图修改和平宪法及重建政治军事大国等政治现象

长期以来，日本极端民族主义否认甚至美化殖民及军国主义侵略历史的言行，逐渐弥漫到学术界、政界和舆论界，引发"日本国内从20世纪90年代后半期开始爆发多种形式的民族主义"。日本学者川村范行将其分为四种类型：第一，朝鲜发射导弹引发的、对抗来自其他快速发展国家威胁的民族主义；第二，针对中国和韩国对其历史问题的批判，否定自虐史观、肯定过去的战争的民族主义；第三，爱国甚至强制性爱国比个人尊重更优先的民族主义；第四，主张日本文化优越性的民族主义。其中，上述第一、二点是排外的民族主义，第三、四点是加强日本统一性的民族主义。[③] 这样"蓬勃发展"的民族主义思潮与日本的保守主义执政理念合流，演化成为日本政治右倾化的内在动力。正如英国学者埃里·凯杜里在《民族主义》一书中所言："若一种诸如民族主义这样的学说的确控制了一个民族的文化和政治领导人，他们将按照这一学说的原则行动。"[④] 小泉纯一郎以首相身份六次参拜供奉甲级战犯的国神社，充分利用了"排外的民族主义"情绪实现其政治目的，并严重助长了日本极端的民族主义的泛滥，导致日本国内的

---

① ［日］小熊英二：《全球化与日本的民族主义》，载于林振江、梁云祥主编：《全球化与中国、日本》，新华出版社2000年版，第20页。

② Ernest Gellner, *Nations and Nationalism*, Ithaca, NY: Cornell University Press, 1983, p.61.

③ ［日］川村范行：《从日中友好到战略互惠——排外的民族主义的克服和战后和解》，载中国社会科学院日本研究所《"纪念中日邦交正常化35周年国际学术讨论会"论文集》，2007年，第5页。

④ ［英］埃里·凯杜里：《民族主义》，中央编译出版社2002年版，第110页。

政治气候逐渐向参拜靖国神社“合理化”的方向发展。[①] 对此，有日本学者批评道：“小泉首相的靖国神社参拜，应主要作为政治问题考虑，应该作为包括日本的整个亚洲的问题来进行批评。”[②] 但是，保守派政要麻生太郎却煽动扩大参拜靖国神社的事态，妄称基于靖国神社供奉的许多亡灵生前是高呼“天皇万岁”而赴死的，因而天皇应该前往参拜。[③] 2013 年 12 月，安倍晋三不顾国际社会的强烈反对，再次以首相身份参拜靖国神社。日本首相参拜美化殖民和军国主义侵略战争的靖国神社，严重违背了日本政府就侵略历史向亚洲各国人民进行反省的承诺，这种行为是对侵略战争受害国人民感情的极大伤害。但是，安倍晋三却为自己的“历史观”辩解：“所谓历史，是不能简单地用善、恶来划分的……百年、千年来，在日本漫长的历史中产生、形成的传统为何得以保存下来？对此常有真知灼见，这才是保守主义的精神。”[④] 这种在保持日本“民族传统”借口下，对日本保守主义的历史误读，正是其助长极端民族主义，否认日本殖民及军国主义侵略罪行的政治右倾化表现。

二、保守主义、民族主义与政治右倾化

日本的政治右倾化根源于保守政党及其保守主义理念及政策的彰显，而日本的保守主义政治理念亦具有鲜明的民族主义内涵。在日本的政治生活中，保守主义往往是民族主义的“依托”或载体。

（一）民族主义是日本保守主义政治理念的“应有之义”

中曾根康弘曾在《新的保守理论》一书中就将保守主义和民族主义融会于自己的政治理念之中。他指出：“保守是守什么？首先，我们要保卫日本美丽的大自然和日本领土；第二，保卫日本人的生活及其生活价值；第三，保护自由的市场经济；第四，保护日本民族在大化改革和明治维新时所表现出来的活力和积极的民族气魄——这就是我所说的保守主义。”他进一步解释说：“有时‘保守’被人误解为固守现状、墨守现行体制的‘守旧’想法。然而，我指出要卫护的四根支柱

① 李建民：《“冷战”后的中日关系史（1989—2006）》中国经济出版社 2007 版，第 318 页。
② ［日］依田憙家：《日中关系的问题点》，《中日关系史研究》2008 年第 1 期。
③ 麻生太郎『自由と繁栄の弧』、幻冬舎文庫、2007 年、307 頁。
④ ［日］安倍晋三『美しい国へ』、文藝春秋、2006 年、27 頁。

中,第二条和第四条,有守旧思想的人是绝对不会亮出来的。”[①]

具体来说,中曾根康弘的“保守主义”是要“保守”“日本领土”“民族气魄”“生活价值”等日本的“民族性”。可以说,中曾根康弘所表达的“保守主义”是包含民族主义特定内涵的思想和主张。他对这种带有民族主义色彩的保守主义赋予了“创新”的内涵。中曾根保守和张扬日本的“民族性”,力求恢复日本往昔的“辉煌”和“自信”,甚至毫不掩饰明治维新时期的对外侵略扩张。[②] 可以看出,中曾根所言的第2条和第4条,正是要保守日本的民族性和“民族气魄”,弘扬日本的民族主义精神。我们姑且说第2条“保卫日本人的生活及其生活价值”属于“文化保守主义”范畴,但第4条关于“保护日本民族在大化改革和明治维新时所表现出来的活力和积极的民族气魄”的表述,明确体现出日本民族主义的内涵和特征。

20世纪后期,美国的里根政府、英国的撒切尔政府和日本的中曾根政府都是新保守主义的典型代表。中曾根在任职的五年中,与里根和撒切尔夫人密切联系,[③] 堪称推行世界性新保守主义运动的“三驾马车”。在西方学者看来,中曾根执政时期的日本“新保守主义不但看到了日本历史上长期的追赶阶段的终结,它也宣布了一个新阶段的开始。从此日本将更加依靠其自身的文化资源来决定国家的进步”。中曾根力求以新保守主义理念谋求“改变日本的经济结构、政治制度、教育、社会目标乃至人们的思维方式。日本新保守主义“是以承认日本现代化运动追赶阶段的结束和认定美国统治下的和平时代告终开始的”。[④] 事实上,中曾根的《新的保守理论》就是日本民族主义的政治宣言,他所标榜的保守主义体现出日本民族主义的精神特质。

(二)民族主义色彩的保守主义政治理念,必然显现为政治右倾化的言行及政策

日本保守主义政党“自民党运动方针”明示:“我党在21世纪要谋求实行健

---

① [日]中曾根康弘:《新的保守理论》,世界知识出版社1984年版,第102页。

② 日本明治政府在政治上神化天皇的绝对权威。1882年,发布《军人敕谕》,鼓吹武士道。1890年,发布《教育敕语》,推行以效忠天皇为核心的军国主义教育。在对外关系方面,明治初年随着国力日渐增强,日本即蓄谋向亚洲邻国进行侵略扩张。1874年,出兵侵略中国台湾。1875年,武装入侵朝鲜,次年逼迫朝鲜签订《江华条约》。1879年,并吞琉球,改为冲绳县。19世纪80年代末期,日本以侵略中国和朝鲜为主要目标的大陆政策基本形成。19世纪90年代中期起,日本不断对外发动侵略战争。

③ [美]罗伯特·A.帕斯特:《世纪之旅》,上海人民出版社2001年版,第301页。

④ [美]肯尼思·派尔:《日本的问题——新时代的国力与目标》,金禾出版社1985年版,第77、79页。

全的新保守主义。”实际上,新旧保守主义在民族主义等政治意识形态方面是一致的,均标榜重视文化传统、秩序、等级和自由的价值。但保守主义和其他政治思潮及理念相类似,“必然是以多种面貌出现”。“特定的国家、特定的历史、特定的生活方式”形成各具“民族特色”的保守主义。[①] 各个国家的保守主义是建立在保守主义“共性”之上的“民族特色”,是各国特殊的政治文化、政治传统和思维形式的具体表现。日本的保守主义与欧美的保守主义相比较,它在重视对于自然、传统文化、宗教和历史等保守主义共性的同时,格外关注民族主义的政治符号,奉行“政治的保守主义”。[②] 老牌保守政党“自民党对保守主义精神的肯定,并不是基于对保守主义作哲学的抽象,而是基于对日本现实社会的判断、选择和构想”,可概括为“天皇主义”“国家主义”“资本主义”“现实主义”“秩序主义”。其中,“天皇主义”是“自民党强调保持传统的一个重要目的,就是要保持天皇权威在国家政治生活中的作用和影响”。天皇制是日本民族主义形成和发展的重要基础,也可以说是日本保守主义的重要支柱。“国家主义”是要“强化日本国家的主导地位和权力,从而建立起一个对社会、对国民都具有很强统制力与统合力的国家”。“现实主义”特别“强调历史发展的连续性”。[③] 不难看出,这里的“天皇主义”“国家主义”“现实主义”,是日本保守主义的“个性”内涵,具有鲜明的民族主义色彩。保守主义与民族主义均认同“国家主义”。前者主张国家在维护等级和秩序、捍卫传统和历史的重要性的同时,还强调国家对个人的意义,即个人的权力只有通过国家才能得以真正实现;后者则更强调国家权力对于社会的“统合力”,加强国民对于天皇的权威认同、“爱国心”和“卫国的气概”的社会性教育。为此,自民党内部分人提出了天皇元首化、年号法制化、靖国神社国营化、“日之

---

① 参见[英]罗杰·斯克拉顿:《保守主义的含义》,中国编译出版社2005年版,第22页。

② 日本学者北冈勋认为,日本的保守主义体系是经历了自然的保守主义、初始的保守主义和政治的保守主义三个发展阶段演进而来的。首先,从日本的疆土归于统一到幕藩体制终结为自然的保守主义时代。这一时期的保守主义是基于人性生存本能的抗拒现状改变的观念体现,是一种超越时空的人性存在。其次,从明治维新到太平洋战争是初始的保守主义时期。初始的保守主义源于自然的保守主义,根植于日本的政治及社会现实之中。它与此后出现的政治的保守主义相比,反省或自觉程度较低。第三,日本战败以来属于政治的保守主义时代。政治的保守主义又称现代保守主义,是以现代社会为背景的高度反省或自觉。它“表现出与战后破坏性革命风潮相对抗,并内化于与革新政党相对立的保守政党的纲领及政策之中的特性”。可见,日本的保守主义三个发展阶段充分反映出其由低级到高级发展完善的过程。参见[日]北冈勋:《日本保守主义》,御茶水书房1992年版,第81页。

③ 参见林尚立:《政党政治与现代化——日本的历史与现实》,上海人民出版社1998年版,第252—262页。

丸”国旗与“君之代”国歌法定化等民族主义色彩的政治主张，并且逐渐促其得以实现，从而力求使天皇所代表的“秩序与传统”能长久地作用和影响日本社会。可以说，日本的保守主义政治理念使得“天皇主义”与“国家主义”（民族主义）相得益彰，相互促进。在“强调历史发展的连续性”的现实主义论调下，必然会纵容否认殖民及军国主义侵略罪行的“皇国史观”。

（三）自民党及其保守派政治家群体的保守主义执政理念表现出强烈民族主义特质

在日本，作为战后保守政党思想和主张的政治的保守主义，并不是通过抽象的理论来表现，而是通过具体的党的纲领和章程来体现，通过具体的政策方针和保守主义的路线来实现。[①] 在自民党“七大”提出的《保守主义的政治哲学要纲》中指出：“所谓保守主义，是指积极地保持优良的传统和秩序，清除邪恶，力求在传统的基础上有所创造，在秩序之中求取进步，摈弃破坏性的激进主义，也不信守只拘泥于过去和现在的反动保守主义。”[②] 其中，“保持优良的传统和秩序”，与欧美传统的保守主义虽在表面具有相同性，但这里的所谓“传统和秩序”，当然是指日本固有的民族传统文化，包括对于“天皇主义”的民族主义认同。所谓“破坏性的激进主义”，更多的是指当时与自民党相对立的、维护和平宪法和反对日美安保体制的革新派——社会党和共产党的政治主张。自民党对“保守主义”的解释具有浓厚的意识形态的对立和“冷战”色彩。[③] 目前，“不信守只拘泥于过去和现在”，就是自民党希望改变“非正常国家”现状的“反动”。“自民党运动方针”明确指出，自民党在21世纪要谋求的保守主义绝不是维持现状，保守主义往往是一个寻求改革的主义。这表明作为保守主义政党的自民党大有将“正常国家化”进行到底的决心和信心。

同时，在保守主义执政理念的氛围中，民族主义情绪内化于日本政坛主流保守派政治家的言行之中。日本保守派政治家群体的“战后总决算”和“正常国家论”，正是具有民族主义色彩的保守主义政治理念。从日本保守政党的政治实践来看，日本保守主义政治理念的实质是以“民族主义”为基点的。日本的保守派

① ［日］北冈勋：《日本保守主义》，御茶水书房1992年版，第49页。
② ［日］北冈勋：《日本保守主义》，御茶水书房1992年版，第70页。
③ 吕耀东：《冷战后的日本总体保守化》，中国社会科学出版社2004年版，第9页。

政治家群体正在奉行着带有强烈民族主义色彩的保守主义执政理念和主张。这是当代日本政治的一种客观现实存在。值得重视的是，日本现行的保守主义执政理念与民族主义有着历史的、逻辑的相关性。在一些日本保守派政治家看来，“二战”战败后使日本丧失了自身延续已久的民族主义“价值观”和“国家观”。[①]历史事实表明，“二战”前日本的军国主义就具有民族主义（或国家主义）特征。军国主义就是在极端民族主义氛围中膨胀为日本发动侵略战争的思想根源。战败后，日本“侵略和掠夺别国和民族”的国家对外职能被部分剥夺。为了成为所谓“正常国家”，否认日本的殖民及军国主义侵略历史、谋求删除《联合国宪章》中的“敌国条款”和修改和平宪法等就成为日本保守主义政治和极端民族主义的共识。

（四）在特定的历史条件下，“自下而上”的民族主义与“自上而下”的保守主义互为实现手段

日本保守派政治家常常借助“民族主义”实现其政治目的。日本首相安倍晋三在《致美丽的祖国》一书中指出的那样：“有些人认为‘对于还没有建立民族国家的民族来说，民族主义是一种革命思想，而对于建立了民族国家的民族而言，民族主义则是保守思想’。”[②] 我们姑且不论安倍晋三借他人观点表达自己对于民族主义与国家相互关系的意图，但由此表明了安倍自己关于民族主义与保守主义的关系的理解，即认可“民族主义则是保守思想”的观点。这明确地道出安倍等保守派政治家所奉行的保守主义政治理念的民族主义特质。近年来，自民党把具有民族主义内涵的保守主义执政理念转化为国家意志及政策方针，主动迎合日本国内激进的民族主义“民意”，导致否认和美化日本殖民及军国主义侵略罪行等方面的言行大肆盛行。使得极端民族主义在日本社会蔓延开来，并对日本的政治决策过程及政治环境造成深刻的影响。譬如日本《产经新闻》评论员安村廉就日本政治决策提出自己的保守主义理念及看法：“在我看来，保守主义可以解释为是推行这样一种政治：重视已被纳入日本悠久历史和文化传统的智慧与秩序，最大限度地利用个人的创造性和自由。因此，当然必须尊重中庸的历

① 中曽根康弘『二十一世紀日本の国家戦略』、PHP 研究所、2000 年、193 頁。

② 安倍晋三『美しい国へ』、文藝春秋、2006 年、98 頁。

史观。它也有纠正极度近视的缺乏平衡的历史观的作用。”[①] 这种极端民族主义观点，如今已经逐步演化为“历史修正主义”的强势“民意”，成为日本保守势力政治决策的重要依据。在所谓“尊重中庸的历史观”方面，安倍晋三在回忆外祖父——甲级战犯岸信介时予以运用：“我从小就知道外公被称为‘保守反动的权力化身’‘政界的黑幕’，也曾有人说‘你外公是甲级战犯嫌疑犯’。出于抵触，我反而对‘保守’一词产生了亲近感。”[②] 上述这些言论充分表现出民族主义就是日本保守主义政治理念的“应有之义”。采取迎合国内极端民族主义思潮，强化国家主义、纵容“皇国史观”等言行就成为当代日本保守主义执政理念的突出特征。面对日本社会的极端民族主义思潮的泛滥，日本主流保守派政治家不是通过理性的政策引导，而是认同否认殖民及军国主义侵略历史的错误言行，甚至与极端民族主义相互利用，导致日本的政治右倾化不断加深。

三、日本政治右倾化的民族主义成因

对于日本政治右倾化的民族主义倾向，日本学界有观点认为国际环境的变化对日本民族主义产生深刻影响。但日本的政治现实明示，日本经济大国化、社会文化变迁及政府行为对于民族主义的影响及引导作用巨大。尤其是日本保守政党及其保守主义执政理念显现的民族主义倾向，说明日本的政治右倾化有着民族主义的内因。

（一）日本老牌保守派政治家大多扮演民族主义的启发者角色

日本的“二战”战败投降，使得曾经“激进高昂”的民族主义迅速被和平主义所取代。但是，随着美国因“冷战”改变对日政策，“日本人对‘民族’‘国民’‘国家’的集体认同，在1955年以后发生了本质变化”。[③] 尽管“二战”后的日本民族主义情绪暂时淹没在和平主义思潮之中，却因鸠山一郎和岸信介等老牌保守派政要的蛊惑而有所萌动。曾经滋生日本军国主义温床的“皇国史观”适时死灰复燃。一批旧军人、旧外交官乃至战犯，以撰写历史著作、回忆录、传记、秘录以及

① ［日］历史研究委员会编：《大东亚战争的总结》，新华出版社1997年版，第573页。

② 安倍晋三『美しい国へ』、文藝春秋、2006年、18頁。

③ 小熊英二『「民主」と「愛国」—戦後日本のナショナリズムの公共性』、新曜社、2003年、11頁、12頁。

发表日记、手记等学术研究为幌子，否认甚至美化殖民及日本军国主义侵略历史。20 世纪 70 年代，日本的经济繁荣与所谓“民族虚无”饱受日本极端民族主义者的“诟病”，小说家三岛由纪夫“武士道式”的自杀行为，标志着极端民族主义对于民族和国家认同的社会“反动”。三岛由纪夫在生前曾表示，日本人的自我只能从日本的文化中发现，而正统文化的唯一源泉在于天皇。[①] 他在《文化防卫论》中表达的民族主义核心是主张建立战后天皇的军事统治权体制并形成民族共同体，以及建设日本整体性文化体系。[②] 他这种渴望回到战前的“文化妄想”及极端行为，对当时的日本政治和社会生活产生极大的“文化震惊”。

在 20 世纪 80 年代前后，日本的经济大国地位给了日本更多的民族自信心和民族优越感，并激发了日本民族主义的复兴。时任日本首相的中曾根康弘适时提出“战后政治总决算”的政策主张，充分迎合了日本民族主义者追求“政治军事大国”梦想的心理渴求。80 年代以后，随着日本成为世界经济大国，日本的国际地位、社会结构等都发生了深刻变动，加之国际社会对于日本经济成就的赞誉，使战后长期受到压抑的民族主义复苏，“一亿中流意识”使日本国民的大国主义意识不断增强，因战败形成的和平主义意识淡化，并逐渐认可了以日美安保体制“借船出海”的现实存在。日本不再甘心安于只是经济大国的现状，渴望成为与自身经济实力相当的政治大国，重新登上参与国际事务的国际政治舞台。1985 年，中曾根首相提出“战后政治总决算”、“政治大国化论”、不沉航空母舰论、“从战后解脱出来”等新保守主义理念，[③]日本的政治右倾化日渐显著。“为了克服日本人在遭到战败、占领和国际谴责之后而自承负面形象，中曾根试图用培养民族自尊和理解他国传统之间的平衡以转变民族意识。”[④] 在中曾根看来，日本作为世界经济大国，应该积极参与国际事务，主动承担起相应的“国际责任”，扩大国际开发援助，要努力成为政治大国。同时，他主张大力培养日本国民的“国防意识”“爱国心”和民族意识，重新确立国家权威，不断增强日本作为政治大国参与国际事务的分量。特别是中曾根突出“爱国心”、民族意识，成为不同于英美新保守主义的鲜明特点。可以说，中曾根以公职身份

---

① ［美］约翰·内森：《无约束的日本》，华东师范大学出版社 2005 年版，第 13 页。

② 纪廷许：《现代日本社会与社会思潮》，中国社会科学出版社 2007 年版，第 270 页。

③ ［日］毛里和子：《日中关系——从战后走向新时代》，社会科学文献出版社 2009 年版，第151 页。

④ ［美］肯尼思·派尔：《日本的问题——新时代的国力与目标》，金禾出版社 1985 年版，第 96、114—115 页。

参拜靖国神社的实质就是力求通过否认殖民及军国主义侵略历史来重塑日本的“民族精神”。

在中曾根看来，“二战”后的教育改革忽视了日本的传统文化和国民“爱国心”的教育，需要对“二战”以来的教育进行深刻反省和改革。对此，美国学者肯尼思·派尔指出：在日本国内，“从群众的反应来看，中曾根的吸引力的秘密就在于他唤起潜在的民族自豪感和爱国心的能力”。“中曾根确信，自信必须从理解传统体制和历史开始。”参拜供奉“二战”甲级战犯的靖国神社，“提供了一个象征性的方式以撇开那场战争，使之不在成为国家的耻辱和窘迫之源，重新回到崇奉战争亡灵的传统”。派尔质疑中曾根有煽动民族主义的动机：“重塑民族性也是很艰难的，因为思想和行为的旧习惯是难以根绝的。要达到中曾根所提倡的那种开放、均衡、自由的国家主义，就需要改掉用老眼光看待世界的旧方式，不能再像过去那样本能和偏狭的抬高日本民族。”① 但是，加强日本民族认同，诉诸否认殖民和军国主义侵略历史的言行，已经成为日本保守派政治家群体迎合日本国内极端民族主义情绪的政治手段。中曾根试图改革日本的教育制度，以克服他认为的、战时的记忆所造成的不断恶化的后果。然而，日本的集体认同并没有被富有开创性的世界主义或宽容的民族主义所取代，② 他这种以重视日本传统文化的“爱国心”，演变为通过审订教科书否认殖民及军国主义侵略历史的结果，助长了日本国内极端民族主义思潮的泛滥，形成了对日本内政外交全面而深刻的影响。

（二）冷战后形成的民族主义“正常国家论”，导致日本的政治右倾化日渐加强

1989 年“冷战”结束的一系列国际局势变化，为日本迎来“第三次开国”。而“开国”的含义带有一定的“革命性”，③ 这无疑也是日本的民族主义“复兴”的极好契机。“冷战”后，“1955 年体制”的崩溃，导致革新政党的衰落和保守政党的不断壮大，日本政治开始了“总体保守化”。日本学者毛里和子认为：“‘总体保守化’后所表现出来的新民族主义，与 20 世纪 80 年代的‘新保守主义’有很大不

---

① ［美］肯尼思·派尔：《日本的问题——新时代的国力与目标》，金禾出版社 1985 年版，第 77 页。

② ［美］卡赞斯坦：《文化规范与国家安全》，新华出版社 2001 年版，第 35 页。

③ 松本健一『日本のナショナリズム』，筑摩新書，2010 年，第 8 頁、第 20 頁。

同,第一,新民族主义尝试通过回归民族和传统来重建日本的认同感,为此就需要'对历史加以修正',把正视日本侵略事实的历史观斥之为'自虐史观',意欲描绘更加'舒服'的近代史;第二,对和平宪法、民主主义教育等一系列'战后'进行改写。他们公然提出要修改宪法第九条。"[①] 上述观点表明了日本"新民族主义"的内涵扩大为在否认殖民及军国主义侵略罪行的基础上,试图修改"战后体制"赋予日本的"和平宪法"及其第九条。"新民族主义"持"自由主义史观",主张强化国家观念。"新民族主义"的生成有其复杂的历史渊源与现实背景,它直接作用于政治家的思想和行动,不仅左右国内社会政治生活,对外交政策也产生重大影响。[②] 随之,日本保守主义执政理念在国家发展目标等重大战略层面,表现出具有民族主义色彩的政治右倾化趋势。

在小泽一郎为代表的"新保守势力"看来,自民党主流派在战后所奉行的、以发展经济为中心的"吉田路线",已不适应时代发展变化的要求,日本要实现从经济大国向政治大国的迈进,需要强有力的政府和政治领导人。[③] 小泽一郎在1993年出版的《日本改造计划》中全面阐述了具有民族主义色彩的"正常国家论"。在国内政治改革层面,小泽一郎主张修改日本和平宪法。他认为:"宪法当然也应该随着时代的变迁而变迁。"[④] 日本"现行宪法中,没有关于与国际环境对应的明确规定",所以"围绕宪法的解释"进行着"没有结果的争论"。首先可在宪法第9条的两项中附加第三项,确定为"前两项不妨碍为了创造和平而进行活动的自卫队"可派赴海外;其次"保持宪法现状,制定一部'和平安全保障基本法',规定作为一切主权国家固有的权利,让日本拥有个别自卫权,为此,确保自卫队为最小限度的军事力量,拥有作为联合国一员积极协助联合国维和行动的权利"。[⑤] 在对外关系层面,小泽一郎认为,日本"同美国、欧洲并列构成世界三极中的一极","日本已经成为世界大国","逃避不了作为大国的作用"。"日本的一举一动已经影响到世界的各个地方",日本有义务对"世界作贡献"。[⑥] 小泽一

① [日]毛里和子:《中日关系——从战后走向新时代》,社会科学文献出版社2009年版,第152页。
② 杨伯江:《当前日本社会思潮与"新民族主义"》,《现代国际关系》2001年第5期。
③ 刘江永主编:《跨世纪的日本——政治、经济、外交新趋势》,时事出版社1995年版,第61页。
④ [日]小沢一郎『日本改造計画』、講談社、1993年、124頁。
⑤ [日]小沢一郎『日本改造計画』、講談社、1993年、123—125頁。
⑥ [日]小沢一郎『日本改造計画』、講談社、1993年、16頁。

郎主张要摆脱战败国地位，使日本成为与其他发达国家平起平坐的“正常国家”，[①] 在国际上发挥与自己国家实力相称的政治和军事作用。小泽一郎主张把自卫队的“专守防卫战略”改为推行“创造和平战略”，[②] 通过参加联合国维和行动，发挥日本的政治和军事作用。

可以说，小泽一郎在《日本改造计划》中的民族主义思想已内化到现在日本的保守主义政策之中，对内实现修改“和平宪法”，对外实现“正常国家”成为日本保守政党的共同政治目标。小泽一郎的“正常国家论”潜移默化地变为日本保守主义政党的政策主张。要求在国际上拥有与经济大国相称的政治地位，是日本保守主义政党的政治理想。日本战后经济的巨大成功，使长期被压抑的民族主义及大国意识不断增强，为了恢复国民对政治的信任，日本保守政党积极迎合日本国内日益盛行的民族主义社会思潮。在小渊内阁时期，小渊惠三首相表面上没有专门谈论保守主义问题，但采取了迎合民族主义的实践行动，小渊惠三与小泽一郎联手通过“国歌国旗法案”，其实质贯彻落实了迎合日本极端民族主义情绪的执政理念和路线。

（三）日本新生代保守派政治家承接极端民族主义话语，致使政治右倾化不断升级

进入21世纪，日本保守派政治家就开始全面否认和美化殖民及军国主义侵略历史，小泉纯一郎无视亚洲殖民及军国主义受害国民众的强烈抗议，以首相身份六次参拜供奉甲级战犯的靖国神社，以否认侵略历史的行动迎合国内的极端民族主义情绪。随后上台执政的安倍晋三等新生代保守派政治家的“历史观”隐患日益显现。安倍“继承了岸（信介）的遗传基因固然是一个方面，比起经济主义的话题，他更热衷于修改教育基本法和修改宪法”。[③] 他力图以否认殖民及军国主义侵略历史增强日本国民“爱国心”和实现日本政治军事大国战略目标。安倍等人之所以在“历史问题”上宣扬“民族主义”言论，是因为生于战后的新生代保守派政治家群体未能得到正确的历史教育，因而普遍缺乏历史负罪感。

右翼政治世家的思想传承导致新生代保守派政治家群体的错误“历史观”。

---

① ［日］小沢一郎『日本改造計画』、講談社、1993年、110頁。
② ［日］小沢一郎『日本改造計画』、講談社、1993年、119頁。
③ ［日］御厨贵：《战后保守政治家的思想谱系》，《中央公论》2007年2月号。

出身于右翼政治世家的安倍晋三深受其外祖父、“鹰派”前首相岸信介的影响。岸信介因其“二战”侵华罪行,被定为甲级战犯入狱,获释后仍念念不忘“大东亚共荣圈”的美梦。在1957年至1960年出任日本首相期间,他多次发表强硬的反华言论,其言行受到当时日本“和平主义”团体的强烈反对。但是,安倍晋三却不以为然,他在《致美丽的祖国》一书中回忆道:“从幼年时起,外公在我心目中就是一位只考虑国家未来的赤诚政治家。而且,他能毅然面对社会上喧嚣的非难,其泰然处之的态度,令我全身心地为之感到自豪。”① 这说明安倍对于岸信介政治思想的承接与认同。安倍本人也确认:“由于是在外公、父亲都是政治家这样的家庭里长大,长期耳濡目染,我与同辈人相比总还是对‘国家’有更多的意识。”② 可以说,家庭、教育和社会影响等要素决定了新生代保守派政治家的民族主义“历史观”和政治右倾化言行。

日本极右翼势力的言行和极端民族主义盛行,是新生代保守派政治家实施政治右倾化的社会动因。“冷战”后,东京大学教授藤冈信胜等人鼓吹“自由主义史观”论调,大肆抨击日本战后以来所有的历史结论及历史教育为“反日史观”和“自虐史观”,指责这样的历史观使日本人丧失了民族“自豪感”和“爱国心”,要求“还原”具有“民族精神”的日本近现代史。在这样的极端民族主义氛围下,安倍等日本保守派政治家的历史观及其政治右倾化日趋显露,并成为一种历史必然。可以说,日本新生代保守派政治家群体的民族主义“历史观”及政治右倾化言行绝非偶然,既是日本的“皇国史观”和“自由主义史观”等社会思潮泛滥所致,又是日本的保守主义政治环境与新生代保守派政治家个体因素结合的时代产物。

如今,日本新生代保守派政治家在历史认知问题上的民族主义“政治诉求”十分明确。在安倍内阁的新生代保守派政治家中,大多赞同“自由主义史观”,并屡屡以公职身份参拜靖国神社。安倍的著述《致美丽的祖国》不仅反映了他本人的历史观,也表达了大多数新生代保守派政治家的“共同心声”。安倍认为:小泉纯一郎以首相身份参拜靖国神社“目的是向为我们国家献出生命的人表达尊崇的心情”。安倍质疑“东京审判”的法理依据,认为“‘甲级战犯’存在着误解”,“因为战犯在国内法上不是罪犯”。③ 安倍力求以首相身份参拜供奉甲级战犯的

① 安倍晋三『美しい国へ』、文藝春秋、2006年、24頁。
② 安倍晋三『美しい国へ』、文藝春秋、2006年、19頁。
③ 安倍晋三『美しい国へ』、文藝春秋、2006年、69—71頁。

靖国神社的政治右倾化行为，否认殖民及军国主义侵略罪行，表达其“脱离战后体制”，让日本人“对日本历史、文化有一种骄傲感”的民族主义“政治诉求”。

四、日本政治右倾化的民族主义趋向

从长远来看，日本保守势力的保守主义政治理念将继续体现为政治右倾化及其民族主义言行，并在日本政界形成影响政府决策及政策方针的重要因素。激化与邻国的领土纠纷、力求修改和平宪法和美化殖民及军国主义侵略历史等政治右倾化言行，将长期影响未来日本的内外政策走向。

（一）日本政治右倾化及极端民族主义思潮，力促日本走向政治军事大国化目标

安倍谋求“脱离战后体制”，让日本人“对日本历史、文化有一种骄傲感”的民族主义理念已经影响到日本的内政外交及政策制定。值得关注的是，这样的民族主义“政治诉求”对于新生代保守派政治家来说往往是跨党派的。多数自民党、日本维新会与有些民主党国会议员等新生代政治家在使得日本“脱离战后体制”，成为“正常国家”方面有着共同话语和高度共识。尤其涉及国家、宪法、防卫等敏感政治问题时，他们在修改和平宪法第九条、实现日美同盟的对等性、争取日本国家利益最大化等方面都能取得相当一致的看法，表现出高度的“同质性”。以安倍为首的保守派政治家群体常常把否认侵略历史与弘扬“民族精神”相结合，力求通过“脱离战后体制”，实现日本的政治军事大国化战略构想。并在“争常”、修宪、派兵海外及安全保障等一系列问题上，显示出更为强硬的民族主义政治立场。

（二）日本政治右倾化及其民族主义理念将深刻影响日本对外关系及外交战略

日本在谋求摆脱“战后体制”的过程中，逐渐形成日本的政治军事大国战略目标。这使得日本保守派政要带有民族主义色彩的外交理念在处理国际事务中日益“右倾化”。中曾根康弘在《二十一世纪日本的国家战略》一书中提出，“作为国家的长远目标，应该追求实现自我。这是以更为理想的方式生存，实现独立，维护安全和追求基于国际责任意识的自我实现”。他将“国际责任”作为日本“自身的安全、独立和生存”的要件，抛弃“吉田路线”，进行“战后政治总决算”，确立日本政治军事大国战略构想，明确了 21 世纪日本对外战略的长远目标。日本的

"正常国家论"就是日本要在国际"安全保障"及国际贡献等领域"有所作为",发挥与经济实力相称的政治军事大国作用。这才是日本追求的国家最高层次的战略目标。"正常国家论"谋求通过修改和平宪法,改变军事上的自我约束,摆脱"战后体制",力求重获对外动用军事手段的权利,实现日本政治军事大国化战略目标。

(三)日本政治右倾化思潮及错误历史观将继续否认和美化殖民及军国主义侵略历史事实

在日本学者小熊英二看来,21 世纪日本的新民族主义具体表现为"拒绝反省战前外交,谴责中国、韩国专注于历史认识、领土等问题"的"赞美战前型民粹主义"。2012 年 12 月底,再次就任日本首相的安倍晋三向《产经新闻》透露,将通过听取专家意见等重新检证有关"二战"时期慰安妇问题的"河野谈话"。此言一出,美国《纽约时报》(2013 年 1 月 3 日)就此发表题为《试图重新否认历史》的社论,批评日本首相安倍晋三计划通过专家重新检证"河野谈话"的做法是个"严重的错误",将安倍晋三定义为"右翼民族主义者",并称安倍晋三"试图否认战争犯罪,减轻谢罪程度等行为,势必激怒韩国、中国、菲律宾等在战时因日本的野蛮行径蒙受苦痛的国家"。对此,执政的自民党总裁特别辅佐官萩生田光一辩解道:"如果在检证日本政府承认强制征集慰安妇问题的'河野谈话'后发现新的事实的情况下,不排除发表新的谈话"。这表明日本右翼及保守势力否认殖民和军国主义侵略历史的既定路线是不会改变的。但是,正如日本学者米原谦也指出,"安倍所依靠的右翼民族主义是国内消费用的,难以在国际上通行"。[①] 对于安倍等保守派政要这种伤害广大亚洲受害国的民族感情的日本右倾化言行,已经引起了亚洲国家及国际社会的高度警觉。

(四)随着日本政坛总体保守化的加剧,日本政治右倾化的民族主义特质日益凸显

对于日本"民族主义越来越强"的形势,日本政治家加藤弘一将其分为对抗的民族主义、竞争的民族主义和理想的民族主义三种类型,其中的"对抗的民族主义,主要就是和周边国家、邻国进行争斗,那就是领土问题,把它点燃的话,可

---

① [日]米原谦文,崔世广译:《现代日本的民族主义》,《日本学刊》2013 年第 3 期。

能在政治上很有人气，但这是非常危险的，一定会引火烧身”。[①] 这种极端民族主义在日本社会思潮中逐步占据上风，并助长了日本的政治右倾化。一些保守派政治家利用自民党的执政地位为极端民族主义者大开方便之门，制造与周边国家的“岛争”主权纠纷，不断纵容、放任“新历史教科书编纂会”，屡次审定通过否认殖民及军国主义侵略罪行的历史教科书，将极端民族主义的观点变成否认“历史问题”的实际行动。2012 年 9 月 10 日，日本政府公然恶化中日关系，宣布“购买”钓鱼岛及其附属的南小岛和北小岛，实施所谓“国有化”，拉开日本深化钓鱼岛“国有化”的政治过程。随后，日本各保守政党将钓鱼岛问题写入众议院大选的政纲，竞相展现政治右倾化言论。自民党的竞选纲领提出，“将强化对钓鱼岛的实际控制和稳定管理，调整日本政府对于钓鱼岛的政策，并将讨论在该岛上常驻公务人员，改善周边渔业环境等”。民主党选举纲领表示，将扩充海上保安厅等警备体制，采取万无一失的措施保卫日本的领土和领海。以极右翼政治家石原慎太郎为党首的日本维新会在众议院选举“政策框架 2013—2016”中，公然宣称对钓鱼岛要强化“实际占领”。右翼政党“日本维新会”的创立，进一步加剧日本的政治右倾化。安倍上台伊始就明确表示修宪是自己的“历史使命”，力图改变“战后体制”意愿十分明确。安倍立志要制定一部“新宪法”，完成自民党尚未完成的“立党”使命。在安倍看来，修改“和平宪法”是日本成为“正常国家”，实现政治、军事大国的关键所在。2012 年和 2013 年的众、参两院选举重新确立保守政党自民党“一党独大”的优势，获得众、参议院半数以上席位的自民党已将修改和平宪法提速，加之自民党、日本维新会、大家党和新党改革等修宪势力的壮大，日本政治右倾化的民族主义特性将愈加凸显。

（五）政治右倾化言行与极端民族主义思潮合流并影响和毒化日本社会，引起了国际社会的警觉

针对安倍“民族主义”色彩的执政理念及政治右倾化言行，澳大利亚学者加文·麦考马克指出：“实际上他的政治声望建立在历史修正主义、否认战争责任

---

① 《全球视野下面向未来的中日关系》，《2012 年第八届“北京——东京论坛”会刊》，中国日报社，第 65 页。

的立场之上。”① 这揭露了安倍等保守派政治家煽动日本极端民族主义情绪的政治目的。安倍和麻生等保守派政要不断散布否认日本殖民主义及军国主义侵略历史的错误言论的同时,也严重误导了日本社会及社会群体对于日本近现代史上“功过是非”的价值判断。譬如,2014 年 2 月 4 日,日本鹿儿岛县南九州市的“知览特攻和平会馆”竟然向联合国教科文组织总部邮寄申请书,希望将该会馆收藏的 333 件敢死队队员遗书等列入世界记忆遗产名录。这种公然将军国主义侵略者的敢死队队员遗书申报为世界记忆遗产的恶劣行为表明,日本社会对于殖民及军国主义侵略罪行并没有深刻反省,且有颠倒黑白的价值误判。又据日本共同社 2014 年 3 月 1 日报道,就东京多家公立图书馆馆藏的有关记述纳粹迫害的《安妮日记》及相关书籍遭蓄意破坏一事,国际舆论认为日本社会已经呈现“保守化”和极端民族主义倾向。执政的保守势力为极端民族主义的肆意泛滥提供政治气候,后者为前者的政治右倾化言行摇旗呐喊。如今这两股势力遥相呼应,甚至公然合流,导致日本国内的政治右倾化日趋严重。

总之,随着自民党保守政权的进一步巩固和延续,日本政治右倾化的民族主义特质将会愈加凸显。近来,安倍晋三等保守派政治家在日本的历史教科书“改恶”和参拜靖国神社风波中,从迎合极端民族主义思潮发展到走向否认殖民及军国主义侵略历史的前台。安倍上台前口口声声称首要问题就是改善日本经济现状,但执政后却在安全保障、外交和历史认识问题等方面加快右倾化步伐,不仅成立了国家安全保障委员会,扬言修改反省日本殖民及军国主义侵略历史的“河野谈话”和“村山谈话”,而且大搞密室政治,强行出台有损日本民众知情权的“特定秘密保护法”,安倍等保守派政要在政治右倾化道路上越走越远。特别是安倍再次上台后悍然以首相身份参拜供奉甲级战犯的靖国神社,更是从极端民族主义的“依靠者”变成直接参与者。在他的政治右倾化言行带动下,部分内阁成员已经从过去的“失言”变成现在的“直言”,甚至是直接行动,把否认日本殖民及军国主义侵略历史作为谋取“政绩”的“卖点”,表现出煽动极端民族主义情绪的政治右倾化趋向。这样的民族主义“政治诉求”,目的是为了恢复因“二战”侵略他国“丧失”的部分国家对外职能,最终成为所谓的“正常国家”。因而,否认殖民及

---

① [澳大利亚] 加文·麦考马克:《附庸国:美国怀抱中的日本》,社会科学文献出版社 2008 年版,第 23 页。

军国主义侵略罪行、修宪、“争常”并谋求废除联合国宪章中的“敌国条款”，实现政治军事大国化构想，就成为日本新生代保守派政治家群体的政治主题。如果安倍等保守派政要继续在历史认识和靖国神社问题上的错误言行，必然会影响到未来日本的内政和外交。如果在强调“日本的历史和文化传统”的同时，对于日本殖民及军国主义侵略罪行不加反省地“肯定”和美化，就会失信于亚洲邻国和国际社会，乃至无法确立自我标榜的和平主义国际形象。

但是，目前日本政治右倾化愈演愈烈的事实证明，以否认殖民及军国主义侵略历史、摆脱“战后体制”、制造与邻国领土纠纷和修宪等方式追求所谓“正常国家”，乃至谋求实现政治军事大国目标，已经成为安倍等保守势力的终极政治理想。从长远来看，日本的保守势力迎合极端民族主义的政治右倾化步伐是不会停歇的。

日本共产党对于修宪所持立场及作用分析

葛　涛*

[摘　要]日本共产党是日本政坛上历史悠久的左翼政党，在“二战”前，就与军国主义及法西斯势力进行过坚决斗争，遭遇了严酷的弹压与迫害。战后至今，日共仍然是一支维护和平的力量。近年来，日本各政治、社会力量围绕修改宪法的问题，展开了激烈的较量。其中，日共的主张及其所做的努力，是值得进行关注和研究的。

[关键词]日本共产党；修宪；自民党

一、日共的历史及政治主张

在目下日本政治舞台上，日本共产党的地位、立场以及所发挥的作用均堪称独树一帜，亦不可等闲视之。日本共产党成立于1922年，比中国共产党晚一年建党，是一个拥有94年历史的老牌政党。

建党伊始，日本共产党作为共产国际的一个支部，曾长期坚持反军国主义立场，主张为实现共产主义理想而斗争。为此，遭受了军国主义及法西斯势力的严酷压制、迫害。日本于“二战”无条件投降后，日本共产党恢复合法地位，在国内政治生活中表现活跃。然而，旋即“冷战”开始，国际上两大阵营尖锐对立。在这种情况下，日共一度处境艰难，但逐渐融入战后国内政治体制，以合法身份参与议会政治，为实现本党的政治理想与政治主张而努力。在20世纪60年代反对日美安保条约的抗议活动中，日共曾是一支重要力量。在国内，日共由于融入了成熟的议会民主政治制度，从而获得了较为稳定的政治地位。然而，在国际上，

* 葛涛，上海社会科学院历史研究所研究员、日本研究中心研究员。主要从事上海史、近代上海与日本关系史研究。

日共却面临着与其他主要共产党、工人党之间的关系危机。由苏共“二十大”引发的国际共产主义运动内部的裂痕，于60年代初因中苏两党公开论战而变得不可挽回。在中苏关系破裂、社会主义阵营名存实亡的情况下，日共相继与苏共、中共、朝鲜劳动党断绝了党际关系，在意识形态上决裂，在各国共产党中显得特立独行。日共不断发表声明，谴责苏共、中共、朝鲜劳动党为“修正主义”“霸权主义”，企图干涉日共内部事务等。70年代之后，日本成为全球屈指可数的经济、科技大国，国际、地区影响力举足轻重。与此同时，日本国民整体生活较为富足、安定，社会矛盾大为缓和，呈现相对和谐的状况。这使得作为左翼在野党的日共的号召力、影响力大为减弱。尤为雪上加霜的是，自80年代中叶起，苏联、东欧局势逐渐恶化，终酿成剧变。虽然日共早已与苏共分道扬镳，并且始终刻意强调这一点，但实际上还是受到了苏共亡党的重大冲击。当时日本国内外，对日共前途抱着悲观、幸灾乐祸态度的大有人在。面临“冷战”结束、泡沫经济破灭的新形势，日共如欲生存下去，就必须在指导思想、纲领方针方面进行革新。

2004年1月，日共第二十三次全国代表大会通过了新的党纲。新党纲对现代日本社会的特质进行了分析，首先指出日本社会在“二战”后发生了三方面的重大变化：第一，日本丧失了独立国家的地位，成为美国实际上的从属国；第二，日本的政治制度从天皇绝对专制体制，改变为以主权在民为原则的民主政治体制；第三，战前日本半封建性质的地主制度，经过战后的土地改革，已基本解体。日共认为，日本作为世界主要垄断资本主义国家之一，之所以取得了巨大的经济成就，与上述变化有很大的关系。然而“日本垄断资本主义”的核心部分——少数大企业，掌握了巨大的财富，将政府置于其强力影响之下，为了实现“阶级利益”而最大限度地利用所有国家机构。在大企业、财界的“强横”统治下，在关乎国民生活及权利的诸多领域，日本与欧美之间存在相当大的差距。在日本工商业中占有较大比重的中小企业始终受到大企业的压制，遭遇行政部门的不公正对待，经营环境持续恶化。而农业则由于“贸易自由化”的冲击，得不到稳定发展的保障，导致日本的粮食自给率在主要发达资本主义国家中是最低的。而日本政府作为大企业及财界的代言人，维护大企业利益优先的财政、经济政策，将财政支出的大部分投向主要由大企业承担的大型公共事业以及军费，造成日本公共开支中用于社会保障的比例，在发达资本主义国家中属于最低水准。日共认为，造成上述日本社会严重弊病的根本原因有二，就国内而言，是“反动政治家”

“特权官僚”与部分大企业之间的高度“腐败结合”,造成了行贿受贿、腐败不绝于途,深刻地暴露了“日本垄断资本主义”与“反动政治”的腐朽;就外部因素而言,就是美国对日本国内政策的深度介入,已对日本的前途造成了危险、有害的影响。

综上所述,日共认为面临21世纪世界资本主义的动荡形势之际,日本经济的基础变得尤为脆弱,“日本垄断资本主义”的前景将充满了尖锐的矛盾与危机。为了化解危局、寻找出路,“日本垄断资本主义”与日本政府主动、积极、全方位地从军事、外交、经济方面发挥作用,不负美国对日本作为同盟国的期待。企图通过更深融入美国全球战略的方式,扩大日本在海外活动的范围与空间。党纲进而指出,日本政府一方面承担着美国战争计划的一翼,一步步提高自卫队海外派兵的水准,扩大范围,使海外派兵成为既成事实;与此同时,以此为基础,着手推进实施“有事立法”、行使集体自卫权、修改宪法等举措,显露出复活军国主义的苗头。这些旨在复活军国主义的行动与政策,与美国先发制人的战略相结合,得以展开,从而引发了与亚洲各国人民的对立。由此,日本除了是美国的前线基地,还成为了亚洲军事紧张的危险震源地之一。日共认为,上述现行体制与日本国民的根本利益之间,存在着许多无法调和的矛盾,这些矛盾今后将变得越加重大、深刻。①

日共明确指出,已逝去的20世纪是伴随着垄断资本主义、帝国主义对世界的统治而开始的。人类社会经历了两次世界大战、军国主义与法西斯、一连串的侵略战争等全球性惨祸。在各国人民的斗争与努力之下,人类从这些灾难中走了出来,世界历史由此发生了划时代的变化。以国民主权为核心的民主主义,已成为世界大多数国家的政治原则,世界政治的主流。随着联合国的成立,战争违法化成为世界历史的明确发展方向。防止战争爆发,以及构建和平的国际秩序,成为了全世界共同追求的目标。人类如何通过在20世纪中获得的经验教训,尤其是侵略战争与反侵略战争的经验教训,从而确立和平的国际秩序,已成为了摆在世界人民面前的日益紧迫的课题。

日本共产党认为,当今世界依然面临着核战争的危险。为了从根本上消除核战争的威胁,只有全面、彻底禁止核武器。虽然国际社会要求禁止核试验的呼声日渐高涨,国际政治领域内支持废除核武器的力量也在不断增强,但是执着于

---

① 「綱領」、日本共産党、http://www.jcp.or.jp/web_jcp/html/Koryo/index.html.

独占、强化核武器，以此作为实现其世界战略工具的政治力量仍然很顽固。强化世界各地的军事集团、优先通过武力解决各种纷争的企图，正成为激化紧张局势、威胁世界和平的重要原因。在这方面，美国的责任尤其重大。因为美国将本国的利益置于世界和平的利益与国际秩序之上，无视联合国而对他国发动先发制人的攻击，实行“新殖民主义”。美国以“世界警察”自居，企图实现以美国为中心的国际秩序，以及控制世界的野心。由于苏联解体，美国成为了唯一的超级大国，于是垄断资本主义特有的帝国主义侵略性就赤裸裸地得到了暴露。美国的上述政策与行动，与各国人民独立自由的原则、联合国宪章的原则均是对立的，显然具有霸权主义、帝国主义性质，已成为了世界和平与安全、各国主权与独立的最大威胁。美国所采取的霸权主义、帝国主义政策及行为，引发了与其他垄断资本主义国家之间的矛盾与对立。此外，美国还推行经济霸权主义，以经济全球化的名义将各国经济纳入美国经济的轨道，引发了世界经济的极大混乱。

日本共产党认为，在这种形势下，反对任何霸权主义、保卫国际和平秩序的斗争，反对军事集团的斗争，彻底尊重、不允许侵害各民族自决权的斗争，在尊重各国经济主权的基础上、为确立民主的国际经济秩序的斗争等，将日益具有重大意义。无论是国际，抑或各国国内，都应为了促进和平、进步而加强联合。日本共产党表示愿意与工人阶级为首的，为独立、和平、民主主义、社会进步而斗争的世界人民联合，支持促进人类进步事业的斗争。

目前，摆在世界人民面前的重大选择，是维护建立在联合国宪章基础上的和平的国际秩序，还是接受美国肆意蛮横的侵略干涉、战争压迫的国际秩序。日本共产党表示不能容许美国霸权主义对世界的支配，为建立和平的国际秩序，为实现没有核武器、军事同盟的世界而建立起国际性的联合而尽全力。世界在这种形势下迎来了21世纪，而世界历史的发展充满了动荡和曲折，有时会经历长时期的倒退，但是跨越帝国主义、资本主义，向着社会主义前进，则是不可逆转的历史发展方向。

日本共产党的国内政治目标，则是主张开展“民主主义革命”，建立“民主联合政府”。日共认为，日本社会目前所需要的变革，并非社会主义革命，而是所谓的“民主主义革命”。其内容是，打破异常的对美从属以及大企业、财界的蛮横支配，实现日本真正的独立与政治、经济、社会的民主主义改革。这一改革是可以在资本主义框架内进行的，如果它真正得以实施，将会使国家权力从代表垄断资本主义、对美从属势力的手中，转移至代表日本国民的势力之手。实行这场改革,将会化解日本国民目前面临的苦难,为日本打开通往独立、民主、和平之路,而这是符合大多数国民根本利益的。

日本共产党认为,目前日本社会所需要的民主主义改革的内容,主要包括“国家独立、安全保障、外交”“宪法与民主主义”以及“经济民主主义”三个领域。在“宪法与民主主义”部分,日共提出必须完全遵守现行宪法中包括前言在内的全部条款,尤其要为和平、民主诸条款的彻底实施而奋斗。为了使改革具有现实可能性,日本共产党主张采取“统一战线”的方式取得议会多数,同时在地方自治体的选举中取得优势,进而组成“民主联合政府”,实现民主主义改革。日共认为,通过这场改革,日本国民将迎来历史的转折。日本将摆脱美国事实上的从属国的地位,国民将完全收回国家主权,并成为真正的国家主人。通过这场改革,日本将不再是战争与军事紧张的根源,而成为亚洲与世界和平的坚强基础之一。日本国民的活力亦将由此焕发,并将为政治、经济、文化的发展开辟新路。事关日本前途的这场民主、和平转换,也将为亚洲形成和平秩序做出重大贡献,从而成为21世纪亚洲、世界局势发展的重大转折。

二、修宪问题的由来与日共的斗争

明确日本共产党的基本政治主张及政治倾向后,就不难理解它反对自民党安倍晋三内阁推动修宪的立场了。在修宪问题上,共产党与自民党的主张可谓针锋相对。自民党于2012年4月27日通过了《日本国宪法改正草案》,当时还是民主党执政。自民党宪法改正草案的要点有三,第一,对现行宪法的所有条款进行了修订,草案由11章、110条组成;第二,对现行宪法的前言部分全部改写;第三,主要修改之处,包括关于国旗、国歌的规定,对于自卫权的明确记载,保持国防军,环境保护的责任与义务,确保财政健全性,新设紧急事态宣言,放宽修宪提案要件等。自民党自称它提出的宪法改正草案是“顺应时代要求,能够对应新课题的”。对于前言部分,除了表示继承“主权在民”“和平主义”“尊重基本人权”这三项基本原理之外,还须表明依靠自己的力量守卫日本的历史、文化,保护国家、乡土的气概,以及国家建立在尊重“平和”、家庭与社会之间相互帮助的基础之上。第一章“天皇”,将明确规定“天皇是国家元首,日本国及日本国民统合的象征”,新增“国旗为日章旗,国歌为《君之代》”,以及关于年号的条款。第二章“安全保障”,将在“继承和平主义”的同时,规定明确记载自卫权、维持国防军;新增“保全领土”条款。第三章“国民权利及义务”,将规定“尊重家庭,家庭成员之间应相互帮助”;新增“环境保护的责任及义务、保护海外侨民、顾及犯罪受害者”等条款。第四章“国会”,将规定选区的划分“以人口为基准,综合考虑行政区划等因素”;新增与政党相关的条款。第五章“内阁”,规定在内阁总理大臣缺位的情况下,其职权可以代行;内阁总理大臣有权决定解散众议院、对各行政部门有指挥监督权、对国防军有指挥权。第六章“司法”,规定了可以削减裁判官薪俸的条款。第七章“财政”,规定必须确保财政健全性。第八章“地方自治”,将在明确地方自治宗旨的同时,规定地方自治体与国家之间的协作关系;规定地方选举权所需之国籍要件,其实质就是外国人的参政权问题。第九章“紧急事态”,规定当国家“遭遇来自外部的武力攻击以及大规模自然灾害等法律规定的紧急事态时,内阁总理大臣可以宣布紧急状态,并依据法律采取相关措施”。第十章“改正”,规定“只要分别在参、众两院达到半数以上支持,即可提案修宪”。第十一章“最高法规”,规定了“国民有尊重宪法的义务”。①

自1955年建党以来,自民党即将制定所谓“自主宪法”列入党的基本目标之一。自民党声称,为了使日本真正摆脱被占领的体制,得到与主权国家相符的地位,必须努力推动修宪。该党指出,现行宪法是在战后日本处于被占领时期,根据占领军司令部指示的草案为基础制定而成的。在国家主权受到限制的前提下制定而成的宪法,不能反映国民的自由意志。并且现行宪法的条文中存在许多问题,其中即包括可能被理解为否定自卫权的第九条。为了改变这种状况,自民党于2000年设立了宪法调查会,2007年主导制定了《宪法改正国民投票法》、设置了宪法审查会等,做了不少工作。2012年4月28日,是《旧金山对日和约》生效即日本恢复主权60周年纪念日,自民党精心挑选是日,正式公布了《日本国宪法改正草案》,以博取广泛的政治效应。

早在2005年,自民党就推出了“新宪法草案”。此后,随着《宪法改正国民投票法》的实施以及在参、众两院分别设置了宪法审查会,关于修宪的讨论进入了实质性阶段。自民党利用这个时机,对“新宪法草案”再度予以全面修正,增补了诸多内容。自民党认为,即使根据现行宪法,在参、众两院分别取得2/3以上支

① 「日本国憲法改正草案　Q&A　増補版」、自由民主党、https://jimin.ncss.nifty.com/pdf/pamphlet/kenpou_qa.pdf.

持,就可通过宪法改正案。自民党高层对此持有很强的信心。虽然民主党于2009 年取代自民党执政,使情况一度出现些许意外,但并未影响修宪这一根本趋势。《日本国宪法改正草案》出台之际,民主党尚未下野。为了使修宪的主张更具说服力,自民党还指出根据时代的发展趋势修改宪法已成为世界各主要国家的共识,例如,美、法、意、德于战后分别修宪 6 次、27 次、16 次、59 次,而日本则一次也未实施。在 2010 年通过的新党纲中,自民党宣称以制定可"展现日本真实形象、为世界作出贡献的新宪法"为目标,与世界主要国家看齐。

2012 年 12 月 26 日,第二次安倍内阁成立,修宪的气势为之一振。宪法改正是自民党打出的一面政治旗帜,将之标榜为使日本彻底摆脱被占领体制、成为真正主权国家的关键举措。自民党版本的修宪,除了贯彻该党的政治意图、执政理念之外,还契合了日本社会的某些主流民意与思潮,因而其势头时有高涨,亦不难理解。然而,即使强势如安倍之流,在修宪问题上一时也很难如愿,《日本国宪法改正草案》至今未能交付国会表决即为明证。之所以如此,一方面是由于自民党及安倍政权面临着严峻的内政、外交局面,亟待改善;同时也由于对自民党修宪持反对立场的势力不容小觑,其中日本共产党即为一支重要力量。

虽然共产党与自民党之间政见迥异,立场针锋相对,但是并非没有相近或趋同之处。例如,自民党、共产党都认为日本的国家主权尚未真正完全恢复,自民党宣称"宪法改正"的目的就在于制定一部能够完整体现日本国家主权以及国民自由意志的新宪法;而共产党则认为问题的关键是日本对于美国的从属关系,唯有废除《日美安保条约》,才能使日本完全恢复主权。因此,日共对现行宪法持维护立场,尤其珍视放弃国家战争权的宪法第九条,将其视为告别军国主义、保证日本走和平之路、捍卫东亚和平的柱石。对于在日本现行政治体制下进行政治活动的政党而言,围绕修宪进行斗争就成为了日共展开自身政治主张、实现政治目标的主要形式之一。

针对自民党精心择日公布《日本国宪法改正草案》,日本共产党则以纪念《日本国宪法》施行六十五周年回应之。日共认为,为了实现东日本大地震的震后复兴,不通过提高消费税而充实社会保障以及从冲绳撤离美军基地等,均需要运用现行宪法的力量;然而,自民党等所谓"改宪派"却利用这个时机,再次推动修宪。因此,阻止修宪、维护宪法是极为重要的。日共指出,现行宪法于 1946 年 11 月3 日公布,翌年 5 月 3 日施行;现行宪法站在反省战争的立场上,决意"不再通过政府行为再次引起战争惨祸"(见"前言"),主张国民主权、放弃战争、尊重基本人权,这些内容都是举世为之称道的。虽然策动明文修改宪法条文以及通过解释宪法使之空洞化的企图在日本国内反复出现,但"日本国民每次均将这种企图予以击退。这证明了宪法的原则与国民的心愿相符"。

日共指出自民党再次推动明文改宪,是与国民的愿望背道而驰的。例如,自民党公布的"宪法改正草案"中,规定天皇为"元首"、保持"国防军"等,这些改动践踏了宪法的"国民主权"原则及和平条款。设立国民主权原则,是对战前黑暗政治的反省;而和平条款,则是向内外宣示放弃战争、不保有战争力量。而自民党以东日本大地震的发生为由,提出必须在宪法中引入"非常事态条款",有趁火打劫之嫌,是极不妥当的。

日共认为,目下日本社会的现实,并不要求"明文改宪"或"解释改宪",只要求真正发扬宪法的精神、原则。对于震后复兴进展迟缓的受灾地区而言,需要的是落实宪法第 13 条"必须最大程度尊重生命、自由以及追求幸福等国民权利"及第 25 条"全体国民拥有维系健康、有文化的最低限度的生活权利"的原则。而解救饱受美军基地之苦的冲绳,也需要落实现行宪法前言中所体现的精神。

日共指出宪法第 12 条所明记之内容尤为重要:宪法所保障的国民自由和权利,须通过国民的不断努力予以保持。宪法施行 65 年以来,国民多次击退了企图修宪的鼓噪。当下,日本国民仍是维护宪法的主力,这也是他们所承担的宪法责任。日共党纲明确规定维护宪法的"全部条款","尤其力争完全实施关于和平、民主的各项条款",因此该党表示决意"与国民一起,为维护宪法尽力"。

安倍晋三于 2012 年 12 月 26 日取代民主党的野田执政以来,持续为修宪制造舆论、创造条件。2013 年 7 月参议院改选之前,安倍内阁决定将修宪作为选举的纲领之一,首先从放宽修宪表决在参、众两院所需赞成票数,以及创立"国防军"两条,即现行宪法第 96 条、第 9 条入手,打开缺口。宪法第 96 条规定:在国会提出修宪法案,必须分别得到参、众两院 2/3 以上的支持。安倍晋三认为这种现象"在国际上属于异常",要求分别降低至半数以上即可。而对于宪法第 9 条的改动,就是将自卫队改组为"国防军"。日共认为,对第 96 条的修改,粗暴地破坏了立宪主义;而修改第 9 条,则颠覆了宪法的和平主义原则。进而指出:《宪法改正国民投票法》也是于 2007 年第一次安倍内阁时通过成立的。目前第二次安倍内阁成立不久,安倍即意图改动某些宪法条款,可见其对于修宪"非同一般"的执着。安倍晋三明知自民党公布的《日本国宪法改正草案》在社会上引起了巨大争议,却避重就轻,以所谓“在国际上属于异常”为口实,企图先从放宽国会修宪表决的条件入手,打开缺口,进而颠覆立宪主义原则,践踏国民的意志。《日本国宪法改正草案》对第97条、第99条的修正即为明证。规定基本人权为“永久权利”的第97条被取消,而第99条中“公务员有尊重、拥护宪法义务”的内容则被扩展为“全体国民必须尊重宪法”,自民党显然企图通过修宪束缚日本国民。日共对此表示坚决反对,呼吁国民一起行动起来,维护宪法。[①]

2015年7月,日本国会众议院在激烈的反对声中,通过了安倍内阁提出的系列安保法案。该法案的核心是对行使集体自卫权的规定,构成了对宪法第9条的实质性突破。日本共产党称该法案为“战争法案”,国会通过该法案是对宪法的严重破坏。在反对该法案通过的社会运动中,日共表现活跃,是一支重要的力量。虽然该法案最终得以通过,但是日共的努力并未付诸东流,造成了积极而深远的社会影响,对安倍政府及其支持力量形成了一定的牵制。

从日本政治、社会的现状来看,以自民党、安倍内阁为代表的保守势力还是具有相当基础与实力的。其言行在某种程度上反映了日本政界、社会的主流意向,似不为过。日本自20世纪90年代初泡沫经济破灭以来,经济增长始终徘徊不前,加之人口老龄化、少子化等,引发了一些新的、深刻的社会问题。与此同时,日本的周边环境发生了很大改变,其中影响最为深远的是中国和平崛起带来的巨大震撼与冲击。上述内外因素,使日本社会产生了一种焦虑的心态,寻求突破困局是人心所向。安倍执着于强硬、保守的内外政策,正是基于以上的民意基础。与此相比较,政治家个人的倾向,甚至性格因素所起的作用均是次要的。修改现行日本宪法,是自民党的既定方针,不可能因个别领导人的去就而发生实质性变化。在这种情况下,日本共产党坚持反对自民党的修宪企图,维护现行宪法的主张与努力就显得极为宝贵,它实质上是一种维护亚洲乃至世界和平的努力。然而,必须认识到的是:日本共产党作为政治力量,在日本的政治、社会影响均是有限的。它的政治纲领,除了与自民党针锋相对,与其他在野党之间往往也格格不入。尽管如此,日共作为历史悠久的左翼政党,为维护现行宪法、为维护和平而进行的种种努力与斗争,仍然是宝贵而值得称道的。

---

① 「96条も、9条も、改悪許さない」、しんぶん赤旗、http://www.jcp.or.jp/akahata/aik13/2013-05-03/2013050301_05_1.html.

产业与企业

东京的智慧能源城市发展规划与政策措施

刘　平*

[摘　要] 东京2011—2020年10年城市发展规划将建设智慧能源城市作为城市发展的主要目标之一,提出要"建设低碳、高效、自立、分散型能源社会",着力强化能源政策,提升东京国际竞争力。为此,东京实施了以提高能源利用效率、优化能源利用结构为主的智慧能源措施,在政府部门、建筑物、企业、交通运输部门、家庭等能源消耗量最大、与减排直接相关的各个层面全面实施节能减排措施,扩大可再生能源利用,加强与民间企业和国际合作,构建智慧能源管理系统,实施温室效应气体排放量额度交易制度、建筑物碳排放量信息公开制度、CBD区域能源供需一体化管理系统(EMS),积极推行"能源消费零建筑(ZEB)"和"能源消费零住宅(HEB)",促进营造追求节能和利用可再生能源的社会氛围,构建新型商业模式。

[关键词] 智慧城市;智慧能源;城市规划;政策措施

引言

东京城市发展10年规划《10年后的东京(2007—2016)》提出了建设"在世界范围内环境负荷最少的城市"环境发展目标,作为应对全球气候变化的对策,2007年1月,开始实施"东京减排10年计划项目"。2011年12月,东京又制定并发布了《新的城市发展规划——〈2020年的东京(2011—2020)〉》,明确继续实施前一个规划所提出的各项政策措施,并在此基础上提出要着力强化能源政策和提升东京国际竞争力的对策。

---

* 刘平,日本福冈大学商学博士,上海社会科学院部门经济研究所副研究员,研究方向:创意经济、创意城市。

新规划就东京未来10年的发展提出了8个目标及其为实现这些目标必须实施的12项工程。其中,一个是智慧能源城市发展目标,提出要“建设低碳、高效、自立、分散型能源社会”,具体目标是,建设100万千瓦级的高效天然气发电站;导入热电并给(cogeneration)发电系统50万千瓦;住宅用电导入90万千瓦光伏发电。在12个项目中有2个项目与节能减排相关,其中的智慧城市建设项目直接涉及节能、可再生能源及新能源开发推广及其减排措施,海陆空交通网建设项目则提出了推广自行车代步工具、开发移动机器人等新型交通工具、提高公共交通工具服务水平以扩大公共交通工具利用率,促进节能减排等智慧能源城市发展措施。

一、东京能源消费与供应现状

(一)能源消费与供应现状

2001年开始,东京的最终能源消费增长与GDP已经不呈正向联动关系,而开始分离。东京的能源消费总量2000年为802拍焦(PJ,1拍焦折合3.41万吨标准煤,以下同),2011年比2000年减少了约15%,为682拍焦。其中,2011年,产业部门,包括1产、2产的消费量为66拍焦,仅占10%左右,且呈持续下降趋势;而商务办公及商业服务业,包括公共事业部门的消费量为233拍焦,占34%,2005年以来,也呈现下降趋势;家庭部门的消费量为212拍焦,占31%,2000年以来变化不大,2011年比2005年有所下降;运输部门的消费量为171拍焦,占25%左右,2000年以来呈持续减少趋势。

表1 东京都能源消费总量变化趋势 单位:拍焦(PJ)

部门	1990年	1995年	2000年	2005年	2011年
产业(1产、2产)	129	109	97	81	66
业务(商务办公·服务业等)	182	216	246	273	233
家庭	172	192	202	217	212
运输	213	244	257	219	171
合计	696	762	802	790	682

资料来源:东京环境白皮书(2013年),第98页。

东京都的总人口1995年以来呈缓慢增加趋势，2010年达到1 316万人，预计至2020年将达到峰值，约为1 335万人。按照2010年的人口数和直接能源消费总量计算，东京人均直接能源消费量约为0.058 75 TJ（约合20.05吨标准煤。按1吨标准煤折合29.3 GJ，1 TJ等于1 000 GJ计算得出）。

（二）电力消费与供应现状

东京都的电力消费总量约为863亿kWh(2011年)(表2)。其中，90%是办公楼和商业设施以及家庭消费的，产业部门的消费量仅占10%左右。而东京都内的发电能力仅能满足电力消费总量的20%左右，其余消费电力的80%都依赖于其他地区的供应，其中，大部分又都来自于福岛县、新潟县等原子能、水力、火力发电站的远距离送电。

表2　东京都电力消费状况　　单位：亿kWh

部　门	2001年	2005年	2010年	2011年(推测)
产业(1产、2产)	209.93	127.98	394.50	100.95
民　生	667.55	780.09	798.22	762.11
家　庭	272.90	304.93	328.71	302.72
业务(服务业・商务办公等)	394.65	475.15	469.51	459.40
总　量	877.48	908.06	837.67	863.07

资料来源：日本经济产业省资源能源厅统计数据。

一般情况下，东京电力公司管区内的夏季单日最大电力需求量为6 000万千瓦(2010年)，其中，产业(1产、2产)最大单日用电量为1 700万千瓦，约占30%，商业和办公楼等为2 500万千瓦，约占40%，家庭为1 800万千瓦，约占30%。[①]

作为应对全球气候变化的对策，东京都已经率先实施了“温室效应气体排放量额度交易制度”等节能减排措施和可再生能源推广措施。2011年，受东日本大地震造成的核电站泄漏事故影响，东京在电力供需两方面实行了紧急应对措施，促使家庭和企业采取节电措施，如修改商务楼建筑物照明照度国家标准

① 东京都环境局：《节能与能源管理推进方针——迈向优良节电的智慧城市》，2012年5月第8期。

(JIS),将原来的最低750勒克司降低到500勒克司,促使东京七成以上商务楼宇照明照度下降到500勒克司及以下,空调推荐温度从原来的26度上调至28度等。这些紧急应对措施使东京电力公司管区内最大电力日需求量比2010年减少了1 000万kW,度过了2011年夏季用电高峰阶段的用电危机。其后,从秋季到冬季,再到2012年春,持续节电的结果,东京电力公司管区内的电力需求比地震发生前减少了400万千瓦,呈现下降趋势。2012年,夏季的最大电力日需求量约为5 520万—5 360万千瓦,供电能力约为5 771万千瓦①。

(三)二氧化碳排放量

2000年,东京都的二氧化碳排放量为5 768万吨。2000—2011年期间,东京都管区内供电的二氧化碳排放量呈不稳定变化状况,其二氧化碳排放系数(kg-CO_2/kWh)2000年为0.328,2003年上升至0.460,2006年下降到0.345,但在实施《2020年的东京》发展规划的第一年,即2011年又升高至0.461,达到最高水平。

二、东京城市发展规划中对能源发展的中近期规划与目标

《2020年的东京(2011—2020)》指出,要吸取东日本大地震所引发的核电站泄漏事故所带来的深刻教训,能源政策要成为今后城市发展政策主轴的一部分,以“经济成长与低碳化的同步推进”作为制定规划和政策的基础。提出制定和实施政策的基本思路:一是建立稳定的能源供给体制;二是确保自立、分散型能源供给源;三是能源使用的高效化和最优化。在此基础上,着力推进实施新的能源政策。

(一)能源发展与节能目标

至2020年,东京都能源发展的总体目标是,建设能源效率最高,能源安全性强,世界第一环境负担最小的环境先进都市以及具有坚固的抗灾能源供给能力的高度抗灾都市,同步实现经济发展与低碳社会的“低碳、高效、自立、分散型能

① 东京都环境局:《节能与能源管理推进方针——迈向优良节电的智慧城市(概要)》,2012年5月第1期。

源社会”。

根据《2020年的东京》规划和东京都环境局制定的东京都节能目标，2020年，东京的温室效应气体排放量比2000年要减少25%，即二氧化碳排放量要从2000年的5 768万吨，减少至4 326万吨。其中，20%需要依靠需求方（消费方），5%需要依靠供给方的努力得以实现。供给方计划将供电产生的碳排放系数从2000年的0.328 kg－CO_2/kWh减少到2020年的0.310 kg－CO_2/kWh。此外，提出能源消费量比2000年要减少20%，要采用最先进的环保技术，在东京实施低碳减排措施和实际有效的气候变化对策与智慧节能对策。

一是采用世界最高水准的节能技术，发展低碳型建筑，并使其得到市场高度评价；二是在城市建设中能源管理得到普及，能源供需的最优控制和可再生、未利用能源的有效利用处于领先水平；三是促进利用公共交通工具等有利于环保的交通措施得到实施，使下一代汽车等减轻环境负荷的汽车进一步得到普及。

（二）智慧能源供应措施

1. 构建稳定的能源供给体制

（1）建设采用复合热循环方式的（combined cycle/即以燃气燃烧驱动燃气机组，再以此热量驱动蒸汽发电机组，可实现60%左右的发电效率，较传统方式提升20%，二氧化碳排放量则减少50%左右）天然气发电站，以及采取各种有效措施，改变以往过度依赖系统电力的状况，建立稳定的电力供给体系。

推进“东京天然气发电站建设项目”，建设100万千瓦级的天然气发电站；政府与民间合作创设基础设施基金，引入国内外民间资金，促进建设联合热循环方式的新发电站，同时，改造老旧火力发电站，使其更新为高效率、低排放发电设施。

（2）向国家申请降低民营企业及其他机构利用东京电力送电系统进行送电的委托费用（占电费的二至三成），促进民营企业等民间机构参与发电事业。

2. 确保自立、分散型能源供给源

（1）与城市更新联动，引入热电并给系统（CGS）（即在发电的同时，将其产生的热量再有效供给空调、热水器等的能源供给系统，可实现高达70%—80%的能源利用效率）等系统，促进能源供给源的自给自足和分散化，确保和扩大依靠自产自消型发电进行能源供给。

引入50万千瓦CGS发电及能源供给系统,在城市新开发区域、市中心政府办公楼、临海副中心等70个使用空调的区域加以利用和改造,构建电力及能源供给新体系,促进电力及能源供给多元化和自给自足化,强化中小企业、医院等机构的自我供电设备,减轻计划停电、限电等措施给用电大户企业、医院等福利设施带来的影响,并确保地震灾害发生等非常时期医院、港湾设施的自我供电。

(2) 努力推进太阳能等可再生能源的普及以及促进开发新能源。对东京1/6的独立户型住宅(约30万户)光伏发电设施进行完善,每年可创造90万千瓦电力,利用垃圾等发电,再可创造10万千瓦电力。一是灵活运用固定价格购买制度以及光伏发电设备导入租赁制度以减少初期投资,研究制定新建筑按比例安装使用光伏发电设施义务制度,推动普及光伏发电;二是运用城市土地开发各项制度和建筑物环境计划书制度,促进城市大规模开发采用太阳能、风力、水力发电等绿色电力;三是支持企业在城市新建的集合住宅、住宅小区安装太阳能利用系统,以促进太阳能的推广利用;四是进一步对垃圾发电设备、设施进行新设和改造,引入高效率发电机组,扩大其发电规模;五是在市场、公立学校、排水再利用中心等场所积极引入光伏发电设施,同时,进一步促进在自来水送水站等处引入小水力发电设备。

(3) 促进各个社会主体确保必需的电力、能源,以使地震灾害发生时对市民生活、城市活动的损害减少到最小程度。

(三) 能源利用的高效化和最优化措施

提高能源利用效率,优化能源利用结构,是东京智慧能源措施的重要组成部分。包括如下三个方面:一是促进油气等石化系能源与光伏等可再生能源的能源利用结构的最优化;二是在提高能源供给发电效率的同时,进一步推进能源利用的高效化;三是面向智慧城市建设,促进普及智慧建筑(即采用能够对建筑物内的电力供应、照明、空调等设备进行有效监控的建筑能源管理系统/BEMS/进行最优控制,从而提升环境和经济性能的商务楼宇和复合型商业设施)、智慧住宅(即采用住宅能源管理系统/HEMS/,对利用太阳光发电和燃料电池等的"创能"、利用高气密度和高隔热手段的"节能"、利用蓄电池和电动汽车等的"蓄能"进行组合式电能、热能能源供需最优化管理的住宅),推动能源供需最优化。

三、东京的节能减排和智慧能源管理方针与政策措施

2007 年 6 月，作为应对全球气候变化的对策，东京发布了《东京都气候变化对策方针——东京减排十年计划项目的基本方针》，全面阐述了今后 10 年实施节能减排计划项目的原则、方针及各项具体的政策措施。2012 年 5 月，面向未来，东京都环境局专门制定了《东京都节能与能源管理推进方针——迈向优良节电的智慧能源城市》，详细阐述了东京计划实施的有关节能和智慧能源管理的政策措施。2014 年 6 月，东京都财务局又修订了《东京节能与可再生能源利用评价标准》，旨在为实现 2020 年能源消费量比 2000 年减少 20%的节能目标，率先对东京都所属政府办公楼、学校、医院等建筑物进行改造，采用降低热负荷措施，导入节能设备和多种可再生能源利用设备，从而合理利用能源。

作为应对全球气候变化的对策，2007 年开始，东京都已经率先实施了《温室效应气体排放量额度交易制度》等节能减排措施和可再生能源推广措施。

(一) 应对气候变化的减排五个方针

东京都政府认为，作为应对全球气候变化的对策，最重要的是要对现在的能源需求模式进行反省，重构涵盖生活方式、城市建设、建筑方式的社会体系，促进城市向以更少的能源消费构建舒适的城市生活的模式转型发展。而实现这种城市发展模式转型的第一步，就是全面推进节能技术的应用和可再生能源的利用，与城市活动相关的各个部门都要实实在在地落实二氧化碳排放总量的持续减少。

为此，东京都政府提出实现低碳社会的两个基本原则：一是低能耗化，即彻底贯彻落实节能对策措施，充分利用自然风能、光能，减少能源消耗；二是积极开发利用可再生能源和未利用能源。并在此基础上，提出了应对气候变化，实施节能减排的五个基本方针：(1) 强力推进企业减排；(2) 落实家庭减排措施；(3) 城市建设减排的法制化；(4) 加快推进汽车交通减排；(5) 构建东京特色的政策制度保障体系。

(二) 应对气候变化的减排对策措施

东京的减排措施与节能措施是同步推进的。主要从政府、大企业与中小企

业、交通运输、家庭等几个部门分别实施相应的节能减排措施,并从金融和税制等方面给予配套支持。

1. 政府率先采取减排措施

东京都政府率先对政府所拥有的建筑全面实施节能和可再生能源利用改造,对新建、改建的建筑物积极推进采取节能减排措施,如各个政府办公楼、文化体育设施、医院、福利机构、大型批发市场都安装了可再生能源利用设备、太阳能发电设备及节能装置,新建、改建公营住宅时进行隔热处理和加装太阳能利用设备,公园采用先进的节能技术等等,以减少碳排放。

2. 促进企业减排的措施

对大企业,主要实施"减排温室效应气体总量义务制度"和"排放量交易制度";对中小企业则采取了多种措施,如节能减排设备租赁制度,减排融资制度,公共浴室燃料的绿色化,私立学校节能设备补贴,普及节能锅炉等。

3. 交通运输部门的减排措施

一是普及推广低公害、低能耗汽车,如引进低公害、低能耗车作为政府公务用车、警车、消防用车,鼓励公交车采用混合动力汽车,运输采用混合动力卡车,对民营公交公司采用混合动力公交车和民营运输公司采用混合动力卡车进行补贴,同时,促进下一代新能源汽车(EV、pHV),如电动车、充电式混合动力车的普及应用,对使用者进行补贴,并完善快速充电设备;二是研究生物燃料等的普及应用;三是对市民进行环保驾驶教育,引导市民重视环保,培养环保驾驶意识,并对全部运输公司进行绿色经营认证,促进其改善能耗,进行环保驾驶和重视环保的经营管理;四是采用 ITS(Intelligent Transport Systems)等新技术,促进道路交通的顺畅化,减少交通阻塞;研究引入 LRT(Light Rail Transit)、BRT(Bus Rapid Transit)等新型公共交通系统,构建不依赖汽车的社会系统;公共交通工具采用记名式 IC 积分卡乘车,进行积分奖励服务,鼓励市民更多利用公共交通。

4. 家庭部门的减排措施

东京都政府对下属各区、市、镇、村政府实施家庭减排措施给予补助,以促进政府间的合作,共同推进环境保护政策制度的实施。此外,主要采取了支持节能减排住宅的新建和改建的项目,派遣专家进行免费指导;修改住宅隔热标准,以促进高隔热性、高能效设备的住宅建设和改建;与相关企业合作,掀起推广太阳能利用热潮;实施高效热水器认证制度,推进家用热水器的节能减排,积极促进占家庭能源消费量达到30%的热水器减排。

（三）实施全社会“聪明节电”措施

为应对2011年发生福岛核电站泄漏事故所带来的电力供应紧张问题，东京采取了紧急节电措施，号召企业、市民及全社会实行“聪明节电”措施，并提出“聪明节电”三个原则：(1) 消除浪费，在满足需要的前提下实施持续节能对策；(2) 分类实施节能对策，减少用电高峰；(3) 原则上不采取有损经济活动和城市繁华、舒适生活的节能对策。

1. 面向企业发布“聪明节电”七条准则

(1) 消除浪费，全面实施照度500勒克斯以下标准，并使之固定化、全年化，办公桌上照明实行300—500勒克斯用电标准。

(2) 实行实际室温28度空调节能标准，不能超过，同时进行湿度控制，以保持办公环境的舒适度。

(3) 全面实行办公设备设定节能模式：电脑、打印机等设备应全年采取节电措施，如减少待机耗电和调整亮度以节电。

(4) 人人参与节电，促使电力消费可视化，节电效果共享化。如安装集成监控装置或大楼能源管理系统，有效掌控电力使用和消费量大的设备情况，企业主、物业业主、入住店铺业主和顾客一起参与有效节电和减少用电高峰的实践活动。

(5) 在不影响办公环境的前提下，提高设备效率，促进节能。如停用电梯机械间、电气机房的换气装置，调整温度设定(30度以上)，定期清洗过滤器等，进行彻底的维护管理，提高设备运行能效。

(6) 原则上不实施停用电梯、取消道路夜间照明、夜间作业、变更休息日等效果小、副作用大的措施。

(7) 实行电力供应紧张时段实行限电措施提前告知制度。对于大企业，召开节电、节能研讨会，宣传最佳实践案例，推广普及聪明节能措施；面向中小企业，一是由东京预防地球温暖化活动推进中心建立“凉爽东京网”免费进行节能咨询和对策建议(每年约600件)，并分行业或与区、镇、街道联手召开节电、节能研修会；二是召开节电、节能研讨会，宣传最佳实践案例，推广普及聪明节能措施；三是与企业合作，推进企业向无能源浪费的节能型营销体制转型；四是资助企业安装集成监控装置、设备发电和使用蓄电池等。

2. 面向家庭发布“聪明节电”七条准则

(1) 认真落实夏季冰箱冷藏室温度设定为“中”等程度。

(2) 认真落实电视机节电模式的设定,并下调亮度以节电。

(3) 白炽灯调换成LED灯或节能荧光灯。

(4) 参照“实际室温28度”标准,使用空调、电风扇等调节室温。

(5) 炎夏时节不要过度控制空调的使用,以免发生中暑损害健康。

(6) 对家电经常进行节能处理,例如,不看电视时关闭电视机;白天不开灯,夜晚最小限度开灯;长期不用的家电拔下电源插头;减少冰箱开门次数和开门时间,并且不要存放过多食物;经常更换除尘器的垃圾纸袋等。

(7) 对于耗电量大的家电,尽量避免在下午2点前后使用,尤其是在看到供电紧张预告之后,要避免使用。

此外,派出4 000名节电顾问深入各个家庭免费指导节电,并由相关机构举办讲座和活动等宣讲有效节电、节能的措施。2012年以后还增加了顾问数量。

3. 政府办公大楼主要采取的节电措施

(1) 办公室照明减少1/2,用电控制在500勒克斯以下。

(2) 办公室温度不超过28度;控制CO_2浓度,优化空调机的送风量;大厅等部分区域停止使用空调。

(3) 办公设备采用节电模式,实施耗电量的可视化。

(4) 停用部分热水器,停用一半茶水供应设施。

(5) 在供电紧张时段采取相应的其他追加措施。

(四) 迈向智慧能源城市的愿景及其能源管理政策

面向未来,东京提出了建设智慧能源城市的目标及其政策措施,主要从企业节能、建筑物节能、住宅节能、扩大可再生能源利用、加强与民间企业和国际合作等几个方面加以实施。

1. 智慧能源城市的愿景

面向2020年,东京提出以低碳、舒适、高抗灾能力为目标建设智慧能源城市。

(1) 低碳。使聪明节电措施常态化、固定化,在东京的城市活动中从能源供需两方面全面普及可减少二氧化碳排放的低碳社会系统、技术及生活方式。

（2）舒适。实施有效的节电、节能措施，确保作为东京经济活力源泉的知识生产空间（办公室）和居住环境舒适度的提升，有利于促进提高劳动生产率。

（3）高抗灾能力。扩大灵活利用蓄电池和可再生能源等的自立分散型能源利用规模，确保在灾害发生等非常时期外部能源供给断绝等极端状况下的商务、服务、生活用能源供应。

2. 促进企业采取节能措施

（1）激励企业利用低碳电力及热能。研究在面向大企业的"温室效应气体排放量额度交易制度"中引入鼓励需求方选择低碳电力及热能的机制；通过实施能够激励高能效热电联供发电系统得到利用的规则，促进高能效热电联供发电系统的导入和利用；在测算二氧化碳排放量时，将电力的排放系数按计划期间的值取为固定值，以避免用电高峰期电力企业排放系数恶化而拉高相关企业的排放量。

（2）提供中小企业自我测评标准，促进节能减排对策升级。根据《地球温暖化对策报告书》所收集到的3万家中小企业碳排放量数据，制定中小企业自我排放测评标准并提供给各个中小企业，使其能够与其他企业进行比较，把握自己企业的排放水平，从而促进节能及温室效应对策的升级。

3. 提高建筑物的节能性能

（1）实施建筑物碳排放量信息公开制度。对于已建成的中小型建筑物，通过发布《地球温暖化对策报告书》等制度，向社会公开发布各个建筑物的碳排放量等环保性能信息，以推进低碳建筑的普及，促进形成建筑物业主的节能改造措施受到市场投资者赞赏、入住店铺能够选择节能优良的建筑物入住的房地产交易市场。

（2）提高建筑物节能的最低标准，促进节能义务化。对于新建建筑物，要重新研究制定建筑物节能标准，以促进大型建筑物进一步提升节能性能，提高新建建筑物的最低节能标准。此外，对于中型建筑物，要研究制定义务提交节能计划书制度，以促进提升其节能性能。

（3）进一步扩大可再生能源的利用规模。对于新建大、中型建筑物，要研究制定按照一定比例义务安装可再生能源设备的机制，促进其扩大可再生能源的利用。

(4) 研究实施建筑物环保性能信息公开机制。研究新建建筑物综合环保性能信息公开机制以及已建成的中小建筑物业主能够宣传建筑物优良环保性能的信息公开机制;继续推进实施已建成建筑物二氧化碳排放量信息公开制度。

(5) 促进实施 CBD 区域能源供需一体化管理(EMS)。一是在商务楼宇集中的 CBD,促进能源供给方利用可再生能源,包括风力、水力和太阳光发电、热电联供系统、蓄电池、蓄热设备等低碳、自立分散型能源供给,以弥补系统供电的不足,并将各种能源供给信息实时提供给区域能源管理系统(EMS);二是促进需求方导入楼宇能源管理系统(BEMS)、智慧车库系统等,一并纳入区域能源管理系统(EMS),将能源需求信息,如大楼照明、空调、电梯等用电、停车管理系统用电、电动车充电器等的能源需求信息实时提供给 EMS,并接收由 EMS 发出的节电、限制用电等信息,从而实施能源供需一体化管理。进而,再与城市开发企业合作,提高 CBD 的抗灾能力,推进能源的有效利用;三是建立 CBD 能源管理示范区,推广其区域能源管理经验,促进其在今后的城市开发中得到运用;四是在临海城市副中心等区域实施先进的能源管理项目,确保自立分散型能源供应,从而推动低碳、高舒适度和高抗灾能力的城市建设发展。

4. 促进住宅节能

(1) 进一步提升住宅节能性能。研究提高大型公寓住宅节能性能评估标准以及中型公寓提交"住宅节能计划书"的义务化。同时,促进公寓住宅采用利用太阳光能和热能的太阳能设备,进一步提高其节能性能。

(2) 扩大住宅对太阳热能的利用。太阳热能的利用不像太阳光能的利用那样得到普及。但随着近年来设计出的新型太阳能板的出现,如屋顶一体型太阳能板、集合住宅阳台设置型太阳能板等,使住宅太阳能利用能够得到进一步扩大。要通过补贴制度(补贴率为 50%)鼓励业主进一步扩大采用这些新型太阳能利用设备进行住宅建设。

(3) 建立家庭节能诊断制度,促进普及可再生能源走进家庭。要在家庭节电顾问的咨询、指导活动中,广泛宣传光伏发电的长处以及如何用好政府推进普及光伏发电的政策,同时促进家庭利用太阳热能的蓄热水器和高能效的热水器等的普及。

(4) 扩大可再生能源等低碳、自立分散型电力源的利用。一是在国家制定的固定价格购买制度的基础上,研究制定住宅利用光伏发电的普及推广新政策,与民间企业合作实施安全性好、售后服务完善的光伏发电板的普及安装，进一步扩大光伏发电的住宅利用普及推广；二是对住宅安装利用太阳能设备进行补贴，以促进推广普及太阳能的利用。对住宅建设业主，新建住宅安装太阳热能利用系统的，补贴50%；对于家庭安装使用创能系统的也给予各种补贴，如安装使用光伏发电系统、燃气热电联供系统（燃气发电热水器、燃料电池）、蓄电系统，每kW各补贴10万日元（约合6 300元）；安装使用太阳热能利用系统，包括太阳热能热水装置和太阳能热水器系统，每平方米补贴7万日元。

（5）推进住宅开发中的能源管理。对于政府经营的住宅再开发重建时腾出的土地，要促进利用民间企业的创意和技术进行导入能源管理系统的公寓项目开发。安装利用可再生能源、热电联供、具有蓄电功能的设备，使其在平时能够对能源需求进行最优控制，发生灾害时能够确保一定的生活必需用电，扩大住宅能源管理系统的普及，同时提高住宅的抗灾能力。

5. 扩大可再生能源利用

（1）研究制定进一步促进扩大住宅利用可再生能源的新政策，继续实施补贴政策。

（2）促进开发早期阶段将高能效热电联供系统的导入列入开发规划。对于大规模开发项目，要在政府有效利用能源的规划中考虑如何促进在开发早期阶段将高效热电联供系统的利用列入开发规划。

（3）灵活运用“温室效应气体排放量额度交易制度”，促进扩大高效热电联供系统的利用。对于适用“温室效应气体排放量额度交易制度”的企业，通过对利用高效的热电联供系统所带来的碳排放减量效果进行肯定性评价，从而促进企业导入和利用热电联供系统。

（4）促进高效热电联供系统的普及。通过补贴促进民间企业在城市开发中积极采用发电时能够有效利用其所排放的热量，灾害时也能进行供电的热电联供系统。

6. 加强与民间企业和国际的合作

（1）加强与积极实施建筑ZEB化（建筑物一次能源消费净值为零或约等于零）以及积极导入能源管理系统的民间建筑企业以及下辖市、区、镇、村政府的合作，促进营造追求节能和利用可再生能源的社会氛围，构建新型商业模式。

（2）向世界广泛宣传东京实施节能、低碳、防灾措施的成效，不断向世界各个城市提供东京的经验和诀窍，并在迈向智慧城市，有效实施“能源消费零建筑（ZEB）”和“能源消费零住宅（HEB/一次能源消费净值为零或约等于零的住宅）”的对策方面，进一步加强与国际先进城市的合作。

此外，还要积极协助面对城市化的急速发展和能源消费量激增而急需采取节能、低碳措施的亚洲各个城市引进节能、低碳政策，为亚洲地区实现低碳化作出应有贡献。

四、东京面向智慧能源城市建设的交通节能措施

东京的交通工具以轨道、步行、自行车、乘用车为主。其中，轨道交通约占42%，列第一位；徒步占23%，列第二位；节能环保的自行车约占16%，列第三位；乘用车占14%；公交车占3%；两轮摩托车占2%的份额[①]。能耗与排放较大的汽车是利用最少的交通工具。面向未来智慧能源城市建设，东京极其关注交通节能，并将其视为智慧能源城市建设的重要一环，积极提倡短途自行车代步和开发移动机器人等新型交通工具，对现有交通工具制定了完善和改进措施。

（一）完善自行车行走空间，促进扩大短途自行车出行

东京提倡5公里以内的出行使用自行车代步。除了大力发展以电气轨道交通为主的公共交通工具外，近年来，东京也极为关注如何更好地发挥自行车作为短途交通工具的作用。在上一个10年规划期间，东京完成了100公里自行车行走空间的整备，并计划在2020年之前，再完善100公里自行车行走空间，实施自行车道无电线杆化和无障碍化[②]，并使之能够与国道、市道、村镇道路连接起来，以促进居民更安心、安全、便利地利用自行车出行。

（二）地铁站服务一体化和新型交通工具的开发应用

1. 完善地铁站换乘大厅布局，提高换乘便利度

东京拥有世界少有的最发达的轨道交通网，因此，发展轨道交通，靠增加线路已经没有多少余地，关键是提高服务质量，以提升居民出行利用轨道交通的便

---

① 《2020年的东京》，第147页。

② 在日本，没有专门的自行车道，自行车是在人行道上行走的。因此，无电线杆化和无障碍化，即人行道的路口无街沿坎，自行车可直接穿过路口，而不必下车推行穿过路口（当然是在绿灯时）——笔者注。

利性。换乘大厅布局的改造和完善，更方便地换乘，是今后东京轨道交通发展需要采取的措施。

2. 开发应用新型交通工具

促进磁悬浮列车早日投入营运，缩短出行交通时间，以促进更多人选择利用公共交通工具出行是东京今后发展轨道交通的目标之一。东京已经在实施超导磁悬浮列车的运行试验，争取早日实现“磁悬浮中央新干线”投入运营。届时，东京至大阪可 1 小时抵达，比现有的新干线缩短 1.5 小时。

此外，还计划开发利用超小型移动机器人、乘用移动机器人以及使用燃料电池等下一代高新技术的电动自行车等作为个人用的新型交通工具，以促进减少碳排放和节能。

3. 树立新的城市生活方式

节能、低碳新型交通工具的应用需要树立新的城市生活方式。东京鼓励居民日常生活出行，如购物、中距离通勤、通学、城市观光游览、业务公干等利用自行车和新型个人用交通工具。同时，作为政府，一方面，要从完善相关法制法规入手给予支持，如修订《道路交通法》《道路运输车辆法》等，使新型交通工具能够在公共道路上顺利通行；另一方面，要提高新型交通工具等的移动便利度，努力降低环境负荷，振兴城市相关产业和旅游观光业，从而完善基础设施建设和积极支持开发利用新型交通工具。此外，还要兼顾满足各种人群的需求，不仅要促进年轻人利用新型交通工具，还要支持老年人、外国人加以利用，并扩大残障人士的利用。

参考文献

[1] 东京都政府：《2020 年的东京(2011—2020)》，2011 年 12 月。

[2] 东京都环境局：《节能与能源管理推进方针——迈向节电先进的智慧城市(概要)》，2012 年 5 月。

[3] 东京都政府：《东京都环境白皮书》(2013 年版)。

[4] 东京都政府：《东京都气候变化对策方针——东京减排十年计划项目的基本方针》，2007 年 6 月。

[5] 东京都财务局：《东京节能与可再生能源利用评价标准》，2014 年 6 月。

中日汽车产业内贸易以及跨国公司的作用
——以丰田汽车为例

傅钧文*

[摘　要] 大多数国家的经验表明，一国经济开放度的提高会改变该国的国际分工模式，具体表现为产业内贸易水平的上升；但一国产业内贸易的发展是不平衡的，有些产业的产业内贸易发展较快，有的产业却发展较慢。在经济全球化日益深入的今天，跨国公司往往是产业内贸易发展的主要推手。本文研究 2010 年至 2014 年中日汽车的产业内贸易，并与 2001 年至 2010 年中日汽车产业内贸易作比较，在此基础上以日本丰田汽车公司为例，探讨日资企业通过在华供应链的布局，分析其在推动中日汽车产业内贸易中的作用。

[关键词] 中日汽车；产业内贸易；丰田公司

一、研究意义与研究现状

汽车产业是许多国家的支柱产业。汽车产业在各国都是一个涉及产品种类繁多的产业群，前后产业关联度高。广义上的汽车行业上游可以延伸到钢铁、橡胶、塑料、玻璃等原材料和电子、通讯、化学等基础行业，下游可以扩展到销售、物流、汽车金融、汽车信息、租赁、回收等服务行业。这些行业分属资本密集性行业、技术密集性行业和劳动密集性行业。由于汽车产业涉及面广、从业人员众多，因而对国民经济的影响较大。在日本，汽车产业是工业产值和出口额的最大产业，也是从业人员第二大产业（仅次于 IT 机器产业）。在日本的制造业中，尤其以生产汽车的汽车制造业的经济波及效应最大。日本汽车制造业国内附加值

---

* 傅钧文，世界经济学博士，上海社会科学院世界经济研究所研究员。研究专业和方向：世界经济、日本经济。

每增加1单位，就会带动包括自身产业在内全部产业2.68单位附加值的增加。[①] 在中国，加入WTO以来，汽车产量、消费量跃居世界第一，汽车生产对国民经济的影响逐年增加，是拉动中国GDP的重要引擎。[②]

汽车制造业领域也是各国竞相大规模技术改造升级换代的领域，汽车产品因而逐年趋于高附加值化，成为一国高技术的集大成产品。这一点对于日本汽车制造业尤其明显。计量分析表明，日本汽车的高附加值化的趋势从2005年以来日益明显，成为四个日本典型的高附加值产业。[③] 中国各家车企近年来也纷纷加大科技投入，使自主品牌汽车的科技含量迅速上升，同时开展对新能源汽车的研究，缩小了与发达国家的差距。

汽车产业还是国际分工格局变化较大的领域，不仅有产业间分工，而且也有产业内分工。随着经济全球化的进展，跨国公司越来越从全球供应链的角度出发主导本公司的全球生产布局，造成一些涉及汽车及汽车零部件制造工序进入发展中国家，最终导致发展中国家与发达国家之间的国际分工趋于水平化，即从原来的产业间分工逐步过渡到产业内分工，甚至产品内分工。由于汽车行业国际分工的深化和细化，因此，该领域的国际贸易异常活跃。2013年，全球货物贸易出口额为18.3万亿美元，其中，汽车及汽车零部件为1.9万亿美元，占10.41%。[④]同时，随着中国汽车市场不断开放，进出口量大幅上升。2001年，中国汽车出口量仅有26 073辆；2014年，汽车出口达90万辆，出口量增长34.5倍；进口汽车从2001年7万辆增长到2014年的142万辆，进口量增长20.3倍。[⑤]

汽车产业又是国际直接投资和国际融资的重点领域。在这一产业，绿地投资和并购投资齐头并进，20世纪90年代以来，全球汽车产业开始了新一轮的联合兼并浪潮。通过绿地投资和并购投资，汽车产业的全球化程度大大提高。2014年上半年，全球汽车领域IPO金额达到137.3亿美元，占同期全球制造业

---

① 日本经济产业省：《製造基盤白書》(2007年版)第19页。

② “中国2007年投入产出表分析应用”课题组：“汽车产业振兴对国民经济的促进与影响分析”，《调研世界》2011年第1期。

③ 日本制造业的其他三个高附加值产业是IT产业、机密机械和一般机械。引自[日]《製造基盤白書》(2010年版)第14页。

④ JETRO：《ジェトロ世界貿易投資報告》(2014年版)第108页。

⑤ 中国商务部：《十年来我国重点行业运行情况——汽车》，《国际商报》2011年8月23日；张伯顺：《2014年整车进口生猛零部件出口争气》，《新民晚报》2015年1月21日。

IPO总额的9.8%。[①] 正是在经济全球化浪潮的推动下,汽车产业形成了以跨国公司为主导的汽车产业全球产业链,汽车业成为典型的全球化生产产品。

中日两国是近在咫尺的近邻,两国汽车产业之间从20世纪60年代起就开始了以贸易形式为主的分工合作,中国加入WTO以来,中日汽车产业之间的分工合作领域进一步向绿地投资、并购以及非股权经营发展,分工日益深化。研究中日汽车产业的分工合作的变迁及其特征,不仅可加深对于国际分工的理解,而且可指导现实中的两国经贸领域的合作,以利于双方实现双赢。

迄今为止,有关国内学者从国际分工的角度研究中日汽车产业分工合作的文献并不多。张幼文等(1998年)系统地研究了中国与APEC中的国家与地区之间的分工格局,其中包括了中国与日本分工合作,但这一成果着重研究宏观(即国家或地区)层次的分工,并没有深入到产业这一中观层次。安曼、于丽萍(2008年)研究了中日两国各自汽车产业的发展历程及其发展模式,但并没有涉及两国产业之间的分工合作。2003年以来,一些国内学者开始将视点转向中日产业层次的国际分工,如傅钧文、李粱(2003年)研究了中日机电产品生产分工,郭廷杰(2010年)的研究则针对中日钢铁行业的分工合作,刘钧霆、彭支伟(2009年)的研究虽然涉及中日汽车产业内贸易,但并不是以汽车产业为主。傅钧文(2011年)研究了2001年至2010年期间的中日汽车产业内贸易后得出结论:中日汽车及其零部件的产业内贸易水平在这一时期不仅没有上升,反而出现了大幅度的下降。

二、中国加入WTO以来中日汽车及其零部件贸易的发展

第一,与2010年相比,2014年中日之间的海关HS 87章商品(车辆及其零件,但铁道车辆除外)贸易金额从183.2亿美元增加到243.3亿美元,4年增长32.8%,大大高于中日贸易同期4.9%的增幅,年均增长7.35%,高于中日贸易1.21%年均增幅的6.14个百分点。进一步分析可以得知,4年来的高速增长大部分都是中国对日本出口造成的,即出口增幅达46.5%,年均增长达10.0%,而进口增幅为3.25%,年均增长仅0.80%。

第二,在2001—2010年,中国对日本HS87章商品出口金额较大的商品其

① JETRO:《ジェトロ世界貿易投資報告》(2014年版)第111页。

出口增长率大都较低。[①] 但最近 4 年,这一现象有了一定程度的改观。即中国对日出口金额大的商品的出口增长率进一步上升。目前,在 HS87 章商品中,对日出口金额最大的是 HS8708(机动车辆零件),这类商品 2014 年中国对日出口额为 28.3 亿美元,占全部 HS87 章对日出口的 67.5%。HS8708 在最近 4 年增长率达到 57.4%,年均增长 12.0%。HS87 章商品对日出口金额第三大类 HS8711(摩托车)也是如此,该类商品 2014 年中国对日出口额为 1.8 亿美元,占全部 HS87 章对日出口的 4.4%,在最近 4 年增长率达到 62.0%,年均增长 12.8%。

另据日方数据,2014 年,中国从日本进口汽车零部件 72.1 亿美元,同比下降 0.7%。从日本进口汽车零部件中 70%是自动变速箱,其他还有安全气囊、制动器、方向盘等。同年,中国对日汽车零部件出口同比增长 8.8%,金额达 28.7 亿美元。对日汽车零部件出口中 1/3 是车轮,其他还有悬架、制动器、离合器、变速箱等。[②]

第三,与 2001—2010 年相同,2010—2014 年 HS87 章商品中,中国对日本出口增长率较高的大部分依然是出口金额较小的商品。2014 年,中国对日 HS87 章商品出口中出口额最小的五类商品是 HS8705(特殊用途的机动车辆,41.8 万美元)、HS8701(牵引车和拖拉机,44.2 万美元)、HS8707(机动车辆的车身,289.0 万美元)、HS8702(客运机动车辆,308.3 万美元)、HS8709(短距离运输货物的机动车辆,383.3 万美元),4 年中,除了前两类是负增长以外,后三类增长率分别达到 275.4%(年均增长 39.2%)、112.0%(年均增长 20.7%)和 1993.0%(年均增长 111.3%)。

第四,虽然 2010—2014 年中日 HS87 章中的大部分商品的进出口余额呈现中方赤字的状态,但赤字规模从 2001—2010 年不断扩大的势头开始缩小,即中方赤字从 2010 年的 126.1 亿美元缩小到 2014 年的 118.9 亿美元。2014 年 HS87 章中日本对华贸易盈余最大的项目是 8 703(主要用于载人的机动车,巴士除外)。2001 年以来,中国对日 HS87 章贸易前三大盈余项目依然是 8 712(自行车及非机动脚踏车)、8 716(挂车及等非机械驱动车辆及其零件)和 8 711(摩

---

① 傅钧文:《中国加入 WTO 以来中日国际分工格局的变化——以汽车及其零部件产业内贸易为例》,《世界经济研究》2011 年第 11 期。

② 日本贸易振兴机构:《2014 年の日中貿易》,第 6、11 页。

托车，包括机器脚踏两用车），但这三类中方优势商品类的盈余额有所扩大。另外，值得重视的是，8 706（装有发动机的机动车辆底盘）从上期的赤字转为本期的盈余（表 1）。这些情况说明，本期中日 HS87 章国际分工格局虽然没有发生根本变化，但中方原有优势商品的优势继续扩大，原有劣势商品的劣势有所缩小。

表 1　2010 年和 2014 年中日汽车及其零部件贸易比较　单位：万美元/%

	2010 年		2014 年						
HS 代码	出口	进口	进出口余额	出口	增幅	进口	增幅	进出口余额	增幅
87	285 473.6	1 546 416.7	−1 260 943	418 074.5	46.5	1 596 737.6	3.3	−1 178 663	−6.5
8 701	103.7	2 578.9	−2 498	44.2	−57.4	1 398.6	−45.8	−1 354.4	−45.8
8 702	145.4	11 330.3	−11 184	308.3	112.0	1 650.0	−85.4	−1 341.7	−88.0
8 703	1 157.3	679 319.3	−678 162	2 719.3	135.0	859 110.0	26.5	−856 391	26.3
8 704	318.0	65 548.1	−65 229	1 131.1	255.7	2 020.4	−96.9	−889.3	−98.6
8 705	147.7	267.0	−119	42.0	−71.6	78.2	−70.7	−36.2	−69.6
8 706	95.5	1 654.2	−1 558	483.3	406.1	302.7	−81.7	180.6	−111.6
8 707	77.0	406.8	−329	289.0	275.3	767.2	88.6	−478.2	45.4
8 708	179 399.9	775 733.7	−596 333	282 382.5	57.4	720 203.4	−7.2	−437 821	−26.61
8 709	18.3	592.2	−574	383.3	1 994.5	403.4	−31.9	−20.1	−96.5
8 711	11 333.5	55.3	11 278	18 360.6	62.0	675.2	1 121.0	17 685.4	56.8
8 712	58 376.3	20.0	58 356	68 205.8	16.8	21.5	7.5	68 184.3	16.8
8 713	5 204.0	10.8	5 193	7 380.3	41.8	30.0	177.8	7 350.3	41.5
8 714	12 656.5	7 122.2	5 534	15 376.6	21.5	9 044.5	27.0	6 332.1	14.4
8 715	4 424.4	145.6	4 279	3 938.7	−11.0	4.7	−96.8	3 934	−8.1
8 716	12 111.5	451.0	11 660	17 513.0	44.6	847.2	87.9	16 665.8	42.9

注：HS8710 的商品是“坦克及其他机动装甲战斗车辆”，属于军用品，根据惯例，各国不公布相关数据。

资料来源：根据联合国 COMTRADE 数据库数据计算。

第五，日本对华直接投资在中日汽车产业分工合作中起了关键作用，目前中日 HS87 章的分工格局很大程度上是过去日方投资的结果。据日方对华制造业直接投资的分类统计，2009 年至 2014 年，日本对华制造业直接投资金额为 32 190亿日元，其中对华汽车产业的直接投资为 7 938 亿日元，约占前者的 24.7%。日本对华汽车制造领域大规模投资始于 2001 年，经过 10 多年的持续投资，丰田、本田、日产等日本大型汽车企业陆续进入中国，在这些整车企业的带领下，日本一大批零部件厂商也纷纷到中国内地投资设厂。2012—2014 年，对汽车产业的投资甚至连续三年占日本对华制造业投资的最大份额(表 2)。

表 2　2009—2014 年日本对华制造业直接投资　　单位：亿日元

项目＼年份	2009	2010	2011	2012	2013	2014
制造业	4 615	3 896	6 948	7 334	5 507	3 890
一般机械	617	865	1 426	1 375	1 054	729
电　机	583	364	796	1 035	597	115
运输机械	907	854	1 162	2 257	1 560	1 198

资料来源：日本银行《国际收支统计》，http://www.boj.or.jp/statistics/br/bop_06/index.htm/。

三、中日汽车及其零部件产业内贸易水平与类型

(一) 中日汽车及其零部件产业内贸易水平

产业内贸易是指同类商品在国际间的双向流动，它从一个侧面反映了一国在产业链中参与国际分工的深度，因此，产业内贸易水平既是一国产业技术水平的重要体现，也是考察该国经济开放程度、参与经济全球化的主要指标。

表 3　2010 年与 2014 年中日汽车及其零部件的产业内贸易指数

HS 代码	产　品　类　别	2010 年	2014 年
87	车辆及其零件，但铁道车辆除外	0.312	0.415
8 701	牵引车、拖拉机	0.077	0.061
8 702	客运机动车辆，10 座及以上	0.025	0.315
8 703	主要用于载人的机动车(巴士除外)	0.003	0.006
8 704	货运机动车辆	0.010	0.018
8 705	特殊用途的机动车辆	0.712	0.697
8 706	装有发动机的机动车辆底盘	0.986	0.770

续 表

HS代码	产　品　类　别	2010年	2014年
8 707	机动车辆的车身(包括驾驶室)	0.318	0.547
8 708	机动车辆零件,8 701至8 705用	0.376	0.563
8 709	短距离货运车、牵引车	0.060	0.975
8 711	摩托车(包括机器脚踏两用车)	0.010	0.071
8 712	自行车及非机动脚踏车	0.001	0.001
8 713	残疾人用车	0.004	0.008
8 714	零件,8 711至8 713用	0.720	0.741
8 715	婴孩车及其零件	0.064	0.002
8 716	挂车及等非机械驱动车辆及其零件	0.072	0.092

资料来源：根据联合国COMTRADE数据库数据计算。

产业内贸易的程度一般以产业内贸易指数(IIT)表示,其公式如下：即,IIT=1−|X−M|/(X+M)。式中：X和M分别表示某一特定产业或某一类商品的出口额和进口额,并且对X−M取绝对值。T取值范围在0至1之间,指数越接近1,表示产业内贸易的程度越高;反之越接近0,表示产业内贸易程度越低,或者表示产业间贸易程度越高。表3反映的是2010年与2014年中日汽车及其零部件的产业内贸易水平。

本期中日HS87章的产业内贸易有以下特点。第一,与上期中日汽车及其零部件的产业内贸易水平出现下降的情况不同,本期中日汽车及其零部件的产业内贸易水平开始上升,上升幅度为33%。第二,HS87章中产业内贸易水平最高的虽然是8 709的“短距离运输货物的机动车辆”(绝大部分是电瓶车、观光牵引车等),但该类产品的贸易规模并不大,2014年中方对日出口383万美元,从日方进口403万美元,因此并不能以此说明中日汽车产业内贸易的水平。第三,中日汽车及其零部件的产业内贸易整体水平虽有提高,但水平仍然偏低,中日在HS87章内的一些行业的双边贸易属于产业间贸易。

仔细分析HS87章内部可以看出,产业内贸易的发展是不平衡的。HS87章中,进出口规模较大且产业内贸易程度较高的是两大类汽车零部件(8 708和8 714),其他大部分商品的产业内贸易水平都比较低。这种情况与2001—2010

年相同。例如，中国“加入 WTO”虽然已近 15 年，但 8 703 的中日产业内贸易水平始终停留在接近 0 的低水平，这意味着在 8 703 这类商品上，中日之间基本上还是处于产业间贸易状态。其中，主要原因可能是 8 703 主要包括轿车，而这类商品正是日本传统优势产品。日本产轿车从 20 世纪 60 年代开始出口世界各地，中日之间也是以日方向中国大量出口的一边倒的局面为主。近几年，中国国产轿车虽然实现了向海外出口，但出口目的地以中东、非洲以及拉美国家为主，在 8 703 中，中方向日方出口商品极少。

8 712(自行车及非机动脚踏车)也是以中日产业间贸易为主，但与 8 703 不同，8 712 是中国的传统优势产业。8 712 以中日产业间贸易为主的局面表明，日本在与中国的产业分工过程中已基本退出这一产业，转而依赖从中国的进口。

在 HS87 章中，8 708 和 8 714 是为数不多的中日产业内贸易水平较高且贸易规模较大的商品类。然而受指标的局限，产业内贸易指数(IIT)并不能反映生产该商品的企业属性。如果将视角放在微观的企业层次，就可以进一步发现中日在这两类商品的双边贸易，实际上都与近 10 年来日资汽车零部件企业大举对华直接投资设立合资或独资企业有关。

总的来说，在华日资汽车零部件企业的产品大部分供应在华日资或其他外资的整车企业，但也有许多企业的产品用于出口或返销日本。在华日资汽车零部件企业中产品部分用于出口的有：生产汽车座椅的浙江泰极爱思(TACHI-S)有限公司、生产减震器的上海昭和汽车配件有限公司、生产刹车系统的曙光制动器(苏州)有限公司、生产汽车专用锁的有信制造(中山)有限公司、生产汽车散热器格栅等汽车外装树脂部件的佛山发尔特克汽车零部件有限公司、生产汽车轮毂的广州驭风旭铝铸件有限公司、生产汽车模具的阿尔发广州汽车配件有限公司、生产汽车内饰品的摩理都石原汽车配件(深圳)有限公司、生产轮胎用橡胶的台橡宇部(南通)化学工业有限公司、生产子午线轮胎的住友橡胶(常熟)有限公司和东洋轮胎(诸城)有限公司、生产车用卫星导航设备的富士通天电子(无锡)有限公司、生产汽车安全带的天津飞马岛本(Pegasus-Shimamoto)汽车部品有限公司、生产铝基轴瓦材料的常州恒业轴瓦材料有限公司、生产车用塑料配件的广州泰贺塑料有限公司、生产离合器的小仓离合机(东莞)有限公司、生产车用热交换器的东洋热交换器(常熟)有限公司、生产汽车消音器的佛山市丰富汽配有限公司、生产车用模具的福田模具技术(烟台)有限公司、生产车用空气滤清器的河南平和滤清器有限公司、生产汽车内饰面料的世联汽车内饰有限公司、生产刹车皮的日清纺赛龙(常熟)汽车部件有限公司等,而生产汽车控制线缆的昆山中发六和机械有限公司甚至产品 100%出口日本。①

其实,不仅是日本在华独资企业或中日合资企业,即使是中国本土的汽车零部件企业对日出口,日本因素也扮演着关键角色。例如哈尔滨东安汽车发动机制造有限公司(DAE 公司)运用从日本引进的技术制造 4G9 系列发动机用缸体、缸盖、曲轴三种关键零部件在 2008 年销往三菱汽车,这是哈产汽车发动机配件首次返销日本。②

因此在 8 708 和 8 714 这两类商品的中日产业内贸易中,日本跨国公司对华投资或对华技术输出是主要的推动力量,这些中日产业内贸易很大程度上可以说是"日—日产业内贸易"。

(二) 中日汽车及其零部件产业内贸易类型

用产业内贸易指数这一工具虽然能够测算一国总体产业或某一产业内贸易的大致发展水平,但并不能准确体现一国在国际分工中的分工地位以及分工利益的差异。随着研究的深入,人们进一步将产业内贸易划分为水平型产业内贸易(HIIT)和垂直型产业内贸易(VIIT),前者指同一产品组内在造型、色彩和品牌等方面存在差异,但在技术、品质、价格和附加值上差异不大的产品的双向贸易;后者指同一产品组内在技术、品质、价格以及附加值方面差异较大的产品的双向贸易。

根据一国出口商品质量的差异,垂直型产业内贸易又可进一步细分为低质量垂直型产业内贸易($VIIT^L$)和高质量垂直型产业内贸易($VIIT^H$)。如果一国出口商品以水平型产业内贸易和高质量垂直型产业内贸易类型为主,则说明该国在产业内分工中居于有利地位。如果一国出口商品以低质量垂直型产业内贸易类型为主,则说明该国在产业内分工处于不利地位。产业内贸易类型的检测一般采用 Greenaway, Hine 和 Milner(1994)提出的方法,简称 GHM 法,即:

---

① "中国の日系部品メーカー(1):華東/華南/華中/東北地区での動向",《市場・技術レポート》No.688,2008.6.16。http://www.marklines.com/ja/report/rep688_200807.

② 哈尔滨新闻网 http://harbin.dbw.cn/system/2008/10/10/051537895.shtml.

$$1-\alpha<\frac{UV_{lik}^{x}}{UV_{lik}^{m}}<1+\alpha。$$

式中,UV^x 表示出口商品单价,UV^m 表示进口商品单价,l 表示某产业,i 表示某商品,k 表示贸易对象国,α 是离散因子。

上式表示,如果 $1-\alpha<\frac{UV_{lik}^{x}}{UV_{lik}^{m}}<1+\alpha$,则该商品属于水平型产业内贸易(TIIT),如果 $1+\alpha<\frac{UV_{lik}^{x}}{UV_{lik}^{m}}$ 或者 $\frac{UV_{lik}^{x}}{UV_{lik}^{m}}<1-\alpha$,则该商品贸易类型属于垂直型产业内贸易(VIIT)。其中,当 $1+\alpha<\frac{UV_{lik}^{x}}{UV_{lik}^{m}}$ 时,表明出口国出口的是高质量和高附加值商品,这种贸易即高质量垂直型产业内贸易(VIIT^{H});如果 $\frac{UV_{lik}^{x}}{UV_{lik}^{m}}<1-\alpha$,则表明出口国出口的是低质量和低附加值商品,这种贸易即低质量垂直型产业内贸易(VIIT^{L})。考虑到贸易过程中发生的运输成本及保险费等成本,并参照 Greenaway, Hine 和 Milner(1995 年)和刘钧霆、彭支伟(2009 年)的方法,本文把 α 取值为 25%。

表 4 中日 87 章产业内贸易的基本类型及其在各商品类中的占比 单位:%

		2010 年	2014 年
HIIT			
8 708	机动车辆零件,8 701 至 8 705 用	24.2	22.2
8 711	摩托车(包括机器脚踏两用车)	80.5	72.6
8 714	零件,8 711 至 8 713 用	42.6	24.4
8 716	挂车及等非机械驱动车辆及其零件	82.4	71.2
VIIT^{L}			
8 708	机动车辆零件,8 701 至 8 705 用	74.0	77.8
8 711	摩托车(包括机器脚踏两用车)	12.0	10.0
8 714	零件,8 711 至 8 713 用	53.0	73.9
8 716	挂车及等非机械驱动车辆及其零件	2.7	22.3

续 表

		2010年	2014年
$VIIT^H$			
8 708	机动车辆零件,8 701至8 705用	1.8	0.0
8 711	摩托车(包括机器脚踏两用车)	7.5	17.4
8 714	零件,8 711至8 713用	4.4	1.7
8 716	挂车及等非机械驱动车辆及其零件	14.9	6.5

资料来源:根据联合国COMTRADE数据库数据计算。

表4反映的是2010年和2014年中日87章中产业内贸易特征比较明显的四类商品(8 708、8 711、8 714、8 716)的不同类型产业内贸易的发展状况,即不同产业内贸易类型的贸易金额在产业内贸易额中所占的比重。在这四类商品中,8 711和8 716属于水平型产业内贸易(HIIT),即出口单位商品价格与进口单位商品价格之比大于0.75并小于1.25的贸易商品占比较高。在这两类商品上,中日产品竞争优势大致相近。四类商品中贸易额最大的两类车用零部件(8 708和8 714)属于低质量垂直型产业内贸易,即出口单位商品价格与进口单位商品价格之比小于0.75的贸易商品占比较高。在这两类商品上,中国处于贸易劣势地位。中国处于贸易优势地位,即出口单位商品价格与进口单位商品价格之比大于1.25的高质量垂直型产业内贸易商品在四类商品中所占比重普遍不高,最高的为17.4(8 711),而在贸易额最大的8 708中,高质量垂直型产业内贸易商品占比为零。

四、丰田汽车对华市场战略变迁及在华供应链布局

日本之所以在中日汽车高质量垂直型产业内贸易中占据较大份额,归根到底在于日本出口商品单价较高,具有较强的盈利能力,而这些现象的背后则是微观企业在汽车制造领域中体现的综合竞争实力。经过战后几十年的努力,一批日本汽车制造企业在世界崭露头角,其中,丰田汽车就是日本汽车制造业中的佼佼者。在日本几大汽车企业集团中,丰田一直以供应链管理见长。丰田生产方式(TPS)不仅是方法问题,更是供应链布局和管理的问题。在丰田对华战略中,供应链的布局和管理越来越受到重视。

(一) 对华出口阶段(20 世纪 60 年代中期至 90 年代前期)

丰田与中国的关系始于 20 世纪 60 年代中期,1964 年丰田开始向中国出口第二代皇冠。中国改革开放以后,丰田依然一直将中国作为其产品的重要出口市场而大力向中国出口其汽车。当时丰田汽车在中国树起"车到山前必有路,有路必有丰田车"的户外广告牌,并推出电视广告,于是,多种车型的丰田车作为中高档公务用车源源不断进入中国。

20 世纪 80 年代后期起,丰田开始与中国企业合作组装卡车和大巴车,如 1988 年与沈阳金杯汽车公司签订技术转让协议,开展小客车来件组装业务。但丰田通过这一业务主要目的依然是发展其产品出口,只不过出口范围从汽车扩大到汽车零部件。丰田在取得惊人的对华出口业绩的同时,却对中国经济出现误判,迟迟没有将其汽车的生产功能和研发功能等供应链布局到中国,这导致德国大众车后来居上占据在华市场占有率第一的位置。

(二) 供应链布局阶段(20 世纪 90 年代前期至 2012 年)

进入 21 世纪 90 年代前期,丰田的对华投资开始从消极转向积极,但此时中国因宏观调控而收紧"八五"期间(1991—1995)的汽车产业政策,不再批准新的轿车整车生产项目。① 在此情况下,丰田只好采取"曲线救国"策略。第一,在中国轿车整车项目获批困难的情况下,先进入中国客车领域,即与四川旅行车制造有限公司合资建立四川丰田汽车有限公司(1998 年 11 月),生产中巴车;第二,利用日本大发公司与天津市汽车工业公司在夏利轿车项目上技术合作的契机,介入天津汽车,然后,以天津为中心,布局自己的零部件供应链;第三,在此基础上强化与天汽的合作关系,建立合资企业,拿到轿车生产项目(2000 年 6 月);第四,以天汽为跳板,伺机谋求更强大的合作伙伴,以确立在中国市场的强势地位。

为达到上述目标,丰田首先瞄准了与中国天津汽车集团有技术合作关系的日本大发汽车公司。丰田原来在大发公司的持股比率为 10%,从 1992 年开始,丰田逐渐加大在大发的持股比率,1994 年达到 30%,1998 年达到 51.2%,使之成为自己的子公司。

---

① 李正华:《李岚清在贯彻汽车工业产业工作会议上强调,加速重点项目建设,尽快实现规模经营》,《人民日报》1995 年 1 月 23 日。

为了构建汽车零部件供应链,1994—2001年6月底期间,丰田集团各成员公司如电装、爱信、小系、丰田合成、丰田通商、丰田纺织、丰田自动织机等以天津地区为中心,陆续建立了34家独资或合资汽车企业,其中19家企业位于天津。丰田在天津的外资企业的产品包括车载音响、方向盘、车门锁、车窗升降器、传动轴、分电器、制动器、离合器、变速器、化油器、底盘、等速万向节、发动机等零部件。

除了天津,丰田集团成员公司还在浙江台州和绍兴、江苏昆山和无锡、山东烟台、宁夏石嘴山、河北唐山、辽宁大连、四川成都、福建福州以及上海、北京、重庆等地设立独资或外资企业,这些企业的产品涵盖安全带面料、散热器、连轴器、油泵、前车窗喷水泵、手动变速箱、增压器、离合器、车用空调、汽车发电机、启动器(starter)、刮水器、散热器用电扇、车灯、车窗用橡胶、刹车系统的软管、铝合金车轮、悬架、微型轴承、车用内装饰品、前桥、后桥、配电盘、车用马达磁粉、柴油机喷嘴等。

从产品的去向来看,这些在华企业的零部件产品大部分用于在华合资企业车辆的组装,但也有部分用于出口第三国或返销日本。例如,产品一半以上出口的有天津电装电子公司生产的车用电子零部件、天津丰津汽车传动部件有限公司生产的等速万向节、丰田工业昆山有限公司生产的压铸件。其他如天津丰田汽车发动机有限公司生产的发动机零部件、天津爱信汽车零部件有限公司生产的刹车零部件、烟台首钢电装有限公司的车用空调、重庆电装有限公司的启动器、宁夏丰源活性炭有限公司生产的水处理活性炭、佛山丰田纺织汽车零部件有限公司生产的空气滤清器也有相当部分用于出口。[①]

2002年6月,天汽与一汽的重组协议正式签订,而其背后是丰田的积极推动。其实丰田一直把夏利能否进入一汽集团作为进一步与天汽合作的一个条件和筹码。由于天汽被一汽收购,丰田也一下子从与天汽的合作转变为与中国最大的汽车集团一汽的合作。2002年8月,丰田与一汽签署全面合作协议。同时,一汽宣布并购四川旅行车制造有限公司。至此,丰田结束了与中国中小汽车制造公司合作的历史,登上了与中国大型汽车制造集团公司合作的大舞台。

---

① “トヨタの中国事業体制を支える90年代半ばの取組み”,《調査レポート》No.013,2001.10.1. http://www.marklines.com/ja/report/rep013_200110.

实现与一汽合作以后，丰田又开始效仿德国大众在中国“南北大众”的格局，开始布局“一南一北”两大整车基地。2004 年 9 月，丰田与广州汽车合资的广州丰田成立，在华“南北丰田”格局由此形成。

表 5　丰田汽车公司的在华子公司

在华子公司名称	设立日期	资本金	持股比例	投产日期	主要生产品种
天津丰津汽车传动部件有限公司	1995.12	2.3 亿美元	丰田 90%，一汽 10%	1998.5	车轴、万向节等
天津一汽丰田发动机有限公司	1996.5	2.48 亿美元	丰田、天津汽车工业各 50%	1998.7	发动机
天津丰田汽车锻造部件有限公司	1997.2	2.45 亿美元	丰田 100%	1998.12	锻造部件
天津丰田汽车有限公司，后更名为“天津一汽丰田汽车有限公司”	2000.6	33 亿元	丰田 40%、丰田汽车(中国)投资 10%、夏利汽车 30%、一汽 20%	2002.10	整车（威驰、RAV4 等）
一汽丰田(长春)发动机有限公司	2004.3	8 454 万美元	丰田、一汽各 50%	2004.12	发动机
丰田一汽(天津)模具有限公司	2004.3	1 200 万美元	丰田 90%，一汽 10%	2004.12	汽车模具
广汽丰田发动机有限公司	2004.2	11 亿元	丰田 70%，广汽 30%	2005.1	发动机
四川一汽丰田汽车有限公司	1998.11	6 700 万美元	成都一汽 50%，丰田 45%，丰田通商 5%	1999.12	整车(普拉多、普锐斯等)
广汽丰田汽车有限公司	2004.9	3 亿 3 286 万美元	广汽 50%，丰田 30.5%，丰田汽车(中国)投资 19.5%	2006.5	整车(混合动力凯美瑞等)
丰田汽车(常熟)零部件有限公司	2012.7	9 500 万美元	丰田 70.5%，丰田汽车(中国)投资 19.5%，丰田汽车北海道 10%	2014.7	变速箱

资料来源：日本汽车门户网站 http://www.marklines.com/ja/。

随着丰田在华形成具有规模效应的生产基地，丰田在华供应链也开始相应地向上下游作进一步延伸。2010 年 11 月，丰田在江苏省常熟市东南经济开发区设立了丰田汽车株式会社的全资子公司——丰田汽车研发中心(中国)有限公司(简称 TMEC)。作为丰田汽车在中国成立的首个独资研发中心，TMEC 的目的是与已有合资企业内的研发中心一起，加强在中国的市场调查与研发工作，以便向中国消费者提供更贴近顾客需求并兼顾环保和安全性能的汽车产品。2011 年 7 月，TMEC 又分别在北京和上海成立了分公司。

在供应链下游端，丰田主要是强化销售和物流功能。不仅丰田汽车在华设立相关企业，而且丰田集团内成员企业也纷纷在华设立销售和物流企业，如爱信设立的爱信精机(天津) 商贸有限公司等。

表 6　丰田汽车公司在华服务行业的公司

在华子公司名称	设立日期	资本金	持股比例	投产日期	服务领域
北京图讯丰达信息技术有限公司(Telemap)	2012.12	920 万美元	丰田 39%，北京四维图新科技 51%，北京美达雅科技开发 10%	2013.1	车载导航地图更新服务、汽车远程综合信息服务
一汽丰田汽车销售有限公司(FTMS)	2003.9	2 500 万美元	丰田汽车 32%，中国一汽 38%，天津一汽丰田 25%，四川一汽丰田 5%	2003.10	负责天津一汽丰田和四川一汽丰田车辆的销售
丰田汽车仓储贸易(上海)有限公司(TPCS)	2001.12	250 万美元	丰田汽车 100%	2001.12	华东地区汽车零部件仓储和配送、国际贸易
丰田陆捷物流(上海)有限公司	2006.8	170 万美元	丰田输送 60%，丰田通商 10%，一汽物流 30%	2007.1	承担运作丰田系列车辆在华东地区的集散分拨任务
广汽丰通物流有限公司(GTL)	2006.2	500 万美元	丰田通商 45%，广州汽车集团商贸有限公司 55%	2006.5	承担广汽丰田和广汽丰田发动机所需零部件运输

资料来源：日本汽车门户网站 http://www.marklines.com/ja/。

为扩大丰田车在华销量，丰田于 2005 年推出了旧车置换新车业务，并制定

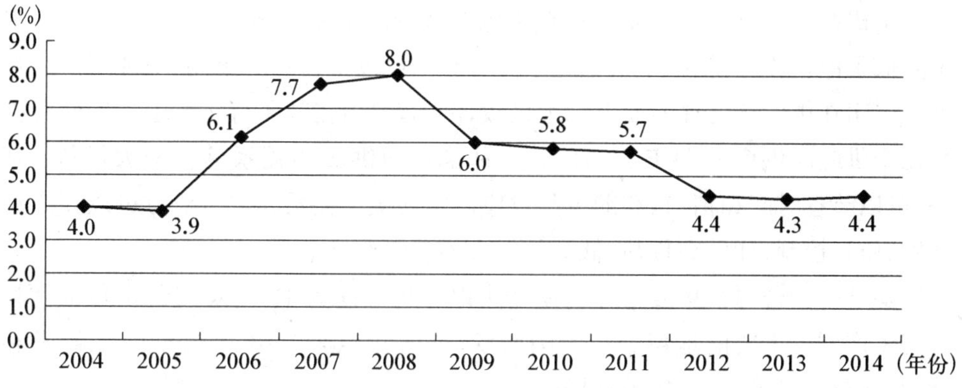

图 1　2004—2014 年丰田轿车在华市场占有率

注：包括进口丰田轿车。
资料来源：日本汽车门户网站 http://www.marklines.com/ja/。

出旧车认定标准——SMILE。目前，丰田旧车置换认定店除了对旧车进行认定外，还对经销的旧车进行统一维修保养并给予品质保证。2010 年旧车置换新车业务适用范围从丰田车扩大到所有车。此外，为改善客户的体验，丰田还于 2012 年 12 月在北京设立合资企业，并于 2013 年开始向客户提供中国车载导航地图更新服务以及汽车远程综合信息服务。

"南北丰田"格局形成后一直到 2008 年，丰田在中国大陆的销售份额逐渐上升，但由于全球金融危机，2009 年丰田车上升势头戛然而止。金融危机以后，丰田车在华的销量份额虽然依然下降，但跌幅有限。然而，2012 年日本政府"购岛"事件引起大陆民众对日系车的抵制，则对丰田在华销售形成更大的打击。这一年 3 月，丰田发布了分三步走的中国市场战略——"云动计划"。受日系车遭遇抵制影响，丰田这份计划的实施也出师不利，战略中第一步即 2012 年销量超过 100 万辆的目标并未实现。

（三）决战阶段(2013 年至今)

2013 年至今，对于丰田来说是一个由低迷向再崛起的过程。在全球，丰田更重视其产品的全球供应链建设。2013 年 3 月，丰田对外宣布将从 2014 年起实施"丰田全球新架构"(Toyota New Global Architecture，TNGA)的全球供应链战略，优先重组其在全球的汽车制动和手动变速器的供应链。

丰田在全球汽车制造商里一直是供应链管理的佼佼者,其供应链管理为丰田降低了库存成本,提高了核心竞争力,同时,可以快速响应市场,增加用户满意度。丰田在供应链管理方面做到了极致,例如,丰田在其所有车型上长期使用少数几个供应商供应的刹车零部件。这种稳定的供应商关系具备两大优势:其一,可以节省时间和精力,有助于与供应商发展伙伴关系;其二,双方可以在产品开发、质量控制、计划交货、降低成本等方面共同改进。

随着跨国公司在华战略导向演变为以市场导向为主,研发与营销越来越具有与生产同等重要的地位。在中国市场,2013年以来丰田主要从生产、研发和营销三方面来扭转过去的被动局面。

1. 加大在中国内地市场投入新型车和战略车的速度和力度

例如,2013年,上市的全新换代威驰和致炫在车身造型、动力、操控、配置方面都有颠覆性的突破,尤其是致炫,其性能表现堪与德系车相媲美,上市一个半月订单就突破1.7万辆,一举成为所在细分市场霸主。

2014年6月,丰田又将其第11代卡罗拉推向中国市场。在日系车处境总体仍然艰难的背景下,这款丰田全球明星车型具有不同寻常的意义。新一代卡罗拉在动力、操控、配置、空间及使用成本方面都极大地迎合了中国消费者需求,显示丰田针对中国市场的技术路线正在悄然发生变化,说明丰田迫于大环境的压力开始率先在技术上采取的主动。

2015年4月,丰田汽车首发了其在中国本土化生产的两款紧凑型轿车的混合动力版,它们分别是一汽丰田生产的第11代卡罗拉的混合动力版和广汽丰田的雷凌混合动力版,这两款新车将于2015年晚些时间上市。

2. 整合在华研发资源,加大在华研发投入力度

丰田原来在天津一汽丰田和四川一汽丰田都有自己研发力量,2012年,成立一汽丰田技术开发有限公司(FTRD),主要工作是整合原有资源,集中精力从事针对中国市场的底盘和车型的开发。

在丰田加大了对位于常熟的研发中心的建设力度。早在2010年,丰田就在常熟设立了丰田汽车研发中心(中国)有限公司(TMEC),但此后投入力度不大。2013年以来,丰田将常熟的研发中心定位于在海外最重要的研发机构,主要从事有关丰田新能源车的基础研究以及动力系统的核心技术研究。目前丰田正加紧混合动力相关组件国产化开发进程,丰田包括电池、逆变器和变速驱动桥等关

键零部件都将在中国生产。这是丰田首次在日本之外的国家实现混动技术核心组件的本地化生产，而常熟的研发中心在其中将起到关键作用。

表 7　丰田汽车公司的在华研发机构

在华子公司名称	设立日期	资本金	所在地	持股比例	研发领域	2014 年底研发人员数
丰田汽车研发中心(中国)有限公司(TMEC)	2010.11	2.34 亿美元	常熟	丰田 100%	道路试车、新能源车动力系统、性能测试	200 人(1 000 人)
一汽丰田技术开发有限公司(FTRD)	2012.11	8 亿元	天津	天津一汽丰田 80%，四川一汽丰田 20%	底盘和车型	300 人(1 000 人)
广汽丰田汽车有限公司研发中心	2010.12		广州			200 人(500 人)
丰田汽车技术中心(中国)有限公司(TTCC)	1998.2	11 亿日元	天津	丰田 100%	与中国高校、研究机构进行学术交流，收集信息，参与车型设计	300 人

注：括号内数字反映丰田计划未来达到的目标。
资料来源：日本汽车门户网站 http://www.marklines.com/ja/。

2013 年 5 月，丰田集团内的丰田通商公司和丰田汽车(中国)投资有限公司与其他中日三家公司还在江苏常熟成立了科力美(中国)汽车动力电池有限公司，以研发和生产用于油电混合动力车的镍氢电池组件。

科力美的成立使丰田的中国化进程进一步加速。2014 年 6 月，科力美与丰田公司的战略合作取得突破性进展，丰田正式批准科力远新能源旗下的科霸公司的混合动力车电池极片进入丰田混合动力车电池批量装车中试阶段，科力美也由此成为丰田中国化项目的关键零部件供应商，进入丰田在华混合动力车电池供应链的核心环节。

3. 提升在华售后服务的质量

从 2013 年 9 月开始，丰田对全混合动力车型的雷克萨斯轿车电池提供 10

年/25万公里的无忧承诺,即在6年/15万公里的整车免费保养期结束后至10年/25万公里的期间内,LEXUS雷克萨斯经销商将提供每1万公里或每12个月一次的混合动力电池免费基本检查。

同时,丰田还将强了其在华销售网络的建设。截至2013年底,一汽丰田销售系列4S店有510家、广汽丰田销售系列4S店有450家、雷克萨斯专卖店120家。

丰田在2013年3月曾经因全球销售下滑而作出决定,至2015年年底的三年期间冻结全球所有丰田新的整车项目。在2014财政年度,由于丰田实施上述的冻结措施和一系列改革,加之日元贬值,因此实现巨额盈利,集团销售额达27万亿日元,销售利润达2.7万亿日元,均创下丰田的历史纪录。但另一方面,丰田在2014年里的销售量却陷于低迷,全球销售量险被大众汽车超过。为了保住世界销量第一的地位,丰田在2015年3月又决定,对之前的冻结措施予以提前解冻。这意味着在与大众汽车的竞争中,丰田由守势转为攻势。在这一决策中,中国市场最为关键。2014年丰田在华汽车销售量首次突破100万辆达103万辆,销售量同比增长近8.5%。在2015年,丰田把在华销售量突破110辆作为其新的年度目标。

在上述丰田的提前解冻措施中,针对中国大陆的主要由以下几方面。第一,投资525亿日元,在广汽丰田的广州南沙工厂增设第三条生产线,使汽车年产量从目前的36万辆增加到2017年的46万辆;第二,投资590亿日元,在位于天津市经济技术开发区的天津一汽丰田泰达工厂增设一条生产线,使汽车年产量从目前的41万辆增加到2018年的51万辆,同时,关闭老的西青工厂生产线;第三,加快位于常熟的丰田汽车研发中心油电混合动力车的研发速度,力争在2020年之前开发出超过15款针对中国市场的节能环保车型,届时油电混合动力车的销售将在中国大陆占所有车型的30%;第四,首次在丰田本土以外的地方,即在丰田汽车(常熟)零部件有限公司生产丰田的无级变速器(CVT)。

五、结论与启示

一般而言,对于东道国来说直接投资对贸易会先后出现进口诱发效应、进口替代效应、出口诱发效应和返销效应。外资企业在设立初期,往往需要从投资国进口大量资本货物。如果外资企业的零部件未实现当地采购,还需从投资国进口中间产品。所以这时外资企业会增加东道国的进口。随着外资企业产品国产化率的提高，进口替代逐步实现，东道国将减少其进口。外资企业产品具备出口竞争力后，可能向第三国出口或向投资国返销。从近年日本对华投资、中国对日贸易大以及中日产业内贸易指数等情况来看，日资企业对于中国进口出口的替代和诱发的效应是相当明显的。

通过对近年中日汽车及其零部件产业内贸易发展的研究，可以得到以下结论：

第一，中日汽车及其零部件的产业内贸易水平不高，中日在这一大商品类内的一些行业的双边贸易还处于产业间贸易阶段。

第二，中日 87 章中产业内贸易特征比较明显，且贸易额较大的两类车用零部件(8 708 和 8 714)属于低质量垂直型产业内贸易，高质量垂直型产业内贸易商品在其中所占比重不高，最高的为 17.4(8 711)，而在贸易额最大的 8 708 中，高质量垂直型产业内贸易商品占比为零。

第三，在中日汽车零部件产业内贸易中，日本跨国公司的对华投资以及日本在这一领域的对华技术输出是主要推动力量，而由此带来的日资企业在华供应链又使日本在中日汽车高质量垂直型产业内贸易中占据较大份额。

影响产业内贸易水平的因素有很多，导致中日汽车及其零部件产业内贸易水平较低的主要因素可能并不是市场开放度，而可能是品牌差异、技术差异以及外国直接投资。

虽然本文研究结果表明一国市场开放和贸易壁垒的减少，并不必然导致中日双边产业内贸易水平的上升，但品牌差异、技术差异以及外国直接投资究竟在多大程度上影响了中日双边产业内贸易水平还需作进一步的研究。

参考文献

[1] Greenaway D, Hine R Milner C. Vertial and horizontal intra-industry trade: a cross industry analysis for the UK[J]. The *Eeonomic Journal*, 1995, (105): 1505 - 1518.

[2] 张幼文等：《中国与 APEC 分工》，上海社会科学院出版社 1998 年版。

[3] 国际协力银行："2014 年度海外直接投資アンケート調査結果"[J]，JOI.2015.1.

[4] "中国 2007 年投入产出表分析应用"课题组：《汽车产业振兴对国民经济的促进与影响分析》，《调研世界》2011 年第 1 期。

[5] 傅钧文:《中国加入 WTO 以来中日国际分工格局的变化——以汽车及其零部件产业内贸易为例》,《世界经济研究》,2011 年第 11 期。
[6] 傅钧文、李梁:《从中日电机电器产业内贸易看两国分工的趋势》,《世界经济研究》,2003 年第 4 期。
[7] 安曼、于丽萍:《中日汽车产业的演进及发展模式》,《日本学论坛》,2008 年第 1 期。

日本氢能源发展状况及其政策研究

孙　林*

［摘　要］应对环境问题和能源安全保障问题促使日本在化石能源以外寻找可持续可替代的清洁能源，氢能源是日本长期能源战略选择的重要方向。基于日本“产官学”科研和开发体制，在产业界和科学界的多年共同努力和政府大力支持下，日本氢能源的制造、存储、运输和利用进入了实质性商用阶段。本文梳理分析了日本氢能源发展的背景，在分析日本家用燃料电池、商用燃料电池、燃料电池汽车（FCV）、加氢站、氢能发电等方面的现状和进展的基础上，梳理分析了日本促进氢能源发展利用的相关政策措施，探讨了日本氢能源开发、利用经验对我国的启示。

［关键词］氢能源；技术研发与普及应用；政策体系

自工业革命以来，以化石燃料为中心的世界能源消费模式已经持续了200多年，因为受到化石燃料存储量的限制以及化石燃料大规模消费产生的环境污染和气候变暖等问题趋于严重，近几十年来，国际组织和世界各国一直在致力于研究开发和普及应用可再生、可持续发展的替代能源。其中，氢能源是极其重要的选项之一。氢燃烧获得氢能源，燃烧时只派生出水，不产生能源使用后有害物质。并且，在地球上氢能是取之不尽的可再生能源，能够解决目前能源生产、利用的几乎所有问题。当然，从气候变动对策的角度来看，氢能源的大规模利用还必须实现氢能获取或制造阶段不排放二氧化碳的终极氢能生产方式。

在发达国家，随着全球石油资源的需求变化和价格波动，氢能源利用技术的研发热情具有阶段的特征，但是研发和促进研发的政策从未中断，日本也不例

---

* 孙林，博士，上海社会科学院部门经济研究所副研究员，同志社大学客座教授。研究专业和方向：数量经济学、区域经济学。

外。为了实现能源供给的 S+3E,① 即能源的稳定供给、经济效率的提高、环境的适应和安全性以及国际化推进、国际市场开拓和对经济增长的贡献,日本将氢能源作为未来能源的重要选择。为了早日实现"氢能源社会",日本政府积极开展促进"产官学"联合研究开发工作的体制,不断修订和发布日本氢能开发利用的规划和路线图,引导日本科学界和产业界持续深入地开展氢能源获取、存储、利用等相关技术的研究和普及。

在氢燃料电池技术利用方面,2009 年,日本家用燃料电池"ENE-FARM"②已经正式投放市场,目前,已处于市场普及阶段。燃料电池汽车(FCV:Fuel Cell Vehicle)已经正式上市销售,氢能充电站的设置正在有计划地推进。同时,以"氢"为燃料的氢能发电的研究开发也正在开展。日本国内的"氢"供给,按照目前利用的测算是足够的,面向将来的连接氢能制造点、氢能加氢站等的输送网络整备正在逐步展开。

在政策层面,以 2011 年 3 月日本福岛核电站核泄漏事故为契机,2014 年 4 月,日本政府公布的"第四次能源基本规划"③ 正式将氢能源作为能源多样化的一个方向提出,"氢能源社会"的概念逐步深入日本社会,产官学以及社会各界均对此进行了响应。2014 年 6 月,日本经济产业省公布了《氢能源、燃料电池战略路线图》,④ 提出了发展家用燃料电池、氢能源汽车、氢能源发电产业链的目标。

2014 年 11 月 18 日,作为一个标志性的特殊日期,日本丰田汽车(株)正式开始在日本国内销售其氢动力汽车"未来",标志着日本"氢能源社会"的开幕。丰田汽车上市销售的氢能源汽车"未来"售价 724 万日元(含税),基于日本清洁汽车促进对策非补助金(CEV)以及节能汽车减税等补助制度,消费者实际支出为 503 万日元;⑤ 日本本田技研工业(株)也发布了新型燃料电池汽车(FCV)的概念车 Honda FCV CONCEPT。

同日,东京都公布了"迈向实现氢能社会的东京战略会议"的中间报告,该报

---

① 「S+3E」(Safety, Energy Security, Economic Efficiency, Environment)。

② 家用燃料电池热电联产系。

③ http://www.meti.go.jp/committee/sougouenergy/denkijigyou/genshiryoku/pdf/001_05_00.pdf.

④ http://www.meti.go.jp/press/2014/06/20140624004/20140624004-2.pdf.

⑤ 一般社団法人次世代自動車振興センター「銘柄ごとの補助金交付上限額」。

告指出，为了在东京奥林匹克期间的氢能应用，将大力开展整备氢能源利用的基础设施；在东京都2015年度预算案中，共计将投入40亿日元到加氢站建设、营运补贴和燃料电池汽车(FCV)购买补贴等；与中央政府的补贴并用，商用加氢站建设的负担金额将下降到1亿日元左右(与加油站建设费用相当)，燃料电池汽车(FCV)购买价格将下降到汽油同车型价格。根据东京都制定的战略目标是，到2020年，燃料电池汽车(FCV)车6 000辆，加氢站35个/处，燃料电池巴士50辆以上；到2025年，燃料电池汽车(FCV)车10万辆，加氢站80个/处。①

日本氢能供给体制的整备也已经进入实施阶段。日本经济产业省发布了关于加氢站建设的规制修订，在普及燃料电池汽车(FCV)的推进过程中，给予相关业者有利的支援。日矿日石能源(株)利用氢供给整备事业费补助金，2014年度，建设了11个定置型加氢站；还将在神奈川县横滨市建设氢制造中心，提供6个移动式加氢站。另外，同样着手加氢站建设的岩谷产业(株)已经设定了1 100日元/公斤的具体氢能的销售价格，该价格几乎与混合动力汽车(HV)的油费相当，比日本政府公布的"氢能源·燃料电池战略路线图"制定的目标提前5年实现。

川崎市和东芝(株)发表了共同开展研究利用太阳光发电和燃料电池的自立型能源系统的声明。该系统将以氢为能源，通过太阳光发电进行电力蓄电，作为大型灾害时的避难所电源，可为300人提供为时一周的电力和温水，即便遭遇与外界隔离，也可自我发电供水，其特征之一是可以利用拖车实现系统自身的整体搬运。

从以上信息可见，在日本社会，各项实现"氢能源社会"的种种措施、行动正在加速推进。今后，氢能源利用的环境特性也将变得非常重要。目前，氢能源制造主要还是采取从化石燃料中提取的方法。将来，正如路线图所指出的，将确立总体上不产生二氧化碳的氢能源供给系统。

在日本，关于氢能源、燃料电池、燃料电池汽车(FCV)的社会试验和实证已经超过30年，技术与管理经验不断积累，近年来，尤其是2014年以来正在快速进入氢能源的实施和实用阶段。以下我们将梳理分析日本氢能源发展的背景、发展状况和相关的政策内容。

---

① https://www.kankyo.metro.tokyo.jp/energy/tochi_energy_suishin/attachement/26torimatome.pdf.

一、日本氢能源发展的背景

(一)日本化石能源利用的困境

众所周知,日本是一个资源尤其是能源极度匮乏的岛国,在能源问题上一直保持着强烈的危机意识。日本经济发展所需要的原材料和能源基本依赖进口,即国际市场。能源领域居高不下的对外依存度长期以来制约着日本的发展。20世纪70年代,第一次石油危机的时候,日本的一次能源自给率为9.2%,到2010年,由于长期以来大力发展核能,包括核能在内的一次能源自给率一度达到了19.9%。2011年3月,日本大地震导致福岛核电站的核泄漏事故,核电大幅停产,对化石燃料的依存度随之提高,一次能源自给率也随之下降。2011年,降至11.2%;2012年,一次能源自给率仅为6%。因此,长期以来在日本能源基本战略中,如何提高能源自给率始终是日本能源战略的重中之重。

另一方面,日本的一次能源供给的80%以上依然依靠化石燃料,核能发电基本停顿的2012年,化石燃料依存度超过了92%,石油和天然气的对外依存度更是高达99.6%和97.4%。而在全球范围来看,化石燃料的消费还将继续增加,预计2035年全球化石燃料消费量将达到2012年水平的1.5倍。[①] 近年来,美国等国掀起了开发岩页气的热潮,尽管从短期来开,日本也享受到了岩页气开发产生的好处,但从中长期来看,化石燃料的资源存储量是有限的这一事实不会发生变化。能源消费国之间为了确保化石燃料资源的供给将不断进行激烈的竞争,长期价格不可避免的上升。特别是在亚洲,中国、印度等能源消费大国的消费增长将对日本的能源供给产生重大影响。

同时,对于签署了一系列应对气候变暖国际条约的日本而言,如何不断削减日本能源消费而产生的二氧化碳是始终必须面对的难题。根据IPCC的最新报告,为了确保地球气温上升控制在2摄氏度以内的国际共识,温室气体的排放水平必须在2050年之前达到比2010年减少40%—70%的削减幅度。尽管日本的二氧化碳排放量仅占世界排放量的不足4%,但作为世界经济大国之一,有责任承担理应削减的承诺。2050年之前,发达国家全体将削减80%以上的二氧化碳排放量,占全球50%的目标,这是2009年G8国际首脑会议达成的共识。如

---

① IEA(国际能源组织)Energy Outlook 2012.

果日本不能够大幅度减少对化石燃料的依存度，在一次能源供给的80%以上依然依靠化石燃料、核能发电继续受限的前提下，就难以达成上述国际公约中承诺的二氧化碳排放削减目标。

鉴于上述相关因素，日本着眼于未来，一直致力于为减少对化石燃料的依存而做出长期不懈的努力。

表1 日本化石能源的消费结构

领　　域	化石能源的消费比例(%)
能源转换(电力、天然气、热)	46
其中：发电(包括自发电)	40
最终能源消费	53
产业	24
其中：制造业	22
民生	13
其中：家庭	5
业务等	8
运输	16
其中：客运	10
货运	6

资料来源：2013年度日本能源平衡表(简易表)。

(二) 日本能源发展的基本战略

资源贫乏以及能源危机都使得日本不得不重视节能技术和开发新能源。日本要想在根本上解决能源自给问题，终极战略只能是通过能源新技术革命彻底改变其一次能源结构，并同时实现以新型可再生绿色能源替代传统化石能源的彻底转换。但是，可再生能源和新能源的开发利用，需要长期的人力物力资本投资与研发周期，并随着全球能源价格的波动产生极大的不确定性。在如此背景下，日本仍然坚持彻底转换能源结构的新能源技术开发路线。图1列举的36项技术开发课题是日本政府在2014年12月公布的“第四次能源基本规划”[①] 中提

① http://www.enecho.meti.go.jp/category/others/for_energy_technology/pdf/141203_roadmap.pdf。

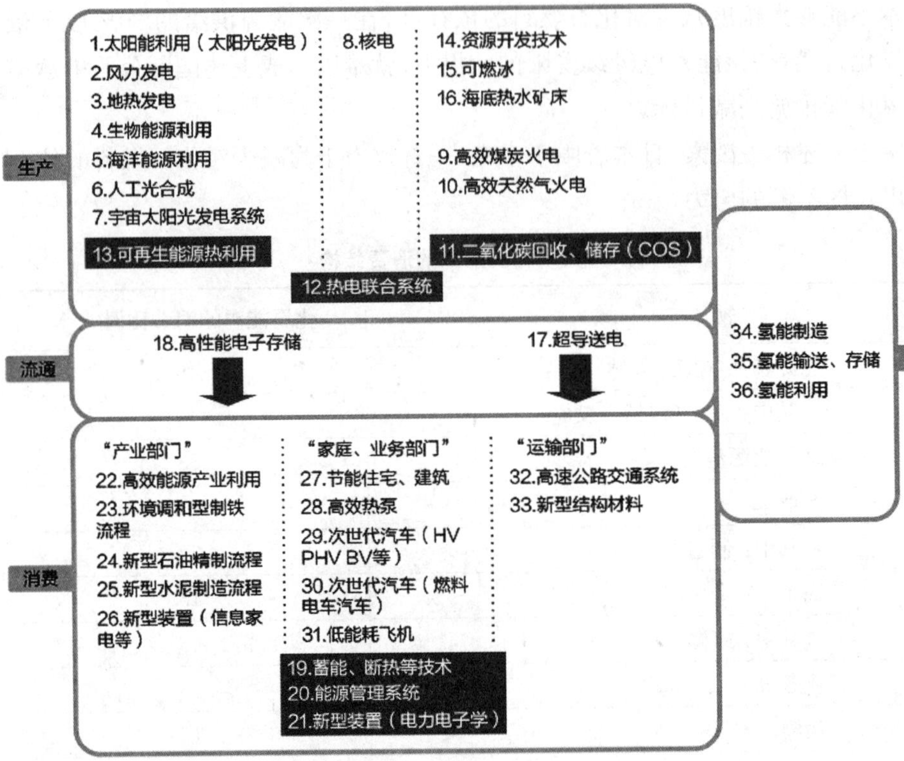

图1 日本能源技术开发36项课题

资料来源:日本经济产省资源能源厅"エネルギー関係技術開発ロードマップ"。

出的。

在"能源相关技术开发路线图"中,除了宇宙太阳光发电、核电方面涉及五大难题、节能减排技术等重大问题之外,第34、35、36项的氢能制造、氢能输送存储和氢能利用,即氢能的开发与利用尤其引人注目。日本已经将氢能源的开发利用正式纳入能源战略规划,日本新能源产业技术综合开发机构出台了氢能源白皮书,把氢能源定位国内发电的第三支柱,氢能源越发受到重视,尤其是如何降低氢燃料的成本,成为日本攻克氢能源生产、储存、输送和利用普及的重要课题。

二、日本氢能源发展的现状

(一)日本氢能源发展的轨迹

30多年前,日本就开始着手于关于氢能源燃料电池的研究开发。作为国家

的科研攻关项目,1981年,"ムーンライト計画"[①] 中实施了燃料电池研究。其后,在"ニューサンシャイン計画"(1993年度至2000年度)[②] 继续推进。1999年度,日本开始实施"ミレニアム·プロジェクト3",[③] 作为三大领域之一的环境对策技术的"燃料电池"受到重视,引发了氢能源·燃料电池研究开发的深入与扩大。2007年,氢能源、燃料电池研究开发在日本政府实施的"Cool Earth-エネルギー革新技術計画4"中继续受到重视。

在研究开发目标设定不断推进的同时,氢能源利用的社会实证实验也在同时进行,其中,最重要的社会实证就是1993年开始实施的"WE-NET"。[④] 该项目共实施了两期。其中,第一期(1993—1998年度),目的是"实现氢能源可输送的转换";第二期(1998—2001年度),目的是"实现氢能源的实用化"。2001年,日本在大阪设立了第一个加氢站。

2002年以后,社会试验项目继续开展,即JHFC(Japan Hydrogen & Fuel Cell Demonstration Project),共进行了JHFC1、JHFC2、JHFC3。在此期间,爱知地球博览会会场周围设置了若干加氢站,为会议期间使用的氢动力巴士服务,氢动力巴士线路实验运营顺利开展。

2005年开始,日本开展了"定置用高分子燃料电池大规模实证事业",在全国3 307个家庭设置燃料电池实证应用实验,最终成果就是2009年投放市场的家庭用氢能源燃料电池"ENE-FARM"。

日本在长期、持续的氢能源燃料电池的社会实证试验的基础上,不断储备继续和管理经验,逐步实现了氢能源的实用,逐步进入了氢能源广泛利用的快速发展轨道。

(二) 日本固定式燃料电池氢能源

日本计划在2030年左右普及固定式燃料电池。固定式燃料电池包括商用和家庭用。目前,固定式燃料电池以商用为主,2025年之后,家用市场将会超越商用。目前家用燃料电池市场正在不断扩大。

---

① 1978年至1993年实施的日本省能源技术研究开发的长期规划。

② 1974年开始实施的日本新能源研究开发规划"サンシャイン計画",后与"ムーンライト計画"合并,成为"ニューサンシャイン計画"。

③ 日本小渕内阁1999年12月启动的"信息化、老龄化、环境对策为支柱的科学研究规划"。

④ World Energy Network、氢能源利用的国际清洁能源系统技术开发研究项目。

1. 家用燃料电池

如前所述，在 2009 年 5 月，日本投放全球首款氢能源家用燃料电池，即"家用燃料电池热电联产系统 ENE - FARM"，是氢能源家用燃料电池和热电联产两部分功能的组合。氢能源家用燃料电池的开发源于商用燃料电池。商用燃料电池在工业界是作为紧急发电供应电力使用的，通过小型化的开发研究实现了为家庭供应电力和热能。

"ENE - FARM"2009 年 5 月开始投放市场，最初价格为每台 200 万日元。截至 2014 年 9 月，共计销售了 10.5 万台；2014 年以来，市场销售增速明显加快。目前，日本市场家用燃料电池发展十分迅速，在固体高分子燃料电池的基础上，家用固体氧化物燃料电池也开始投放市场。两者不同类型但功能相近的产品开始在市场上展开竞争。根据日本政府的《日本再兴战略》，到 2030 年，家庭用燃料电池累计销售要达到 530 万台，实现世界第一的普及率。预计价格将下降到 70 万至 80 万日元左右。530 万台家用燃料电池所产生能源供给，占到日本家庭能源消费总量的 3%，可削减 700 万吨二氧化碳。

日本从一开始就将海外市场纳入扩张的范围。2013 年，日本燃料电池主要厂商之一的松下电工（株）、东芝（株）相继宣布进军欧洲市场。

2. 业务、产业用燃料电池

在商用电池方面，美国企业先于日本企业实现了商业化，在美国市场和韩国市场占主导地位。在日本国内，日本已经能够向企业提供大型固定式燃料电池，解决企业内部应急供电的需要。今后，在业务、产业用燃料电池方面，应对环境、经济性等方面技术进步是日本能否大规模普及的关键。

（三）日本氢动力燃料电池汽车

燃料电池汽车（FCV）可以解决纯电动汽车重量、行驶距离、电池衰老的限制。换句话说，燃料电池车具有一些纯电动汽车无法比拟的优势，二氧化碳零排放，充气时间比充电时间短，使用便捷性出色等；另外，氢燃料电池车能量密度比电力大，可以使用一次能源制造等等优势。氢能源汽车是氢能源应用的最重要邻域，氢动力燃料电池车将是推动氢社会建设最重要的一环。为此，世界各主要发达国家都在鼓励发展电动汽车的同时，作为长期战略，鼓励发展氢动力燃料电池汽车。由于尚未解决电池能量密度以及售价的问题，因此，尽管各国政府都想推广氢动力燃料电池汽车,不久之前,氢动力燃料电池汽车并没达到预期,大多数情况下都称之为最终环保汽车。

在日本,丰田和本田是燃料电池汽车(FCV)开发的主要汽车厂商,都在努力降低燃料电池汽车(FCV)的售价。2014 年 11 月,丰田和本田相继公布了各自上市销售的氢动力燃料电池汽车(FCV)。本田的新型燃料电池汽车 FCV CONCEPT,输出功率达到 100 kW 以上,续航公里达到 700 km。同时,本田还发布了最高输出功率达 9 kW 的 AC 车载外部充电器的概念产品。本田计划在 2015 年将车辆投放市场销售。预计今后几年,日本日产汽车也将加入到燃料电池汽车(FCV)研发、生产和销售的阵营里来。

目前,在日本燃料电池汽车(FCV)实现市场销售的主要是丰田公司开发的燃料电池汽车(FCV) Mirai。丰田氢动力燃料电池车的研发始于 1992 年。Mirai 最初的制造成本昂贵,超过 1 亿日元,最初的销售模式只能采用租赁的方式。然而,经过研发人员的不懈努力,2014 年,丰田公司实现了燃料电池汽车(FCV)Mirai 成本大幅度下降,市场销售价格控制在了 700 万日元。从 1 亿日元降低到 700 万日元,丰田公司做出了巨大努力和技术积累。如果计入日本政府对燃料电池汽车和省能源环保型车辆的补贴,消费者购置燃料电池汽车(FCV) Mirai 实际只需要花费 520 万日元。而丰田公司计划在 2015 年把销售的燃料电池汽车(FCV)Mirai 价格降低至 500 万日元,并致力在 2025 年前把所有的燃料电池汽车(FCV)乘用车的价格降至纯电动车(EV)的水平,致力于实现燃料电池汽车(FCV)售价控制在 200—300 万日元之间的解决方案。

2015 年,在已经接受到 200 多辆订单之后,丰田计划在日本销售 400 辆 Mirai;在欧洲,计划销售 50 万至 100 辆;2017 年,在加州政府修改零排放电动汽车(ZEV)指标之前销售 3 000 辆。丰田的目的是让 Miari 普及。在未来六年的时间内,丰田 Mirai 需要在日本形成规模。为了配合丰田的销售计划,日本政府和地方政府都在大力推进加氢站的配套建设,尤其是围绕东京奥运会,更多的氢能源设施配套建设正在加速推进,以配合各种氢能源产品设施的投放。为此,丰田公司也将在东京推出更多燃料电池汽车(FCV)车型,让东京奥运会成为丰田的营销大会。

在日本在 2014 年 6 月公布的《氢能源、燃料电池战略路线图》中,日本政府规划 2030 年实现燃料电池汽车(FCV)累计销售 600 万辆,占当年日本汽车保有量的10%。包含燃料电池汽车(FCV)在内的新能源汽车占当年新车销售市场的5成至7成。

另外,《氢能源、燃料电池战略路线图》中,除了大力推广乘用车领域的燃料电池汽车(FCV)以来,日本政府还计划推进业务运输用的燃料电池汽车(FCV)的发展与普及。业务运输用的燃料电池汽车(FCV)还存在必须材料短缺产生的成本控制,如白金、耐久性等基础技术的进步等问题。

(四) 加氢站等配套设施的发展

燃料电池汽车(FCV)的加氢方式通常是采用压缩氢燃料的填充,然而,相对于其他燃料填充设施,加氢站的建设费用价位昂贵(参见表2)。为了促进燃料电池汽车(FCV)的普及,作为新的社会基础设施能够提供压缩氢能的加氢站建设成为必须的条件和摆在政府、企业面前的课题。自2001年日本在大阪建立第

表2　汽车燃料补充设施比较

	汽柴油加油站	充电站(普通)	充电站(快充)	加氢站(现场)	加氢站(非现场)
车　种	ICEV	PHV、EV	EV	FCV	FCV
配给方式	汽柴油输送存储配给	与电网联网配给	与电网联网配给	从甲醇、天然气提取氢能配给	压缩氢能输送、存储配给
填充时间	2—3分钟	PHV:4小时 EV:8小时	20—30分钟	3分钟	3分钟
设施建设费	8 000万日元	1 083万日元	1 432万日元	5.6亿日元	4.8亿日元
设施数量	36 349个(2012年)	5 519个(2012年)	1 381个(2012年)	10个(2014年)	10个(2014年)
特别事项	1994年达到60 421个;有一部分与充电设施共存	2011年初,普通2 600个,快充500个;2020年的目标是普通200万个,快充500个	2015年建成100个/处		

资料来源:《水素社会への期待と課題》,大和総研調査季報,2014年夏季号,Vol.15。

一个加氢站以来，到 2014 年 4 月，日本全国已经设立了 20 个/处加氢站。2011 年，以汽车厂商和氢能供给企业为主的私营部门 13 家公司发表共同声明，2015 年底之前，要在日本四大都市圈建设 100 个/处加氢站，以保障燃料电池汽车(FCV)的可利用性，为实现迈向“氢能源社会”提供配套服务。国家政府层面也对此给予鼓励和支持。国家设立了“氢能源供给设备正被事业补助金”，协助建立加氢站，2013 年度的预算为 45.9 亿日元，2014 年度增加到 72 亿日元。另外，安倍内阁 2014 年提出对相关规制进行修订，以适应即将到来的氢能源的普及利用。

(五) 氢能发电的进展

在日本经济产业省的《氢能源、燃料电池战略路线图》中，引人注目的一点是氢能发电。即，2015 年以后，一方面，燃料电池汽车(FCV)及固定式燃料电池(家庭用、业务用、产业用)将会逐渐普及；另一方面，可以期待对氢能产生大规模需求的氢能发电也已纳入视野。氢能发电是通过锅炉燃烧氢能的发电方式，发电过程完全不产生二氧化碳，只要在氢能源制造过程使用二氧化碳捕捉和存储技术，就能使得氢能制造过程也完全不产生二氧化碳。因此，通过氢能来发电就能够实现完全不产生二氧化碳，意义重大。

目前，主要日本国内常磐共同火力(株)在进行实证运转发电，2013 年已经实现商用化，连续运转发电持续了 3 917 小时；2012 年开始的大崎集团(株)结合二氧化碳捕捉存储技术发电项目也在进行之中。氢能发电在日本还是主要局限在企业自身发电自身使用的阶段，但是，日本国内商业用途的氢能发电厂的设立也正在进行中。2014 年，川崎市和千代田化工(株)合作，向政府提出了建立“氢能源前沿国家战略特区”的提案，准备在川崎市临海地区建设大规模氢能源供给设施和氢能发电厂，计划 2015 年后投产。

三、日本促进氢能源发展的政策与措施

氢能源的供给与需求涉及制造、输送、存储、利用阶段，在各个阶段存在各自相应的技术难关，为此氢能源的有效利用需要克服上述各个难关而进行研究开发、实际验证、导入设置设备等，需要投入大量的人力和物力。长期以来，日本对上述技术攻关等，政府在各个相应的环节实施了积极的扶持支援政策。

根据《日本能源白皮书》中的“燃料电池、氢能源利用技术开发等”相关的主

要措施、日本经济产业省公开的“资源、能源相关预算的概要”中的燃料电池、氢能源相关措施等各年度数据估算,2003年至2013年,日本总计投入了近3 400亿日元的相关事业补助金[①]。另外,还有2009年至2013年“民生用燃料电池导入资源补助金”576亿日元,2013年“氢能源供给设备整备事业费补助金”46亿日元等用于氢能源利用的市场普及推广。从某种意义上说,针对氢能源的技术瓶颈研究开发、实际验证、促进市场普及的补助,不断跨越台阶,已经成为“产官学”的一大共同事。

(一)日本氢能源政策的形成过程

为了将能够以气体、固体和液体状态输送和储存的氢能作为民生部门、产业部门的分散型能源系统以及运输车辆的动力能源加以利用,20世纪初以来,多方面的研究开发一直在进行中。另外,在化石能源的基础上对氢能进行利用,那么在遏制二氧化碳排放、存储电力、缓和用电高峰、灾害期间的备用用电等方面,氢能源能够发挥各种作用。这也是日本正在推进“氢能源社会”的长期动力所在。为了实现“氢能源社会”,长期以来,尤其是近十几年来,日本社会投入了大量人力物力推进氢能源的开发与应用,实现氢能利用的产业化、商业化,推进氢能源技术的利用与普及。作为主要的倡导者和推进方,政府部门制定、实施了大量的系统的政策与措施。

以长期、综合并有规划地推进能源供需相关对策为目的,2002年日本政府制定了“能源政策基本法”,要求“在减少石油等一次能源的进口过度依赖某个特定地区的同时,我国必须通过重要能源的开发、能源输送体制的整备、能源的储备、能源利用的效率化以及加强能源的危机管理等手段,实施以实现能源供给的多样化、能源自给率的提高以及能源领域的安全保障等为基本原则的政策体系”。

《能源政策基本法》中定调了关于能源供需的基本规划。在2003年制定的基本规划中,关于氢能源的利用,提出了“与燃料电池自身的技术开发相并行,要强力推进包括氢能源的生产、存储以及输送,提高利用全过程效率的技术开发、设施整备以及规制修正等的综合战略”。目前的经验也表明,政府主导下开发、实用化的加速、国际合作的推进,以及与此相呼应的汽车制造商和电力业者、基础材料产业和能源产业等在不断确认方向性的同时,在“产官学”联合基础上的相互合作是极为重要的。

---

① http://www.dir.co.jp/research/report/esg/esg-place/esg-hydrogen/20140707_008729.pdf.

“能源基本规划”至少三年修订一次，继第二次规划（2007 年）、第三次规划（2010 年）之后，2014 年 4 月，日本安倍内阁发布了第四次修订的“能源基本规划”。在该规划中，汇总了各种能源的定位和政策的时间轴。关于氢能源，规划认为“伴随着技术革新，关于以氢为能源加以利用的‘氢能源社会’，正在进入开展全面研讨的时期”。另外，本规划设有“有助于安定供给与气候变暖对策的氢能源等新二次能源结构变革”为题的一节，与目前为止的“能源基本规划”相比，对于“氢能源社会”有了更加具体的表述。表 3、表 4、表 5 是自民党“资源、能源

表 3　氢能源政策的基本方针

政策方针	在充分认识能源安全保障、气候变暖是国家能源方面主要课题的基础上，早日实现在能源基本规划中已经定位为两次能源之一的氢能源加以利用的“氢能源社会”
目标愿景	以 2015 年为“氢能源社会”的元年，2020 年“氢能源”广泛运用东京奥林匹克运动会，2025 年成为氢能源设施出口国，引领世界解决环境问题和经济发展
2020 年奥林匹克的示范	在各项比赛场地、运动员住宿地、来宾和外国游客驻留的宾馆、商业设施、交通工具等方面投入氢能源营运，使这些设施成为产品、技术出口的“展示柜”

资料来源：自民党资源、能源战略调查会——氢能源社会推进委员会“关于实现氢能源社会的政策提案 2014”，2014 年 6 月 13 日。

表 4　燃料电池汽车（FCV）的普及目标

	争取实现的状态	政　策　目　标
FCV 销售价格	2025 年前后，以与混合动力汽车价格看齐为目标（200 万日元）	到 2025 年，经过 10 年，通过政府补助（环保车减税、汽车绿色税制），使每辆售价能够在 200 万日元左右
氢能源终端销售价格	2025 年前后，使消费者感受到混合动力汽车相同的用车经济性，以 50 日元/m^3（税前）为目标	目前，仅征收增值税
销售量	2020 年，年销售 FCV 汽车 4 万辆，2030 年达到年 40 万辆（2030 年累计达到 200 万辆） 2020 年，主要线路公交车全部 FCV 车辆	为了实现相关数值目标，政府应当出台鼓励官厅公用车、企业用车、营业车、出租车等业务用车购置氢能源 FCV 车辆的制度

资料来源：同表 3。

表 5 促进唤起 FCV 车辆购置与设施整备的政策

	争取实现的状态	政 策 目 标
唤起购买需求的政策	2020 年,根据相应条件,要求政府及私营部门在营业用车中提高环境应对型车辆的保有比率	即使在私营企业部门,影响力大的零售业等应当率先设定营业用 FCV 车保有率的基准
国家、地方自治体、独立行政法人等部门购置要求	要求在替换购置时购置环境应对型车辆	● 对地方、社会组织等提请 FCV 车辆保有率的合作要求 ● 对政府为大股东的日本邮便、道路公团、NTT、JT 等,要求一定数量的购置或租赁的提议 ● 将 FCV 车辆作为紧急状态时备用电源的定位,政府需要在 2020 年之前做出安排规划
保有 FCV 车辆后的可持续的优惠	2015—2020 年,高速公路通行费免除	对高速道路给予相应的补助金
针对国际规格竞争的战略应对	2015 年,实现 FCV 氢动力系统的国内法规接纳国际统一基准及相互认证	为了使与国内相同式样的车辆在世界各国也能销售,需要推进国内法规接纳世界统一基准,进一步迅速推进无需各国政府再认可的相互认同
氢能源加氢站运营补助基金	经过若干年运营补助,可以研究政府的基金化	以汽车制造商为首,募集追求氢能源业务增长为目标的多种业态的企业参与运营基金的出资,促使加氢站的加速普及成为产业界全体的共同事业
为实现迅速普及扩大而实施的针对初期购置者的优惠	2015—2017 年,针对私营部门的氢能 0 日元	探讨到 2017 年的两年之内,私营部门(除出租车公司的个人与企业)的 FCV 车辆购置者能够免费加氢使用的运营机制
研究探讨来自可再生能源的加氢站的实用性	2015 年,在各都道府县所在地设置来自可再生能源的加氢站	对 47 都道府县的政府所在地设置来自可再生能源的加氢站给予补助金

资料来源:同表 3。

战略调查会——氢能源社会推进委员会”提出的“关于实现氢能源社会的政策提案2014”中关于“氢能源政策的基本方针”“燃料电池汽车(FCV)的普及目标”“促进唤

起FCV车辆购置与设施整备的政策”的相关提案，最后反映在日本相关政策体系中。

（二）日本政府的氢能源政策与规划

推进氢能源研发和氢动力燃料电池汽车（FCV）的实用化，是近年来日本政府明确的政策取向。2013年6月，作为安倍经济学的三大构成之一公布的“日本再兴战略- JAPAN is BACK -”，明确提出了“扩大普及家庭用燃料电池（ENE - FARM）和2015年开始投入氢动力燃料电池汽车（FCV）”（参见表6）。

表6 “日本再兴战略- JAPAN is BACK -”中氢能源与氢动力燃料电池的定位

氢动力燃料电池技术开发、低成本化	为了领先世界、加速在国内市场引入氢动力燃料电池，在推进高端先进研究开发的同时，还需推进彻底标准化以降低成本，2030年实现家庭用氢动力燃料电池（ENE - FARM）530万台（约占日本家庭总户数的10%）的市场规模
氢能源供给设施引进支援 FCV、氢能源设施相关规制修订	为了实现2015年氢动力燃料电池汽车的市场导入，要修订燃料电池汽车、氢能源设施相关的规制，同时援助加氢站建设，追求世界最快的实用普及

资料来源：日本再兴战略- JAPAN is BACK -，http://www.kantei.go.jp/jp/singi/keizaisaisei/pdf/saikou_jpn.pdf。

1. 能源基本规划

2014年4月11日，日本内阁公布了新的“能源基本规划”，明确将氢能源作为日本将来的二次能源的核心。在该规划之中，提出了制定实现日本“氢能源社会”的路线路。即在已经投入市场的家庭用燃料电池（ENE - FARM）普及扩大和氢动力燃料电池汽车加速市场投放的设施整备等措施以外，追加了标志氢能源正式利用的氢能发电等新技术的实现，氢能的安定供给所需要的制造、存储、输送技术的开发等，覆盖了氢能的制造、输送、存储、利用等的全过程，要展现实现“氢能源社会”的完整路线图。

关于能源供需的对策的基本方针：为了实现“氢能源社会”，将来的二次能源，除了电力、热能，期待氢能源氢动力能够承担起重要的角色。利用氢能源受到安全性的制约，但是氢能源的便捷性、作为能源使用的高效率、利用阶段不排放温室气体、紧急状况下的应对效果等等，具备其他能源所不具备的优点。日本社会众多研究机构和企业在从事氢能源的研发，而要使氢能源成为日常生活和产业活动方便利用的社会,即实现目前日本所提倡的“氢能源社会”,还需要在技术层面、成本层面、制度层面和社会基本设施层面等多方面存在很多需要解决的问题。为此,为了大力推进多样化技术开发和低成本化,推进普及实用程度高的技术应用,有必要在战略性地整备制度和社会基础设施。

表 7　实现“氢能源社会”的主要措施

固定使用燃料电池(ENE - FARM)的扩大与普及	● 对于家庭燃料电池,继续实施支援产品市场自立的同时,继续实施产品低成本化的研究开发 ● 对业务、产业领域的燃料电池,推进早日实用化、普及扩大化的技术开发和实证研究,创造市场需求
加速 FCV 的导入的社会环境整备	● 修订规制、导入支援,以四大都市圈为中心,2015 年以内整备 100 个左右的加氢站 ● 为了推进燃料电池汽车的顺利导入,积极开展各项支援工作 ● 关于加氢站,要利用目前的基础设施,要战略性地推进包括移动式和小型化的加氢站 ● 要着力推进燃料电池巴士和燃料电池场地用车,早日实用化的技术开发
实现氢能源正式实用化的氢能发电等新技术	关于包括氢能发电在内的氢能利用技术,要着力推进技术开发在内的战略性应对
推进氢能安定供给所需要的制造、存储和输送技术的开发	为实现氢能的低成本大量使用,要着力推进从氢能的制造到存储、输送相关的技术开发等
制定迈向“氢能社会”的路线图	本年度春季制定实现“氢能社会”的路线图

资料来源:经济产业省“能源基本规划”, http://www.meti.go.jp/committee/sougouenergy/denkijigyou/genshiryoku/pdf/001_05_00.pdf。

2. 氢能源、燃料电池战略路线图

2013 年 12 月,日本经济产业省设置了由产官学组成的“氢能、燃料电池战略协议会”。通过协议会,产官学共有关于氢能源的意义和将来氢能源供需的预测,明确氢能源利用的时间轴,明确氢能源“制造”“存储、输送”“利用”各阶段官民各自应当承担的责任,以及到 2050 年前后为止的具体应对措施的路线图的制定为主要目的展开了讨论。经过半年时间的商议,2014 年 6 月,公布了“氢能源、燃料电池战略路线图——加速迈向实现氢能源社会的对策”,即日本实现“氢能源社会”的路线图。在“氢能源社会”路线图中，氢能源开发利用主要分为三个阶段[①]。

第一阶段现在至 2025 年，氢能源利用的大幅度扩张（燃料电池的社会实用化）。家庭用燃料电池、FCV 等，目前已经逐步实现的燃料电池技术的应用进一步扩大，实现大幅度的省能源，并争取获得全球市场。在已经投入市场的家庭用 ENE－FARM 的基础上，树立“2017 年业务、产业用燃料电池正式投入市场”的新目标，针对低成本化、高耐久性开展开发和实证。关于 FCV，树立“实现能够与混合动力车对抗的氢能价格（2020 年）、车辆价格（2025 年）”新目标，通过车辆购置补助，在市场导入初期的需求创造、加氢站的成本减半等方面，国家或汽车制造商进一步支援规制修订和使投资易于回收。

第二阶段 2025—2030 年，氢能发电正式导入，建立大规模氢能供给系统。2020 年后，作为供给侧，要实现氢能的海外供给，作为需求侧，氢能发电要正式导入，以实现能源的安全保障为目标。为了更低成本、更安定的氢能源供给，树立“2020 年后半开始正式开启利用海外未利用能源实现氢能源供给”新目标，开展液体化氢能源高效输送、存储技术的开发和实证。随着氢能源的大幅度利用，树立“2030 年氢能发电（业务用）的正式导入”为新目标，开展解决氢能源利用引起的钢材强度减弱等问题的开发和实证。

第三阶段 2030—2040 年，总体上建立二氧化碳零排放的氢能供应系统。2040 年前后，实现利用可再生能源等的完全不产生二氧化碳的氢能源供给系统。树立“2040 年无二氧化碳的氢能源正式供给”为新目标，利用可再生能源和二氧化碳回收、存储技术，进行低成本氢能制造的相关开发、实证，进行技术标准的国际标准化。

“能源基本规划”及“氢能源、燃料电池战略路线图”提出了家庭用燃料电池系统的导入数量目标、氢能源导入、成本相关的目标，具体数字目标参见下表。

表 8 关于利用氢能源的部分数值目标

	2015 年前后	2020 年前后	2025 年前后	2030 年前后
家庭用燃料电池		累计数量 140 万台 实现用户能在 7、8 年左右回收投资成本		累计数量 530 万辆 实现用户能在 5 年左右回收投资成本

① http://www.meti.go.jp/press/2014/06/20140624004/20140624004－2.pdf.

续 表

	2015年前后	2020年前后	2025年前后	2030年前后
业务、产业用燃料电池	2017年开始投放市场			
燃料电池汽车	2015年乘用车市场开始投放市场；2016年巴士投放市场		实现与同规格混合动力车有价格竞争力	新能源汽车(包括混合动力、电动、插电式混合动力、燃料电池等车辆)在2030年的新车市场占比达到五至七成为目标
氢能发电		自行发电的氢能发电正式投放市场		销售用发电的氢能发点正式投放市场
氢能输送、存储	实现燃油车燃料价格同等以下的氢能价格	实现混合动力汽车燃料费用同等以下的氢能价格		
	设立100个加氢站	实现能够独立运营(不依赖补贴)的商用加氢站的设置和运营(目前的半额)	2020年后期海外进口的氢能价格30日元/立方；建成商用目的有效氢能国内流通网	产自海外未利用能源的氢能制造、输送、存储的正式开始

注：日本经济产业省《氢能源、燃料电池战略路线图》。

四、日本氢能源发展对中国的启示

当我们的燃料电池汽车还在研究机构内实验场地运行或者作为模型车辆运行的时候，日本的氢动力汽车已经开始上市销售。毫无疑问，日本在氢能源利用、燃料电池汽车(FCV)等方面处于绝对的世界领先地位。问题是日本是如何做到的？日本的经验对我们开展新能源研发有何启示？这是我们需要思考的方面。

从日本促进氢能源技术开发的经验可来看，其政策体系主要包括法律法规和技术标准方面的规制性政策、财政和税收方面的促进政策的两个部分所构成，并且两个部分的政策是相辅相成的。政策体系的形成与日本国家政策体系具有的背景高度相关。首先，日本企业之间的技术差距较小，政府在制定相关政策时无需过多考虑各个企业之间的技术水平差异；其次，日本各产业技术研发体制早已进入成熟阶段，新技术研究开发投入在国民经济中占据极为重要的地位；第三，除了非常基础性的未来型技术，产业相关技术的开发主要是由企业完成的。因此，日本的氢能源相关技术研发和财政税收方面的促进政策能够快速、有效地推进。另外最重要的一点是日本"产官学"步调一致的新技术研发体制尤其值得我国科学技术政策制定协调部门借鉴。

从我国新能源相关的技术研发来看，我国还处在重视"产业发展"的阶段。无论是从对相关产业增长的拉动作用，还是从税收、就业贡献度和提高我国产业技术水平的角度来看，新能源产业对我国经济所产生的作用正在逐步显现，也将越来越重要。作为一个以制造业为主的大国，需要培育和发展一个产业规模大、技术水平高的支柱性新能源产业。由于历史的原因，我国任何新技术，包括新能源开发相关技术的开发体制具有特殊性。我国自有知识产权的新能源相关技术，基本上是由国家研究机构和大学研究机构联合国有企业承担开发的，民营企业相对开发能力过弱，也难以进入国家主导性的新能源技术开发体制。如何动员社会的力量，发挥企业尤其是民营企业在新技术开发体制中的作用，形成国内的"产官学"联合开发体制是我国今后新能源技术开发需要引起足够重视的一个方面。

参考文献

[1] 《第4次エネルギー基本計画及び今後の原子力政策の検討》，総合資源エネルギー調査会原子力小委員会第1回会合 資料5。

[2] "いよいよ社会へ。水素元年、発進"，《Focus》，2005年，No.57。

[3] (独)独立行政法人 新エネルギー・産業技術総合開発機構(NEDO)，《水素エネルギー白書2014》。

[4] 経済産業省(2014年)「水素・燃料電池戦略ロードマップ」，http://www.meti.go.jp/press/2014/06/20140624004/20140624004.html。

[5] 経済産業省(2014年)「エネルギー基本計画」，http://www.enecho.meti.go.jp/category/others/basic_plan/pdf/140411.pdf。

[6] 資源エネルギー庁 省エネルギー・新エネルギー部 新エネルギー対策課 燃料電池推進室(2014年)。

[7] 経済産業省"水素・燃料電池戦略協議会",「水素・燃料電池戦略ロードマップ—水素社会実現に向けた取組の加速—」,平成26年6月23日。

[8] 経済産業省資源エネルギー庁「水素発電について」,平成26年3月26日。http://www.meti.go.jp/committee/kenkyukai/energy/suiso_nenryodenchi/suiso_nenryodenchi_wg/pdf/004_02_00.pdf。

[9] "水素社会への期待と課題",《大和総研調査季報》,2014年夏季号,Vol.15。

日本新型氢动力汽车及其产业化前景

张同林*

[摘　要] 氢能因其具有资源丰富、来源广泛、燃烧值高、清洁环保和可循环利用等一系列优点，以氢气为燃料的电动汽车被认为是最有可能实现产业化、替代传统汽车的新型交通工具，为此，多国政府和企业竞相实施氢燃料电池汽车研发和示范计划。2014 年 12 月，日本丰田汽车公司推向市场的一款新型氢燃料电池汽车(FCV)以其崭新的氢气直接发电驱动技术原理、续航距离长、能源使用效率高以及实现有害气体零排放等格外引人注目。本文拟在综合整理国际氢动力汽车发展相关最新资讯、资料的基础上，对日本新型氢动力汽车发展情况和产业前景等进行简要分析。

[关键词] 电动汽车；氢燃料；产业化

一、2014 年世界电动汽车市场发展概况

以电能作为动力源驱动汽车发动机作功用的电动汽车一般可以分为车载蓄电池外部充电式电动汽车和外部架线充电式电动汽车。车载蓄电池充电式电动汽车又可以分为车载蓄电池与内燃机混合动力电动汽车和纯蓄电池充电式电动汽车。目前，世界上性价比高、销量较好的电动汽车当属日本日产公司的 Nissan Leaf(聆风)、三菱公司的 Outlander PHEV、丰田公司的 Prius Plug-in 和美国特斯拉公司的 Tesla Models 等，中国比亚迪公司生产的 BYD Qin 电动汽车在世界市场上占有一定的地位。2014 年 12 月，日本丰田公司推出的车载太阳能发电备用蓄电池和外部充电蓄电池混合动力电动汽车是目前世界上最新式的电动

* 张同林，1961 年出生，日本筑波大学博士，现任上海社会科学院城市与人口发展研究所区域发展研究室主任、副研究员。

汽车。

与传统汽车相比,电动汽车具有以下优点:(1) 能够提高能源的使用效率、零排放或近似零排放;(2) 减少了机油泄漏带来的水污染;(3) 降低了温室气体的排放;(4) 提高了燃油经济性;(5) 提高了发动机燃烧效率;(6) 运行平稳、无噪声。但是,由于中国80%的二氧化碳排放来自燃煤,超过50%的煤炭消费用于火力发电,同时,火力发电量占到总发电量的70%以上。加之中国煤炭发电平均效率只有35%,在这样的情况下,大力发展电动汽车,无异于增加电力消耗、增加碳排放量,势必加剧能源供需紧张形势。这种用煤炭替换石油的作为并不可取,电动汽车成为低碳经济时代先锋的前提是解决电力资源问题,否则,前景并不乐观。

从2014年国际市场电动汽车销售量来看,尽管全世界电动汽车销售量达到317 895辆,但是其与普通燃气汽车数千万辆的销售量相比依然相差甚远①。从电动汽车销售的世界品牌排名来看:(1) 日产公司的Nissan Leaf(聆风),61 027辆,市场占有率19%;(2) 三菱公司的三菱Outlander PHEV,31 689辆,市场占有率10%;(3) 美国特斯拉公司的Tesla Models,31 623辆,市场占有率10%;(4) Chevrolet Volt,21 293辆,市场占有率7%;(5) 丰田公司的Prius Plug-in,19 018辆,市场占有率6%;(6) BMW i3,16 052辆,市场占有率5%;(7) 比亚迪公司的BYD Qin,14 747辆,市场占有率5%。

2014年,日产公司的Nissan Leaf之所以能够在世界电动汽车市场上实现销售第一,是因为日产公司率先向国际市场上推出外部充电只需要花费15分钟、续航能力可以达到200—400公里、售价为280万—380万日元(15万—20万元人民币)、时速可达160公里的纯外部充电式锂电池电动汽车。其他品牌的汽车则因续航能力弱(80—200公里)、充电时间长、售价高或其他方面的原因而不容易被市场所接受。

中国的电动汽车研究开发和市场竞争能力正在迎头赶上,电动车推广普及势在必行。据报道,江南大学设计学院DESIS国际联合实验室和江苏公爵新能源汽车有限公司在该领域开展了多年的产学研合作,突破了瓶颈。合作团队通过一系列技术整合设计创新,完成了以“超级底盘平台”和“电池包”为核心的第

① 参考文献1:2015年2月25日《GOGOEV》

三代电动车的创新设计方案和初级样车开发，实现充电 15 分钟，续航里程 400 公里的设计目标。经过样车的测试，该成果已经基本达到了产业化的条件。如果该车不是混合动力电动汽车的话，该车的产业化可加速完成我国汽车产业的转型，确立我国电动汽车产业的国际领先地位。

表 1　公爵与特斯拉、比亚迪纯电动汽车主要性能比较

项　目	公爵 EV3.0	TESLA	BYD (e)6
电池包安全性	能涉水 撞击\刺穿不会燃烧	不能涉水 撞击\刺穿会燃烧	不能涉水 撞击\刺穿会燃烧
电池总容量	70 kwh	85 kwh	60 kwh
节能效果	百公里耗电 14 度	百公里耗电 20 度	百公里耗电 20 度
续行里程	400	480	280
充电时间	15 分钟	80 分钟	6—8 小时
整车重量	1.5 吨	2.2 吨	2.8 吨

参考文献 2:“江大与新能源车企联手攻克电动车产业国际难题”,《江南晚报》2015 年 4 月 21 日。

二、氢燃料电池汽车及其应用的局限性

氢具有很高的能量密度，释放的能量足以使汽车发动机运转，而且氢与氧气在燃料电池中发生化学反应只生成水，没有污染。氢燃料电池车是一种将车载储气罐中储存的氢气通过车载燃料电池发电后驱动电动机运行的电动汽车。以氢为能源的燃料电池技术是 21 世纪汽车产业的核心技术，它对汽车工业的革命性意义，相当于微处理器对于计算机产业的重要性。

氢燃料电池车的工作原理是，将氢气送到燃料电池的阳极板（负极），经过催化剂（铂）的作用，氢原子中的一个电子被分离出来，失去电子的氢离子（质子）穿过质子交换膜，到达燃料电池阴极板（正极），而电子是不能通过质子交换膜的，这个电子，只能经外部电路，到达燃料电池阴极板，从而在外电路中产生电流。电子到达阴极板后，与氧原子和氢离子重新结合为水。由于供应给阴极板的氧，可以从空气中获得，因此，只要不断地给阳极板供应氢，给阴极板供应空气，并及时把水（蒸气）带走，就可以不断地提供电能。燃料电池发出的电，经逆变器、控制器等装置，给电动机供电，再经传动系统、驱动桥等带动车轮转动，使车辆在路上行驶。

燃料电池车本身工作没有噪声、没有振动,其电极仅作为化学反应的场所和导电的通道,本身不参与化学反应,没有损耗,寿命长。与传统汽车相比,燃料电池车能量转化效率高达60%—80%,为内燃机的2—3倍。燃料电池的燃料是氢和氧,生成物是清洁的水,它本身工作不产生一氧化碳和二氧化碳,也没有硫和微粒排出。因此,氢燃料电池汽车是真正意义上的零排放、零污染的车,氢燃料是完美的汽车能源。

从20世纪60年代末,美国的通用汽车公司就开始投入数十亿美元开展氢燃料电池驱动技术的研究,但是世界上并不是只有通用汽车一家在不惜血本开发燃料电池。戴姆勒·克莱斯勒在奔驰A级轿车的基础上为美国、欧洲、日本、新加坡的客户提供60辆氢燃料电池车,第一批已经行驶在美国和日本的街头。近年来,同样在燃料电池开发上注入重金的本田的FCX车型更是抢先一步,成为全球推出的首辆商品化氢动力车。

随着科技的进步,曾经困扰氢燃料电池发展的诸如安全性、氢燃料的贮存技术等问题已经逐步攻克并不断完善,然而氢燃料电池车要走上商业化道路,成本问题依然是阻碍氢燃料电池车发展的最大瓶颈。氢燃料电池的成本是普通汽油机的100倍,这个价格是市场所难以承受的。目前欧美国家以及中国的同济大学制造氢燃料电池车的批量生产单车成本大约是普通汽车成本的10倍。尽管氢燃料电池轿车加一次氢可跑300多公里,时速达每小时140—150公里。但是氢燃料电池轿车比同类型内燃机车重200多公斤,市场销售价格贵5倍以上。即使在国际氢燃料电池汽车产业处于领先地位的日本的本田FCX车的售价也在1 000万日元(相当于50多万元人民币)以上。

其次是氢气的使用成本问题。从近年来中国的氢气生产情况来看,目前用电解法制备1公斤液氢大约需要50度到60度电(包含压缩制冷耗电),随着能源紧张,民用电有可能涨到0.80元,那么按60度电计算,制备1公斤液氢需要48元,按宝马效率,4公斤跑100公里,那么百公里燃料费用高达192元,是用户很难接受的。

如果液氢先转化为电再以比亚迪效率跑,按60%的发电效率计算,1公斤能发电32度,半公斤就够跑百公里了,燃料费用24元,比目前的汽油便宜一半还多。因此,将氢气直接转化为电力、驱动电动汽车运行是目前世界各国亟待解决的重要技术难题。

三、日本新型FCV氢动力汽车概况

图1　一款新型氢(动力)燃料电池汽车

2014年6月15日，日本的丰田汽车公司隆重推出一款新型氢(动力)燃料电池汽车，其英文缩写为FCV，即Fuel Cell Vehicle。据报道，该款新型氢燃料电池汽车于2014年12月在日本市场上销售。截至2015年3月，该型车已经预售出1 200辆，远远超出丰田公司预计销售400辆的市场预期。根据丰田汽车公司官方网站公布的资料，现将该车相关的经济技术情况整理如下。①

(一) 性能与价格

该车(丰田FCHV-adv)的车体长度4 890 mm、宽1 815 mm、高1 535 mm。最大时速可以超过160公里/小时。氢气充填压力大约为700个大气压(70 Mpa)，比本田FCX氢动力车的350个大气压高出1倍。氢气储气罐容积为156升，比本田FCX氢动力车的171升略小一些。在正常情况下，充气时间只需花费3分钟，比最好的电动汽车充电时间减少10分钟以上。该车充一次氢气即可续航700公里，最大续航距离为830公里，比目前国际市场上最先进的本田公司的本田FCX氢动力车续航距离620公里多出210公里。

该车的市场零售价格为7 236 000日元(约合人民币37.6万元)，减去日本

① http://www.toyota.co.jp/jpn/tech/environment/technology_file/fuel_cell_hybrid.html.

政府对环保车减税和政府的CEV车的补贴2 252 900日元后,实际销售价格为4 983 100日元(约合人民币25.91万元,低于中国比亚迪汽车公司BYD Qin牌电动汽车单价30万元/辆左右的市场售价)。该车各项的技术性能指标即使在国际市场上也是目前世界同类电动汽车产品中最先进的。

(二)动力原理创新及其特点

与之前丰田推出的汽油混合动力电动车和纯电动车型不同的是,FCV氢燃料电池汽车是通过车载氢气储气罐中储存的氢气与直接与氧气反应、产生电能、驱动车辆运行的。该型氢动力燃料电池汽车的动力原理不同于传统的汽油和氢气内燃机汽车,无需通过内燃机内的氢气燃烧产生动力驱动汽车,而是通过氢气与氧气之间的直接电化学反应发电,产生驱动汽车运行的电能,动力原理的创新使该型燃料电池车的综合能源使用效率可以达到80%以上,比汽油汽车高出近3倍,大大超过普通电动汽车60%—80%的能源综合使用效率,节能效果有目共睹。

此外,该型车不需要配备笨重的车载外部充电式蓄电池,不仅减轻了车体重量,减少蓄电池资源的消费需求,同时由于氢燃料电池电动车之产生水,不会排出任何汽车废气,从而使其成为真正能够实现二氧化碳零排放的最清洁的车辆。而同样搭载氢储气罐的内燃机车辆仍会有少量有害的氮氧化物产生,环保效果则相对差一些。

(三)主要技术设备及其功能

1. 燃料电池(如图2所示)

图2 燃料电池

燃料电池技术是氢动力汽车的核心技术。它在汽车中实际上发挥着发电机的功能。这种燃料电池是一种通过利用氢气与氧气的发生电化学反应产生电能的发电装置,它通过将车载储气罐中的氢气与电池的负极连接、向燃料电池的负极供给氢气,同时,把空气送到燃料电池的正极,从而使燃料电池产生电能。

燃料电池就是将那些高分子电解膜上涂有触媒(亦即催化剂,一般由金属铂或者其他具有强烈吸引氢离子能力的金属作为催化剂)的电极复合体(MEA)用分离器将它们集合到一起的被称为“发电细胞”的物体组成的。它的单个发电细胞的电压大约在1伏以下，将数百个发电细胞排列连接起来就会提高电压，众多发电细胞集合到一起就会变成蓄电池。通常，人们就把它称为“FC”储存，这就是所谓的燃料电池。

氢燃料电池的能源使用效率高，由于氢气不经过燃烧就会直接变成电能，从理论上讲，氢气拥有能量的83%就会变为电能，这种能量转换比汽油发动机的能量使用效率至少高出2倍以上。

2. 用燃料电池将氢气与氧气结合进行发电的原理

将氢气提供给电池的负极后，电池负极的催化剂将氢气中活跃的电子释放，从氢气中分离出来的电子就会从电池的负极向正极流动，产生电能。氢气处于释放状态时，从氢气分离出来的电子就会通过高分子电解质膜向正极方向移动，正极的催化剂就会将空气中的氧气与氢离子以及电子结合，从而产生水。

如图3所示。

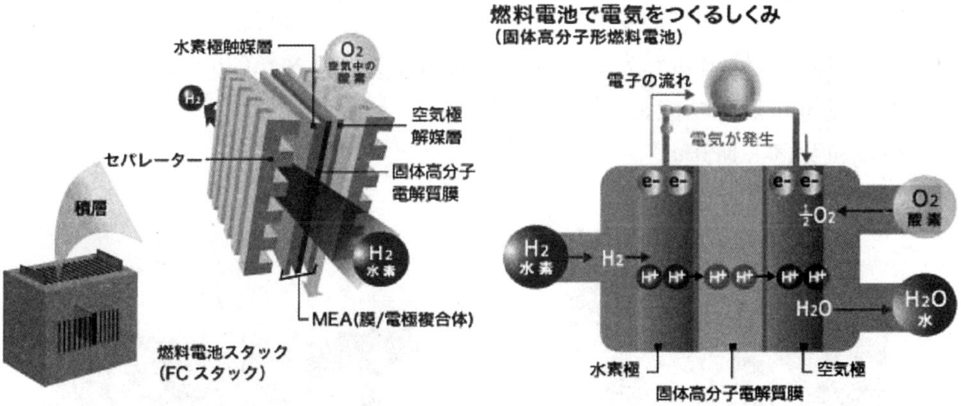

图3　燃料电池及其发电原理

日文译注：(1) 水素極触媒層(氢气电极催化层)；(2) 触媒層(催化层)；(3) 空気極(与空气接触一侧的电极)；(4) セバレーター(排球笪)；(5) 固体高分子電解質膜(固体高分子电解质膜)；(6) MEA(膜/電極複合体)(膜/电极复合体)；(7) 燃料電池スタック(燃料电池堆栈)；(8) 固体高分子形燃料電池(固体高分子形态燃料电池)；(9) 酸素(氧气)。

3. 车载电池(如图 4 所示)

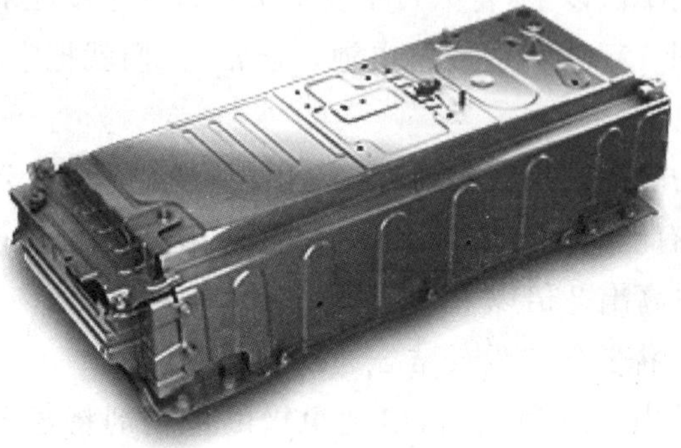

图 4　车载电池

即用于实现充电和放电功能的电池,汽车减速是从发动机中收回能量并将其储藏起来,加速时增强燃料电池的输出功率。“丰田 FCHV - adv”搭载的是最大功率为 21 千瓦的镍氢电池。

4. 电动机

“丰田 FCHV - adv”的发动机中使用的发动机使丰田公司自己开发的同步交流电动机,最大输出功率为 90 千瓦,最大扭矩为 260 N.m(26.5 kg.m),汽车减速是作为发电机发挥功能,将能量回收储存。

电动机如图 5 所示:

图 5　电动机

图 6　能量控制组件

5. 能量控制组件

“丰田 FCHV - adv”使用的能量控制组件是由能够将燃料电池产生的直流电转化为驱动电动机作功用交流电的变压器以及能够与二次电池进行输出入功率转换的 DC/DC 转换器构成的。它能够在汽车运行状态下,对车载燃料电池功率的输出以及二次电池的充放电进行精密的控制。

6. 高压氢气储气罐

“丰田 FCHV - adv”氢燃料电池汽车使用的车载高压氢气储气罐是丰田公司开发的用合成树脂和碳纤维等材料制作的 70 Mpa 高压储气罐(中国目前使用的是 35 Mpa 储气铝内胆碳纤维复合气瓶)。储气罐储存的性能:5.7 wt%(世界领先);内容积:122.4 L(前面容量 60 L,后部 62.4 L;储气罐重量 5 公斤)。

高压氢气储气罐如图所示:

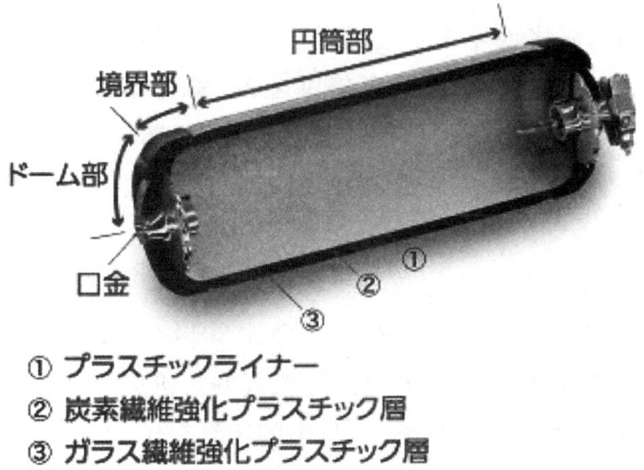

图 7 高压氢气储气罐

外文译注如下:(1) 円筒部(圆筒部分);(2) 境界部(边界部分);(3) ドーム部(圆顶部分);(4) 口金(瓶盖);(5) プラスチックライナー(塑胶衬垫);(6) 炭素繊維強化プラスチック層(强化碳纤维塑胶层);(7) ガラス繊維強化プラスチック層(强化玻璃塑胶层)。

该型氢气储气罐的内胆采用的是能够有效防止氢气泄漏,具有高强度防止氢气穿透功能的 PA 类合成树脂(世界排名第三的合成树脂生产厂商——宇部兴业公司生产的“UBENYLON 1212IU”碳纤维尼龙合成树脂以及尼龙6树脂),中层使用的是碳纤维强化复合材料;外层使用的是经过优化设计和制造技术改良的玻璃纤维强化复合材料,并在抗挤压、抗扭曲、抗穿透和抗膨胀等方面对储气罐的外层进行了最优化超薄型设计。在提高储气罐内容积的同时,实现了储气罐的氢量化,进而通过提高储气罐的氢气充填能力,扩大了汽车的续航距离。能够承受行驰速度达到80公里汽车的强力冲撞。

(四)氢气的制造方法和使用成本

1. 利用天然气分解法制造氢气

出于降低氢气的生产成本、减少电能消耗以及氢气的生产和储存安全便利等多方面的考虑,丰田汽车公司以日本城乡普遍使用的都市家用天然气作为氢气的生产原料制造氢气。其方法是,用催化剂将大型储气罐中的天然气分别分解为氢气、氧气和二氧化碳等气体后,分别将不同的气体装入不同的储气罐内储藏起来。氢气可以为氢燃料电池汽车提供燃料;氧气可以用于多种生产和生活等方面的用途;二氧化碳气体可以制成干冰保存,无需向外界排放,可用于多种用途。这种倾其制作方法简单易行,生产成本较电解法生产氢气成本较低、环保节能。

2. 氢气和汽油的使用成本比较

根据日本燃料生产厂商岩谷产业株式会社2014年11月发表的氢气充气站的氢气销售价格,目前,日本市场上每公斤氢气的售价为1 100日元。

日本经济产业省公布的资料显示,日本的氢气售价为110—150日元/Nm^3,氢燃料电池汽车每公里消耗氢气的成本约为10—14日元(约为0.5—0.7元人民币);汽油的市场售价为140—170日元/L,汽车行驶每公里的成本为14—17日元(约为0.7—0.9元人民币)。由此可见,氢燃料电池汽车的每公里运行成本大约为汽车的运行成本72%左右,显然比汽车要低一些。

四、丰田氢动力汽车的优缺点产业前景

(一)氢燃料电池汽车具有六个优点

(1)不排除任何有害气体。汽车运行是单纯排出水蒸气,并不排放二氧化碳、碳化氢、一氧化碳、浮游颗粒状物质(PM)等能够造成大气污染的主要气体。

能够为彻底解决城市雾霾及其他环境污染作出贡献。

(2) 能源效率高。氢燃料电池车的能源使用效率比普通汽车至少高出2倍,不仅能够高效利用能源,而且它在低速行驶状态下也能够维持能源使用的高效率。

(3) 能够使用多种燃料和不同的能源。氢燃料电池汽车可以使用汽油以外的天然气、生物燃料等多种多样的燃料,能源适应性较强,能够为解决石油资源不足等问题做出贡献。此外,它能够通过利用太阳能、生物燃料等绿色可再生能源的发电去制造氢气,减轻环境的压力。

(4) 低噪音。由于氢燃料电池通过电化学反应发电驱动,因此它比内燃机汽车的噪音更小,能够为减轻城乡噪音影响做出积极贡献。

(5) 不需要充电。与需要长时间充电的电动汽车相比,氢燃料电池汽车不仅充气时间较短、能够像汽车那样在较短的时间内进行燃料补充,而且其续航距离比电动汽车要长得多,具有代替燃油汽车的产业发展前景和潜力。

(6) 能够减少机油泄露带来的水污染。从目前丰田汽车公司推向市场的"未来"牌FCV氢燃料电池汽车的各种技术经济效果来看,其不仅具有逐步代替燃油汽车的广阔产业发展前景和市场潜力,而且正在向产业化和市场化方向推进。

(7) 完全实现有害气体零排放,受到市场欢迎和消费者青睐。截至2015年3月该型车已经预售出1 200辆,远远超出丰田公司预计销售400辆的市场预期,但是由于生产技术和生产能力等方面的限制,丰田公司不能及时满足市场需求,消费者需要等一年左右才能领到车。

(8) 续航能力被市场认同。该车车一次充气的续航能力800公里,该车已经达到世界汽车续航能力领先的技术水准;充气时间仅为3分钟,远远小于世界上最好电动车充电所需要的15分钟时间。

(9) 实际售价正在被消费者接受。从该车的市场零售价格仍然偏高,但是在减去日本政府对补贴2 252 900日元的实际销售价格为4 983 100日元(约合人民币25.91万元)来看,其车辆售价也容易被市场和消费者所接受。

(10) 具有使用成本优势。燃料电池车每公里运行成本仅为内燃机燃油汽车70%左右,具备实现汽车使用氢气替代燃油的成本优势,不仅节能降耗效果明显,而且从经济上容易被消费者接受。

(二) 该车要实现产业化需要解决的技术经济问题

(1) 燃料电池的寿命较短。多份技术资料显示,目前 FCV 氢燃料电池汽车的核心技术设备燃料电池的使用寿命大约为五年,寿命期间较短,造价较贵,燃料电池替换成本较高,技术和安全上的担心以及使用成本等方面的顾虑,容易让消费者望而却步。

造成燃料电池寿命较短和成本较高的原因在于:① 目前氢燃料电池汽车上使用的燃料电池是在低温条件下发挥功能的固体高分子形态的燃料电池(PEFC),汽车频繁进行启动、停止转换产生的热胀冷缩容易造成电池损坏;② 通过电解质进行氢离子交换的合成树脂容易老化和劣质化也会导致燃料电池性能逐渐降低,从而影响燃料电池的寿命。用于固体高分子形态的燃料电池进行低温反应的触媒(催化剂)是稀有金属铂,它主要被用作排放和净化氢气的催化剂使用。

(2) 生产成本和量产能力受铂供给价格制约。由于全世界每年的金属铂生产量只有 250 吨左右,铂供给不足及其高昂售价严重影响燃料电池的生产。受其制约,目前世界上多数汽车生产厂商的氢燃料电池汽车售价都在 1 000 多万日元。主要技术原因在于,铂作为催化剂无法被其他金属替代,寻找那些能够替代铂发挥催化功能的其他材料是目前汽车科技攻关的世界性难题,也是降低氢燃料电池汽车生产成本、提高产量,推进氢动力汽车真正实现产业化的根本出路。

(3) 充气基础设施建设滞后。氢气充气站较少、充气不便、难以满足氢燃料电池汽车使用者日益增长的补充燃料需求问题,是困扰消费者的市场购买行为的主要原因。为加速推广和应用氢燃料电池汽车,必须加速充气基础设施建设满足市场发展需求。然而,要在原有汽车加油站的基础上大规模兴建氢气充气配套相关设施,需要投入大量的基础设施建设资金。据日本有关部门计算,新建一个氢气充气站大约需要 3 亿—5 亿日元(约合人民币 1 600 万—2 600 万元)投资资金。如果在日本进行大规模的氢气充气基础设施建设活动,日本政府和相关企业都难以拿出数十万亿日元的投资资金,因此目前日本正在东京周围以及几个重要的大城市尝试着进行数十个充气站的改扩建活动。充气站建设的滞后严重影响氢燃料电池汽车的推广应用,使其产业化和市场化发展举步维艰。

(4) 售价依然偏高,推广普及难度较大。尽管丰田汽车公司通过率先采用合金材料替代稀有金属铂作为燃料电池催化剂而大幅度降低了新型氢燃料电池汽车的生产成本，但是该车的市场销售价格依然达到 723.6 万日元。这个价格相当于日本高档皇冠(Royal)牌燃油汽车售价 363 万日元的两倍，相当于日本普通工薪阶层职员两年的实际纯收入。过高的售价让普通的工薪阶层望而生畏，尽管日本政府通过加大补贴力度，将该车的售价降到 498.3 万日元，该车的市场销售有所起色，但是目前该车的市场销售情况与真正实现产业化要求相比仍然有很大的距离，还有很长的路要走。

参考文献

[1] 参考文献 1、2015 年 2 月 25 日《GOGOEV》。
[2] Joao Vitor Fernandes Serra：《电动汽车技术、政策与市场》，朱磊译，机械工业出版社 2013 年版。
[3] “江大与新能源车企联手攻克电动车产业国际难题”，《江南晚报》2015 年 4 月 21 日。
[4] 日本丰田汽车公司网页登载的氢燃料汽车相关资料。http://www.toyota.co.jp/jpn/tech/environment/technology_file/fuel_cell_hybrid.html。

上海高端医疗器械制造业发展与日本经验

徐林卉*

[摘　要] 高端医疗器械制造业是今后我国制造业发展的重点领域，上海拥有综合比较优势，具备率先实现科技创新、产品创新、产业创新的可能性和必要性，但需要在产业政策的协调、资源要素的整合、重点领域的突破等方面进一步改进。结合日本在高端医疗制造业发展的先进经验，上海应进一步加大研发力度，将家用医疗器械作为重点发展领域，同时完善管理体制，鼓励企业积极参与研发创新，促进上海高端医疗器械制造业的进一步发展。

[关键词] 中国制造2025；高端医疗器械；日本经验

一、引言：高端医疗器械制造业是我国新一轮产业发展的重点领域

2015年5月19日，国务院发布了《中国制造2025》，试图通过国家制造业创新能力和竞争能力的增强，使2025年我国综合指数能够接近德日实现工业化时的水平。为了落实从制造业大国向制造业强国跨越的国家战略，国务院要求在今后的10年时间里落实包括“生物医药及高性能医疗器械”在内的“十大产业领域”的重点发展，国家发改委下达了“三年行动计划”以及包括“高端医疗器械和药品”在内的“六个重点领域”关键技术产业化实施方案（“高端制造包”），并组织实施了相应的重大工程，着力打造“中国制造”品牌名片和“中国标准”。可以预料，在2016年全国两会通过的我国“十三五”发展规划以及《医药工业“十三五”发展规划》中，同样也会将高端或高性能医疗器械制造确定为我国今后五年“必

---

* 徐林卉，上海社会科学院副研究员，研究方向：社会保障。

须实现重点突破的产业领域”。

2013年9月29日，国家主席习近平到东软集团（大连）了解医疗器械信息化产品研发的应用情况，提出了“医疗卫生服务加上信息化”的发展思路，并且要求“把推动信息化和工业化深度融合落实到具体行业、具体产业、具体产品上”。2014年5月24日，他又在考察上海联影医疗科技有限公司时强调，科技创新要真正落实到产业发展上，医疗设备是现代医疗业发展的必备手段，我们要加快高端医疗设备国产化进程。2015年10月，他又在访英时认真考察参观了医疗机器人等医疗器械的展示，提出希望英国的经验对我国有所借鉴。由此可见，高性能医疗器械制造业是今后我国制造业发展的重中之重。

二、上海医疗器械制造业发展的现状分析

上海拥有综合实力的比较优势，科研力量、产业基础、市场体系、国际交往等条件都较好，具备率先实现科技创新、产品创新、产业创新的可能性和必要性。习近平考察上海联影时所说的“中国高端医疗产业需要你们这样的排头兵，弄潮儿”，也应该视作对上海医疗设备产业的激励和期望。近年来，上海做了不少努力，也取得了令人瞩目许多可喜成果，但需要进一步的突破，矛盾焦点可能在于：发展理念的更新、产业政策的协调、资源要素的整合、重点领域的突破。

（一）上海医疗器械制造业存在小、散、弱的特征

目前，上海拥有960家医疗器械生产企业，[①] 同样存在着小、散、弱的问题，2/3的企业为小型企业，年产值不到1 000万元，生产方式主要是仿造或代工，产品质量差，市场没保证，600多家合计的产值只有上海医疗器械总产值的5%。

剩下的1/3企业（300家）代表了上海医疗器械制造业的方向和希望，不仅提供了总产值的95%，而且近年来活力十足，涌现出一批高端创新产品和企业。包括上海联影等高端医疗器械制造、微创公司的心血管药物洗脱支架、爱申公司的高强度聚焦超声肿瘤治疗系统、力声特公司的人工耳蜗、之江公司的体外诊断试剂和全自动核酸检测设备（之江生物医药公司自主研发生产的埃博拉病毒检测试剂盒，2014年应对埃博拉疫情时贡献突出）等。

---

① 百度文库《2014版上海市医疗器械生产企业》。

上海医疗器械产业的发展经历了三个阶段：改革开放前的仿制阶段、改革开放初期的以市场换技术阶段以及从20世纪90年代末至今的自主设计和自主创新阶段。2014年,上海医疗器械产业产值230多亿,出口占比34.6%。全球医疗器械前30强有6家在沪设立了研发中心或生产基地、9家设立营销中心、3家设立地区总部。

(二) 上海医疗器械制造业具备科技创新“领头羊”的优势

第一,综合性的产业经济基础。上海有着许多其他地区不具备的、需长期积累和整体环境配合的优势。现代医疗器械产业涉及生物材料、传感技术、计算机、通信等跨领域、高技术的结晶。上海发展现代医疗器械产业,不仅有赖于医学科研走在全国前列,本地产业配套能力也颇为扎实,在仪器仪表、IT产业、机电一体化、新材料等基础产业具有传统优势。

第二,高素质的人力人才资源。上海拥有70多位两院院士,许多具有国际水平的国家重大专项首席科学家、产业领军人才正在从事与医疗器械相关的基础工业或医学研究。几十所高校和科研院所与企业协同开发医疗器械,形成一批学科和项目带头人,近年来中青年技术骨干队伍以及多样化高层次创新人才也成长很快。上海医疗器械的百年制造历史,为上海集聚了一批熟悉医疗器械生产和市场规律、精通相关法律法规的复合型专业人才。同时吸引了全国外资机构总数四分之一和世界500强所设研发机构的三分之一,大型跨国公司在沪设立的全球性和区域性研发中心已达到70多家。

第三,开放性和包容性的创新文化氛围。上海具有广泛对外经济联系和全球产业合作的传统,目前,正在积极梳理创新环境构成要素,力图通过创新环境建设、创新载体建设和创新动力挖掘加强创新的功能协同、空间协同、区域协同和人文协同,进一步加强上海对全球创新资源的集聚力,努力创建具有全球影响力的科技创新中心(上海市委将之列为今年一号课题)。

第四,创新平台。上海知识产权公共服务平台拥有各类专利文摘数据6 000余万条、专利附图数据近2 000万条,形成了由科学数据共享、科技文献服务等十大系统组成公共服务平台,是上海建设创新型城市的重要支撑。上海医疗器械产业也建有电生理康复、微创介入、医用高分子产品、医用可吸收生物材料、医学实时检验产业、分子诊断试剂、数字化手术室、康复和老年器械和高端医疗影像设备等 10 大产业联盟，逐步形成产、学、研、用产业创新机制。

第五，上海逐步与国际接轨的医学模式，为上海医疗器械产业发展提供了良好的成长条件。国际医疗模式正从单一的对疾病的院内治疗，逐步转向包括院前预防、院内诊断治疗、院外监测康复以及家庭医疗保健等现代多元化医疗体系转变，这给早期诊断、诊治合一和远程监测等新型医疗器械提供了发展空间。

第六，上海是我国医疗器械科研、生产、经营、教育的主要基地。随着我国机电基础工业、生产技术装备和加工工艺水平的提高，加入知识产权国际组织和知识产权法律体系的建立，国产医疗设备进入国际市场的欲望不断增强，引进消化吸收再创新和完全自主创新成为上海医疗器械行业发展的新兴主流。

上海的从事图像处理、医学影像信息化研究，甚至基础物理元件等方面的研究能力在国内属于领先，表现在与医疗影像相关的加工工业、电子制造业比较先进。上海拥有许多其他地区不具备的，需要长期积累和整体环境配合的优势，上海国产医疗器械制造业将重拾上升趋势，民营企业富有活力，进行着大量中高端医疗器械的研发，让上海医疗器械行业充满后劲。

上海依靠创新优势和传统制造优势具备绝大多数医疗器械产品的生产能力，生产的医疗器械品种国内最多，涵盖医疗器械所有种类。如影像设备、手术急救设备、医用光学、医用耗材、生化仪器、监护仪等常规医疗器械是上海强项①。

（三）上海着力优化医疗器械制造业的发展环境

上海着力于优化医疗器械发展的环境。导向上推动科技的创新，特别是对医疗器械领域里具有自主知识产权的，比如说处于国际领先水平的，在临床上的应用可以填补空白的，还有一些在应急管理和处置方面能够发挥重要作用的医疗器械，监管部门在导向上会有一系列的制度和服务。在措施上，上海监管部门有服务于创新产品的“绿色通道”，在保证产品安全有效的标准不降低的情况下，创新产品不等候排队，直接进入审评和审批阶段，让产品从研发到产业化的过程能够提速。判断某个产品能否进入创新审批程序，关键是看有没有技术上的突

① 这几年在高端医疗器械方面取得突破性进展，如联影的高端医疗影像设备、之江的诊断试剂、微创的医用植入/介入器械生产都处国际水平，有的已是领先水平。

破,工艺上的改进是不是很大,或者是比临床上用的明显好。创新审批制度颁布以来,上海一共有两个创新产品进入到全国的绿色通道。上海也在为创新产品的绿色通道提供快速优质的服务。同时,为了研发人专心进行研发,生产企业能够更集中精力进行生产,创新产品的生产准予通过委托的方式进行生产。这些都是制度上对创新的保障,让创新产品尽快产业化,让老百姓能够尽快享用。

医疗器械产品技术,未来的发展趋势主要在四个方面:(1) 医疗器械硬件的智能化,内部结构和功能可能更复杂,但操作方式更简便,诊断和治疗都需要依托大数据库和信息技术的支持;(2) 产品开发的集成化,生物学、物理学与工程设计交叉融合,复合型发展的趋势将更加明显;(3) 产品应用的社会化,即智能化和简易化,使更多的专业诊断和治疗工作从医院走向家庭;(4) 技术发展将大大提高临床诊治在时间上和空间上的精确性。

临床医学领域四点变化:(1) 微创化和无创化逐步成为临床治疗的主流;(2) 信息和图像技术获得更广泛的应用;(3) 人工器官和辅助器械将大大提高人类的生活质量;(4) 个性化医疗正逐渐到来。这些临床医学技术的发展,无疑对医疗器械的发展和创新提出新的要求,创造新的机遇。

诊断试剂综合治理是今年上海医疗器械监管的重点,尤其对诊断试剂产品进行重点专项治理。体外诊断试剂体外使用,用于辅助诊断、监测病程及预后情况进行检查的一类产品。如是不是血脂高、有没有糖尿病、发热查个血是不是细菌感染了,都要进行化验检查,所要用到的就是诊断试剂。临床使用的诊断试剂产品不下千种,仅从学科分类上就有生化、免疫、微生物、血液和分子生物学等五大类,此外还有很多种分类方法。企业也有千差万别,因此,国家食药监总局专门提出了要对体外诊断试剂专项综合治理,上海已经对这项工作进行了落实部署。通过全面开展对生产环节、销售环节和医疗使用环节的风险排查、质量调查、违法案件查处等措施,将一些好的、行之有效的监管做法建立起长效监管机制,规范这一行业健康有序。

(四) 上海积极整备医疗器械产业发展的政策环境

国家出台了一系列有利于国产医疗器械的相关政策。我国将在 2015 年打破中高端医疗器械被国外垄断的局面。长久以来,在我国中高端医疗器械市场中,大部分份额被跨国企业所占据,国产医疗设备几乎没有立足之地。而国家政策的扶持以及提高国产医疗器械技术水平的决心，则给了国产医疗器械厂商很好的发展空间。国产医疗器械企业比以往更注重产品的研发，这也给服务于本土创新的第三方公司带来了机会。国产医疗设备企业现在注重转型升级，并且比以往更注重产品的研发和专利，这些需要第三方机构来帮助研发设计，因此，给第三方机构也带来了很大的发展机会。

与此同时，上海也出台了一系列政策来支持医疗器械产业的发展：

2009 年 10 月 22 日，上海推进先进重大装备高新技术产业化行动方案。根据国家装备制造业发展重点，结合上海实际，加快推进数字化医疗设备等高新技术产业化步伐。第一批精密医疗器械和检测系统仪器等重点项目主要集聚在浦东、徐汇、奉贤等区域。

2009 年 10 月 10 日，浦东新区推进高新技术产业化实施方案，生物医药，基本建成研发水平国内领先、产业链布局合理的国家重大新药研发和产业化基地。重点聚焦抗体类药物、中药及天然提取物、新型疫苗、微创/植入器械、诊断试剂、数字化高端医疗设备、生物科技农业以及 CRO（合同外包）、CMO（委托生产服务）等。张江、外高桥通过体制机制创新，推动高端医疗设备等研发创新成果在国际医学园区实现产业化。构建 6 个高新技术产业化基地：在上海国际医学园区构建医疗器械与医疗服务产业化基地。

政府监管启动创新。市食药监局制定了《关于进一步推进上海市生物医药产业创新驱动发展的若干措施（草案）》，其中，关于推进上海市生物医药产业创新驱动发展，有一条措施引人关注：建立和实施创新医疗器械特别审批制度，推进成果产业化。按照国家药监总局“要求不降低、程度不减少、提前介入、跟踪指导”原则，市食药监局为企业创新产品申报开辟了“绿色通道”。具体做法是，落实专人联系企业，实时跟踪创新医疗器械审评审批的进展，提供全程跟踪指导和技术支持，帮助企业加快审批流程。2015 年 4 月，上海自贸区诞生的全球首个早期胃肠肿瘤的标志物、首个中国人全球知识产权的胃肠肿瘤标志物 CST4，已被上海市食药监局按“创新医疗器械特别审批程序”上报国家药监总局，年内有望获批第三类医疗器械注册证。创新一定不是政府监管出来的，但政府可以通过制度创新启动创新。上海医疗器械监管将就优化医疗器械产业政策导向、搭建产学研医一体化平台、建立健康有序的医疗器械产业创业环境等方面，作更多推进。

2014年2月7日,国家食药监总局《创新医疗器械特别审批程序(试行)》,提出对创新医疗器械设置特别审批通道,优先办理;5月26日,国家卫计委启动首批国产医疗设备遴选;8月16日,国家卫计委和工信部联合提出推动三甲医院应用国产医疗设备……接连不断的扶持鼓励政策让国产医疗设备特别是高端医疗设备迎来了史上"最好的时代"。

2014年8月27日,上海市政府发布《关于促进上海生物医药产业发展的若干政策》(2014版),优化上海市生物医药产业创新和发展环境,推动产业规模化、集聚化和国际化发展,加快把生物医药产业培育成为上海市战略性新兴产业的支柱产业。

通过支持产业并购、培育行业龙头、纳入医保范围、鼓励触网转型等方式,促进当地生物医药行业成为龙头企业。目前上海有11家医药生物上市公司(2家中药企业神奇制药、上海凯宝,2家医药商业企业上海医药、第一医药,2家医疗器械企业凯利泰和东富龙,4家生物制品企业科华生物、复兴医药、交大昂立、上海莱士、1家化学制药企业现代制药)。

支持政策主要包括:支持本市生物医药产业基地建设生物医药加速器和标准厂房,重点引进创新能力强、发展前景好的生物医药企业,加快生物医药创新产品产业化进程;支持产业并购投资,培育行业龙头企业。积极推动本市生物医药产业龙头企业,通过专业化、市场化的并购投资等方式,兼并收购同行业企业或产业链上下游企业,培育具有全球竞争力、技术先进、产业链完整的行业龙头企业。

上海市政府推进当地企业自主研发制造的国产大型医用设备的示范应用,规定区县医疗机构配置第二台及以上、市级医疗机构配置第三台以上,原则上选择国产大型医用设备。推进区域影像中心建设,鼓励三级医院优先采购国产大型医用设备,并与国产大型医用设备生产企业建设国产影像产品应用示范基地。对采购本地企业自主研发制造的国产大型医用设备的医疗机构,给予首台(套)示范应用风险补贴。

(五) 上海国际医疗器械产业基地的建设(技术、人才)

2003年4月以来,全国首个国家火炬计划上海医疗器械产业基地、国家医疗器械产业集群、国家科技兴贸创新基地、上海市首批生物医药服务外包专业园区、上海市南汇区留学人员创业园、上海市生产性服务业功能区、国家科技兴贸创新基地(生物医药)、国家新型工业化产业示范基地(生物医药)、海外高层次人才创新创业基地、上海知识产权试点园区、上海品牌园区等品牌资质和称号。2011年,政府部门再度合作,共建上海国际医学园区建设联席会议,出台一系列政策,为打造全国范围内的医疗特区带来契机,成为张江高新技术示范区核心园的重要组成部分。近年来,医学园区每年30亿以上的固定资产投资,园区核心产业医疗器械产业发展势头迅猛,入驻企业获各类器械注册产品证近700个(其中,欧盟CE、美国FDA超过160个),累计专利申请数近800件、授权书近500件,医疗器械产值占上海全市医疗器械产值25%以上。上海国际医学中心和上海质子重离子医院的相继开业,勾勒出医学园区特色医疗产业地带雏形。

上海国际医学园区将辐射上海及整个长三角地区,成为上海打造亚洲医疗中心城市的重要支撑。以现代医疗服务业和医疗器械及生物医药产业为核心,以打造高端医疗服务集群和高科技医疗器械及生物医药相关产业基地为目标,上海国际医学园区终将真正成为中国的"医疗特区"、上海的"健康经济示范区"和浦东的"科技创新中心实践区"。

2005年,国家科技部授予国家火炬计划上海南汇医疗器械产业基地,国家知识产权局授予国家知识产权试点园区;2006年,国家发改委授予上海国家生物产业基地扩展区,国家标准化管理委员会授予国家高新技术产业标准化示范区;2007年,国家科技部授予国家医疗器械产业集群(全国首批50个试点集群之一),国家商务部授予国家科技兴贸创新基地;2008年,上海市外经委批准建设上海南汇生物医药服务外包专业园区;2009年,上海市人力资源保障局与南汇区政府共建上海南汇留学生创业园,中组部授予国家级海外人才创业基地;2010年,国家工业和信息化部授予国家新型工业化产业示范基地。

(六)上海通过举办医疗器械大型会展扩大国际视野

2015年,上海同时举办两场具有重大影响的医疗器械大型会展,即"中国(上海)国际云健康可穿戴设备展览会智能医疗展"和"上海智能医疗展:智慧医疗软件展"。[①]

中国国际医疗器械博览会CMEF(05-5)。2015年政府工作报告首次提出

① 2015年9月17—19日,上海国际展览中心,官方网站:http://www.china-mdexpo.com.

"制定互联网+行动计划,推动移动互联网、云计算、大数据、物联网等与现代制造业结合"后,上海本土医疗器械企业顺势而为,推动智能医疗发展。在上海医药展位,"云掌健康调理系统"机器,是一台集合体质检测、最需要关注的脏器检测、脊椎情况检测以及最不好、需调理的经络等10余项检测的智能机器。只需将手指放在指定位置,2—3分钟后即可检测。上海医疗器械股份有限公司:这是将互联网中医相结合推出的最新产品,还在最后测试阶段。未来市民在家中就可以实时从中医角度跟进自己健康状况,使用者健康信息会及时反馈到公司信息库,再与医院对接,建立医疗档案,实现智能医疗。产品上市后,将具有健康体检、日常检测、医疗记录、健康状况评估、疾病风险评估与预测等功能,还会对使用者的生活方式、饮食、运动、心理等方面进行指导。

作为专业从事高端医疗影像设备及其相关技术研发、生产、销售的高新技术企业的上海联影,推出了"U+互联网医疗战略",首次亮相三款"业界首创"新品。"U+互联网医疗"战略布局以互联网连接设备,实现以互联网和大数据为依托的智能诊断和区域资源协同,构建智能医疗生态体系。这一智能生态系统由四大关键支柱组成—全线高性能医疗影像诊断与治疗设备、区域"影像云"、区域"医互云"以及基于这三大支柱所采集的大数据和相关大数据应用。联影已完成对整个生态系统闭环的初步布局,正在通过区域"影像云"和区域"医互云"采集到的大数据推动智能影像诊断、重大疾病早筛和智能精准放疗的切实落地。

致力于中枢神经系统疾病治疗器械研发的微创神通医疗科技(上海)有限公司、专业设计和生产高频电刀为主的上海沪通电子有限公司、着眼于颈椎、腰椎治疗医疗器械研发的上海凯利医疗科技股份有限公司等上海本土医疗器械企业最新研发的设备参展。

(七)医保、医药、医疗"三医联动",顺势而为

"互联网+"概念已经成为国家发展战略的一部分,互联网医疗在没有现场"望闻问切"情况下怎么开展?互联网上,目前除了健康咨询以及国家严格监管的远程医疗外,涉及医学诊断治疗不允许展开①,监管下的远程医疗是大城市高

① 初衷是出于对人类生命个体的尊重,现场诊治尚且可能引发纠纷,在现阶段对互联网技术打造的新环境还不十分熟悉的情况下,保持高度谨慎是应该的。

水准医疗机构向一般医疗机构提供咨询，或直接向患者提供诊疗服务，患者和一般医疗机构不必再从偏远地区赶赴全国顶尖医疗资源集中的城市。但较高水平的医疗机构本身并没有减轻负担，任务可能更多，责任更重。就医难局面可能从医院候诊大厅的人满为患升级成实体候诊大厅与互联网候诊大厅都人满为患的复合型资源稀缺，毕竟优质资源的数量在短时期内是恒定的。如果在互联网医疗中通过大数据实时监控医疗资源的分配，那就有可能将三甲医院外大量质量可靠而长期未得到充分重视的诊疗资源充分调动起来。

上海浦东出台了进一步加强农村卫生人才队伍建设的暂行办法，试图用“卫生八条”为农村留住好医生。农村留不住好医生的原因，无非是路远和收入少。互联网医疗可以通过远程医疗解决路远问题，通过克服信息不对称，增强病患与医生的直接联系，医道高明者绝不可能收入菲薄。只要抓紧监管，控制风险，开发资源，用足条件，互联网医疗必定大有可为。

大医院人满为患，社区医院无人问津，病人就诊手续繁琐等问题，多数是由于医疗信息不畅、医疗资源两极化、医疗监督机制不全等原因导致。建立一套智慧的医疗信息网络平台体系，是实现缩短患者治疗时间、提高医疗资源管理和配置效率的有效方式。

三、上海医疗器械企业发展的案例分析——上海联影的表现以及对行业发展的启示

上海联影不仅是上海的骄傲，更重要的是启示。上海联影（以及微创医疗等一批先行企业）为什么能够迅速集聚团队式的优秀研发人才？为什么能够有效推进系列性的科技创新和产品创新？为什么还迫切需要进一步的政策支持和社会支持？多问几个为什么，问题导向可能成为引领上海医疗制造业当前和未来科技创新、产业发展、社会进化的充要条件和有效路径。

国家主席习近平于 2014 年 5 月 24 日考察了上海联影医疗科技有限公司，给予这家本土民营企业很高的评价和鼓励。习近平说：“中国高端医疗产业需要你们这样的排头兵，弄潮儿！”

（一）上海联影医疗科技有限公司

公司筹建于 2010 年 10 月，成立于 2011 年 3 月，专业从事高端医疗影像、治

疗设备及其相关技术研发和产销。总部设在上海嘉定工业园区,下设“七大事业部”(计算机断层扫描器CT、正电子湮灭扫描器PET/CT、磁共振MRI、X射线X-Ray、放疗RT 、移动医疗m-Health、软件SW)与“三大研发中心”(与中科院上海高等研究院在上海合作成立的高端医疗设备研发中心,专门从事高端医疗设备全球前瞻性技术研究;与中科院深圳先进技术研究院等联手,在深圳、北京两地成立的研发中心)携手开创梯度式的创新性研发模式,为联影的持续发展和加速发展提供原动力、技术支撑及导向,为实现宏伟远景奠定技术基础。同时在上海张江科技园、嘉定工业区、深圳育成中心,建立中国最大的高端医疗设备及其相关技术的高技术产业化示范基地,进行以市场为导向的产品研发、生产销售。

上海联影医疗成立之初,目标就瞄准打造中国自己的世界级医疗影像设备集团公司。成立第二年的2012年12月就在美国加州设立研发中心,力图成为唯一覆盖影像诊断、放疗、服务培训、医疗IT的全线高端医疗设备和医疗信息化解决方案提供者。2013年4月,在德州休斯敦成立联影美国子公司,实施和推进联影全球人才战略。同年11月,首批6款系统产品及4款医疗软件产品就获得了国家食品药品监督管理总局及上海市食品药品监督管理局认证。2014年1月,中国首台具有自主知识产权的3.0T磁体在上海联影研制成功,高端医疗产业核心技术成功破冰。2014年2月28日,在德国慕尼黑,联影自主研发设计的uDR 770i、uDR 580i凭借突出的跨界创新优势、工艺水平和“情感化”设计理念,获得德国iF工业设计大奖①,并一举囊括了DR产品线的所有奖项。

联影着力系统地建立研发和市场团队,研发中心辐射上海、深圳、武汉和美国休斯敦、硅谷,上海二期工程建设完工后,将成为全球单体面积最大的医疗器械企业。联影研究院还在致力于一批前瞻性医疗影像技术研究。截至2013年底,1.5 TMR、16层CT、悬吊式数字DR、2款落地式数字DR、移动DR、96环超清高速PET-CT等7款自主研发的高端医疗影像系统产品以及MR图像后处理工作站、CT图像后处理工作站、医学图像处理系统软件及远程医疗信息系统软件等4款软件产品。

这家企业成立以来践行全线自主研发,截至2014年9月,累计提交专利申

① 这个奖项素有工业设计界“奥斯卡”之称,国产大型医疗设备是第一次获得国际设计大奖。

请1 035项。其中,高技术发明类专利占比72%(756项),实用新型类专利占24%,外观设计类专利占4%。迄今为止,已经成功研制并推向市场出了具有自主知识产权的1.5 T超导MR系统、16排CT系统、超高分辨率PET-CT系统、数字化DR机等中高端医学影像设备等16个产品,涵盖DR、CT、MR、PET-CT等高端影像检查设备,核心部件"中国创造",整体性能不输国际品牌,有的甚至超过了世界先进水平。

(二)联影打破了跨国企业的技术垄断

之所以上海联影称作为我国高端医疗产业的"排头兵",是因为这家中国企业成立仅三年,就已经打破国际跨国企业的技术垄断。我国企业在掌握自主产权发展高端医疗影像设备初闯新路,医疗设备是现代医疗业发展的必备手段,现在一些高端医疗设备基层买不起、老百姓用不起,加快高端医疗设备国产化进程,降低成本,推动民族品牌企业发展十分重要。习近平在考察联影时还强调:当今世界,科技创新已成为提高综合国力的关键支撑,要瞄准世界科技前沿领域和顶尖水平,力争在基础科技领域有大的创新,在关键核心技术领域取得重大突破。要提高核心竞争力,把科技创新真正落实到产业发展上。要加强科研院所和高等院校创新条件建设,完善知识产权运用和保护机制,让各类人才的创新智慧竞相进发。

(三)上海及一批国内先行医疗器械企业跻身世界高端医疗设备行业核心阵营

2015年5月的上海国家会展中心举行的第七十三届中国国际医疗器械博览会(CMEF)[①],是一个分水岭。在主展厅H7.2和H8.2馆,三大本土企业UMY与三大跨国公司GPS已经能够展开对垒。业界由此有了国产医疗器械产业进入"优米(UMY)时代"的说法。所谓优米(UMY),指的是被习近平誉为行业排头兵的上海联影医疗(U)以及深圳迈瑞(M)和鱼跃医疗(Y)。深圳迈瑞是

① CMEF是亚太最大的医疗设备展览会,被视作为医疗器械行业产品与技术发展的一个风向标,展会600多种新品,包括3D打印、基因诊断、云医院、杂交手术室等诸多前沿产品,随着近年来国家对本土医疗器械的政策支持,本土医疗器械行业开始呈现出崛起的态势,国产医疗器械开始与外资品牌展开较量,跨国医疗器械巨头积极应对,加大研发创新、加码本土化深耕基层市场,国内外医疗器械企业竞争力度加强。

国内高端医疗器械生产企业的老大,纽交所上市,[①] 在监护、麻醉、血球、生化、超声等医疗器械细分市场具有很强的竞争力。上海联影医疗是年仅 4 岁的本土医疗器械新锐,但自诞生以来一直为人关注[②],这次展示了四年来自主研发的全部核心技术及 20 余款拥有完全自主知识产权的全线高端医学影像产品,成为大型医疗设备领域的颠覆者和引领者。鱼跃医疗[③]的强项在于家用医疗、移动医疗及远程医疗领域。

在这之前,2014 年 8 月 15 日,国家卫计委主办的中国国际医用仪器设备展览会上,上海联影医疗与数十家跨国企业同台竞技。展示了 X 射线计算机断层扫描器(CT)、分子影像(MI)、磁共振(MR)、X 射线(X - ray)、高端放疗(RT)设备等全线 14 款产品。这是中国医疗设备品牌首次以诊断、治疗、远程医疗信息系统全线覆盖的产品阵容,跻身世界高端医疗设备行业核心阵营。

(四) 创新发展需要的是创新人才——联影集聚高端人才的经验与启示

医疗制造业产业的创新发展,人才是至关重要的,有了完整的世界级团队,才有可能创新出世界级的科技,才有可能真正切入跨国巨头的传统地盘。上海联影的所有核心技术与核心部件全部由公司研发团队自主研发,一支规模宏大的海内外高素质人才队伍是上海联影的核心资产。目前,1 700 多名员工中,研发人员超过六成。1 200 人的研发团队规模抵得上国内四五家同类领军企业的总和。其中,60%是硕士、10%是博士。100 多人是海归,500 多人具有在国际大公司和行业知名企业工作的经验,还有 3 位“国家千人计划”和 5 位“上海千人计划”专家。业内甚至认为,联影现在聚集的人才超越了国内所有医疗设备公司的人才总实力。

上海联影成立至今不过 4 年多时间,为什么能够如此迅速地从全球聚拢一

---

① 迈瑞在纽交所上市,P/E 倍数只有 15 左右,相比国内股市而言,价值远远低估,因而才有在美国下市回归国内股市的传言。迈瑞,多年来保持每年推出 7—10 款新产品的发展强势,红点奖、IF 奖,促使国内医院逐步转变了对于国产品牌的评价,认为国产企业“有一些已经成长起来,他们的产品让人敢用,有的甚至比进口产品更好用”。

② 如 1 个月搞定核磁共振产品注册、同西门子医疗的官司对垒,国家卫计委因她而推动医疗器械国产化浪潮,实际创始人薛敏强势走向前台等。联影董事长兼首席执行官薛敏从海外回国创立麦迪特时,到北京某部委找人,硬是在门口守候至夜里。她认定的事情,就一定能做到。

③ 鱼跃领衔人吴光明从江苏丹阳一个小镇发迹为医疗器械界三巨头之一,是个奇迹。她是资本运作高手,通过一系列组合拳,接盘华润万东及上海医疗器械,攀上国企高枝。

批业内顶级专家学者和跨国企业资深管理人才，迅速形成一支足以让跨国公司吃惊的研发团队？简单地讲，一是靠励志；二是靠政策；三是靠亲和力。

公司创立之初的目标就定位于“成为高端医疗设备行业的华为”，创新科技，创造奇迹，创业联影。很多医疗影像界的高端人才和学术界专家就是被上海联影要做一个世界级国产医疗设备企业的愿景所吸引，形成了共同的使命。恰逢盛世，中国国力在上升，国家战略在调整，尤其是国家“十二五”规划将大型医疗设备列入了战略性新兴产业，并予以政策扶持和重点推动，他们在上海联影搭建的跨学科、跨技术的产学研医协同发展的平台上，能够有所作为，能够成就事业，能够在时代浪潮中放手一搏，为此，他们义无反顾，甚至放弃同行业跨国公司高薪要职，放弃世界著名高等学府终身教授身份，为中国高端医疗设备产业的崛起来到上海、来到嘉定。

有了强大的研发团队，还得具备“驾驭”创新的能力，联影独创了一套开放且严谨地设计创新质量管理流程。这一流程覆盖设计调研、头脑风暴、创意筛选、设计战略确定、跨界穿心实验、设计评审、可用性反馈搜集等所有重要设计环节。以功能性、创新性、情感化为重点考核指标，以跨部门专家评审团和临床客户意见为依据，充分开放设计创新维度的同时，以缜密的流程和方法确保创意的严谨性、可行性，并保证其高效无缝地与项目对接。

高端人才集群，确保联影能够持续不断进行自主创新。在创新战略上，联影始终坚持“两条腿走路”，既关注当前最新技术，研发并推出当前最具市场潜力的产品；同时瞄准未来 5 到 8 年的前瞻科研技术，以求在第二代产品上真正实现核心技术的全方位国际赶超。

四、上海高端医疗器械产业发展面临的课题以及需要重点突破的领域

无论市场还是产业，都既要有总体概念又要作结构分析。上海医疗器械产业的发展，应该在产业细分和市场细分的基础上，选择产业崛起的突破口，然后顺应社会需求和时代潮流，顺延产业关联（产业链）和价值关联（价值链），拓展经济发展的基石，最后在网络平台（信息网络＋物流网络＋社会网络）基础上攀登产业高峰和最大社会福利，实现智慧医疗、工业强国以及两个百年战略目标（全面小康、民族振兴）。

如果从信息化与工业化深度融合，以及“互联网＋”或行业智能化发展的角

度来分析,与高性能或高端医疗器械领域相关的产品和服务,大致上可以划分为六类:

第一,智能化医疗系统。包括医院信息管理系统、药品识别及追溯系统、移动医疗APP、远程医疗诊断系统、语音交互、体感软件等。这类产品以软件开发为主,也包括系统开发和系统运行所需的硬件载体、基础设施、平台建设,以及相应的制度条件和配套服务。

第二,智能型的检测设备。病患检查是正确诊断和及时治疗的前提,经常性的体能体质检测又是维系健康的保证。这类产品分为医院用品和家庭用品两类,前者是医治疗的关键,目前高端产品基本上被跨国公司技术垄断和市场垄断,因而成为我国高端医疗器械制造业攻关克难的重点领域;后者随着健康经济的崛起而成为市场热点,健康检测仪以及心血管、血压、血糖、血脂、血氧检测仪等,社会关注度都很高,科技型中小企业应该可以大有作为。

第三,智能型的诊治设备。这是智慧医疗的核心装备,范围涵盖不同层次的诊治需求,大的手术机器人,中到激光或远红外线治疗仪,小到具有智能特性的饮水机和水杯。产品同样分医院用品和家庭用品两类,前者科技含量和进入门槛都很高,需要积累积淀和整合融合;后者的市场潜力和市场引力都十分巨大,包括健康保健类的家用智能型产品,如三高、颈腰椎、近弱视等治疗仪和经络理疗仪,以及智能餐具、寝具、洁具、治疗仪等。

第四,智能型护理产品。随着老龄人口比重的提高和慢性疾病患者的增加以及劳动力供给的减少和劳动力成本的上升,发达国家或发达城市逐步出现康复护理的智能化器械替代。出现了诸如听力、视力、语言、行动等智能型辅助设备以及动态健康监测、远程健康监控设备,甚至包括智能胶囊、智能药片、智能药丸等。

第五,穿戴类智能型医疗产品。具有健康管理、医疗检测功能的可穿戴设备,刚性需求和弹性需求都很强。年轻消费者开始注重健康管理,老年人或慢性病患者更需要实时检测和远程监控。供给端的厂商则积极地以可穿戴设备为数据交互中心,为患者提供移动智能云服务,采集并建立大数据库,探索更多基于患者数据的模式创新(如为医院诊疗检测、为医生辅助决策、为保险公司及时干预和减少保费支出服务等),细分领域具有较大的拓展空间,目前智能头盔、脑部颈椎环、眼镜眼罩、假肢手杖、腕表腕带、衣服鞋袜等层出不穷。

第六，智能型辅助医疗器械，包括医疗材料、配件、元器件、软件、系统等。①

五、日本高端医疗器械产业的发展经验

第一，研发力度强大。2011年，日本医药行业的研发费用占销售收入的比例高达11.96%，居全行业首位，远远高于制造业平均的4.14%。

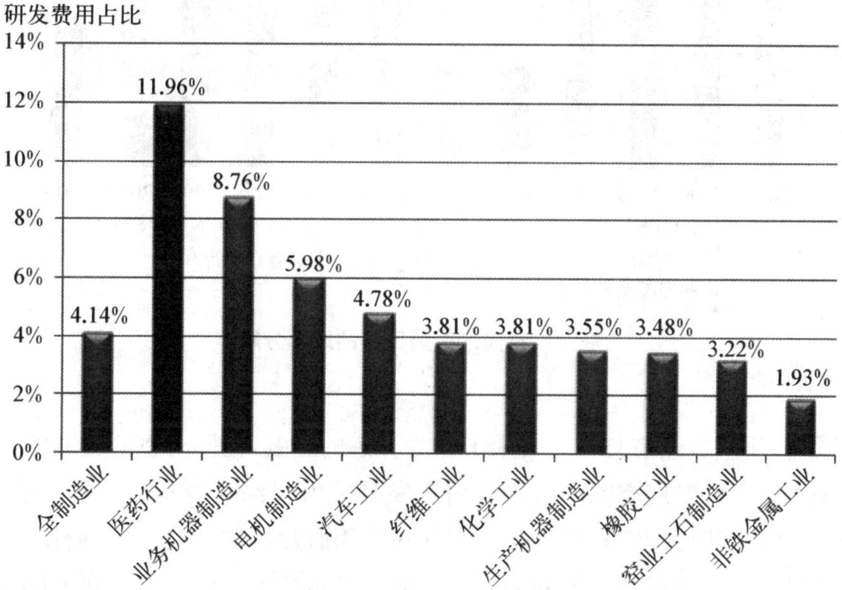

图1　2011年日本制造业研发费用占比情况

图表来源：日本医疗行业深度研究报告（医疗现状、全民医保、医药器械），弗锐达医疗器械咨询机构，http://www.fredamd.com/jpal/4942.html。

与欧美的同行业相比较，日本医药企业的研发支出占比是对手的1.3倍达到19%，期间费用占比是对手的1.2倍超过了35%，所以营业利润率并不多，只有欧美同行的2/3为15%左右。

对于高端医疗器械来说，需要通过不断地研发创新来满足患者需求，因此，不仅需要投入大量的资金支持，还需要建立一套完善的制度支撑体系。

第二，自我诊疗器具备受瞩目。日本是老龄化严重的国家，早已彻底进入老

① 在此需要特别一提的是医疗机器人。围绕医疗健康、家庭服务、教育娱乐等服务机器人应用需求，积极研发新产品，促进机器人标准化、模块化发展，扩大市场应用。突破机器人本体、减速器、伺服电机、控制器、传感器与驱动器等关键零部件及系统集成设计制造等技术瓶颈。

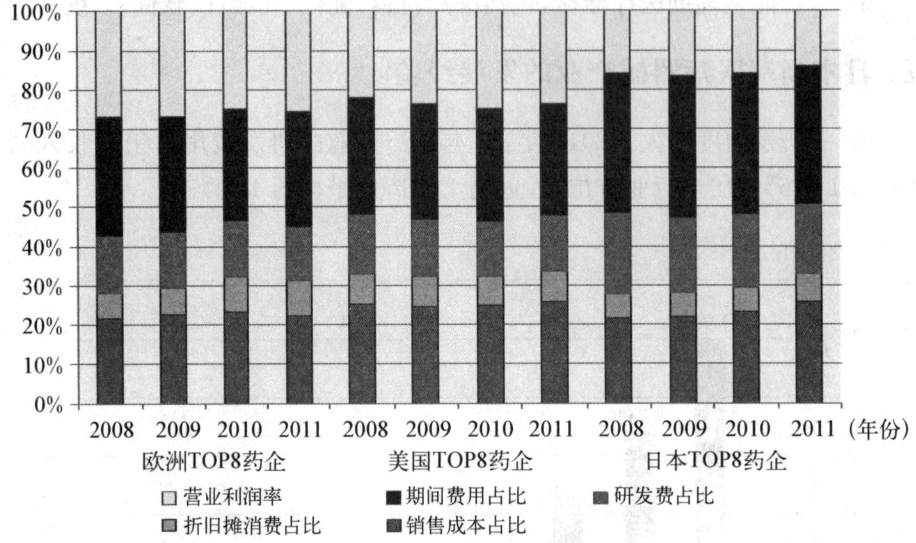

图 2 日美欧医药巨头的成本分解

图表来源：同图 1。

龄化社会，给日本经济与社会带来了较为深远的影响，但同时也给日本的医疗市场带来了巨大的发展空间。日本政府不断加强减轻医疗负担，鼓励民众做好健康预防以及自我诊疗等宣传工作。因此在家用医疗器械产品中，血糖仪、血压计产品是目前日本销量排在前列的主要产品。日本的家用医疗器械在中国也较受欢迎，销售排名都比较靠前。因此家庭及自我诊疗市场是日本医疗器械行业发展目前关注的重点，这对我国医疗器械产业发展来说应该是具有借鉴意义的。

第三，严格的医疗器械认证制度。医疗器械非同一般产品，与人身安全息息相关，因此无论是医疗器械的生产或销售，世界各国都有较为严格的准入法规和认证流程。例如美国的 FDA、欧洲的 CE 等，都是对医疗器械质量管理体系和医疗器械的危险性作分析认证的。在日本，管理医疗器械的法规称为“药事法”，不符合药事法要求和认证制度的医疗器械不能进行销售或者进出口贸易。

严格的规定虽为医疗器械的安全性提供了保障，但也存在弊端。由于药事法中关于医疗器械的生产的规定及其严格，很多日本国内的企业都难以达到要求，甚至曾经一度导致日本医疗器械市场被迫进行产业调整，也造成了日本医疗器械依靠进口的局面。为改善这种状况，振兴医疗器械市场经济，鼓励、促进国内更多企业加入医疗器械产业，从 2013 年开始，日本政府逐步放宽了对医疗机械的生产限制，同时也对药事法进行了一些调整。对于我国来说，既要针对关乎生命安全的医疗器械的制造生产销售流程进行严格把关，又需要鼓励医疗器械企业积极研发创新，同时兼顾医疗器械市场经济的繁荣。

六、结语

高端医疗器械制造业是今后我国制造业发展的重中之重，上海拥有综合实力的比较优势，科研力量、产业基础、市场体系、国际交往等条件都较好，具备率先实现科技创新、产品创新、产业创新的可能性和必要性。但需要进一步的突破，矛盾焦点在于发展理念的更新、产业政策的协调、资源要素的整合、重点领域的突破。结合日本在高端医疗制造业发展的先进经验，上海应进一步加大研发力度，将家用医疗器械作为重点发展的领域，并通过对医疗器械的制造生产销售流程进行严格把关，同时，鼓励医疗器械企业积极参与研发创新等措施，促进医疗器械市场经济的进一步发展。

参考文献

[1] 刘倩倩：《多功能护理床的结构设计与力学分析》，《中国地质大学》，2011 年。

[2] 汤瑞芸：《SH 医疗器械公司服务创新的研究》，《复旦大学》；2011 年。

[3] 李红梅：《WDM 公司竞争战略研究》，《山东大学》；2011 年。

[4] 耿迎：《H 公司医疗器械分公司海外市场发展战略研究》，《哈尔滨工业大学》，2011 年。

[5] 张扬帆：《通用医疗设备售后服务中的六西格玛管理研究》，《华中科技大学》，2007 年。

[6] 舒畅：《RK 医疗集团的渠道管理策略》，《电子科技大学》，2011 年。

[7] 李锋：《一种新型多功能轮椅床的设计及仿真》，《天津理工大学》，2013 年。

[8] 曹丹丹：《秦皇岛市康泰医学系统有限公司发展战略研究》，《燕山大学》，2013 年。

[9] 樊铁军：《湖南万东医疗装备有限公司发展战略研究》，《湖南大学》，2013 年。

中日合资制造企业的成功经验及其启示
——基于E公司的案例分析

蔡建娜　林　俐*

[摘　要] 文中分析的中日制造业企业E公司案例提供了一个中日制造业企业合作共赢的成功路径：把日本企业的核心技术和精益化管理、文化要素与中国企业的市场开拓能力相结合，一方面实现了日本制造业国内市场下滑、开拓国际市场的需要；另一方面实现中国制造业企业技术、管理升级的需要，超越转型陷阱。

[关键词] 中日合资；制造业企业；转型

2013年前后，笔者与课题合作者曾在温州进行了数次产业调研，其中，对一家中日制造业合资企业E公司数次造访。之所以在今天这个时间点分析E公司的案例，是因为笔者相信在未来3—5年，将逐渐迎来中日制造业合作的机遇期，而E公司的成功路径将为相关参与者提供一个有力的参考。基于对调研企业的信息保护，文中将隐去具体的企业和产品信息，并把合资公司称为E公司，合资企业的中方母公司称为A公司，日方母公司称为B公司。文章主要聚焦于两家企业的合资路径分析。

一、企业概况与合资主体简介

(一) E公司简介

E公司属于中日合资企业，由一家完全本土的温州民营企业A公司和日本企业B公司于2003年投资设立，该公司属于装备制造业，具备面向全球市场设

* 蔡建娜，经济学博士，上海社科院经济研究所助理研究员，研究方向：发展经济学、温州模式、中小企业等。

林俐，经济学硕士，温州大学教授，研究方向：区域经济、国际化经营等。

计、开发、制造高品质产品的能力。在笔者调研的2013年这个时点，这家中日合资公司通过十年发展已经成为行业领域的全国领军单位，并在全球市场布局，业绩不俗，成为日本母公司在全球15个合资公司中业绩排名第一的企业。

(二) 合资企业的母公司简介

日方企业的母公司B公司是创业百余年的日本制造企业，曾属世界机械制造业500强，在相关行业领域里拥有世界领先的技术。

合资之前的中方企业A公司，是完全脱胎于温州当地产业集群的本土民营企业。创业于20世纪90年代初，属于从当地同行中脱颖而出的佼佼者，合资前已属浙江省高新技术企业。

在和日方母公司B企业接触以前，中方企业A公司已经在国内同行中小有名气，在全国行业排名前20名，在温州同行中排名第一，在当地纳税排名也比较靠前。企业年产值和销售额均已突破5 000万元大关，创利税超过1 000万元，产品在国内具有比较广阔的市场。此外，截至合资之前的2003年，该企业已几经改制，具有了相对完善的管理机制。

但是，尽管A公司当时拥有两个产品的专利，但是绝大部分产品都处于模仿国外产品设计的初级阶段，技术水平与世界水平差距很大。与此同时，从我国该行业的整体水平来看，无论技术水平还是制造水平在世界上都处于较落后的地位。

可以说，当时的中方企业A公司，如果不走合资道路，受限于自身和国内整体技术与制造水平的落后状态，其自我提升的能力与空间极其有限，十年之后就是现在诸多亟待转型的民营制造企业中的普通一员。

二、合资过程、结构及成效

(一) 合资过程

20世纪90年代中期以后，随着日本国内销售市场的日趋饱和，日方企业B公司必须向外拓展、扩大国际市场占有率，同其他国家制造商在中国及国际争夺市场份额。因此，20世纪90年代中期B公司就开始进入中国市场，在中国曾先后建立了8个相关领域的生产销售基地，但一直没有好的经济效益。此间，B公司有过两次与中方企业合资并失败的经历，从经验教训中，B公司开始把合资伙伴的搜寻聚焦于中国长江以南的民营企业。

2001年,出身浙江温州瑞安市的本土民营企业A公司进入了日本企业B公司的视线。B公司通过对温州企业A公司的经营风格、产品品质、销售业绩包括经营理念,进行了详尽的秘密调查后,对中方提出了合作的愿望。于是,双方开展了长达三年的谈判。终于在2003年正式签约,成立中日合资企业E公司。

(二)合资结构

从合资资金结构来看,总投资为1 220万美元。其中,日方51%股份,全部以现金投入(日本有关法律规定:日方必须控股,技术才能输出);而中方以固定资产评估后入股,占49%。

从合资原则来看,日方占股51%,具控股权。但是,中方持有绝对的经营权,因为一方面,中方具有总经理、财务总监的指派权,同时,中方又具有注册减增资的一票否决权。

在合资企业E公司的董事会成员中,中日双方约各占一半,由四个日方成员和三个中方成员组成:日方董事长,中方副董事长,中方总经理,三名日方副总、一名中方副总。2013年前后的调查时点,常住E公司的日方人员共六位:上述三名副总、副总工程师、生产部副部长和综合管理科长。董事会每年召开2—3次重大会议。

(三)合资效益概况

合资公司在合资当年就出现了盈利,这使计划初期(4年)内亏损的日方感到惊讶。此后三年,合资企业经济指标更是一年一个台阶,呈现大幅度上升的态势。日方声称,公司生产规模态势发展非常惊人,这种发展速度在机械制造业中是非常罕见的。2013年,E公司的业绩已经在日本企业B公司在全球的15个合资公司中排名第一。

从我们对企业高层的访谈中得知,合资公司2003—2011年的产值从2 258万元增长到3.3亿元,年产值递增47%;销售收入从2 040万元增长到3.2亿元,年递增48%;利税从54.11万元增长到9 733万元,年递增110%。从稳定正常的年份看,经济各项指标每年递增的速度都处于15%—25%之间。其中,尽管经历2008年与2009年世界金融危机以及2011—2012年温州债务风波,在温州制造业企业普遍受到债务风波影响经济滑坡严重的背景下，该中日合资公司的发展更加让人瞩目，体现了强劲的抗危机能力。2012 年，合资公司产值 45 030 万元，增长 37%，实现销售收入同比增长约 26%；实现利税同比增长 13%。2013 年 1—7 月份总产值为 29 415 万元，同比去年增长 12%，利税 7 675 万元，同比去年 6 960 万元。

在资金方面，2013 年温州整个区域仍然处于金融借贷危机时期，然而合资企业 E 公司的资金链极其健康稳固，公司资金运行良好，没有受到金融环境影响。资金的回收率、资金周转率都处在良性运行状态，银行授信额度 1.3 亿元，公司仅用了 6 000 万元。

（四）合资公司的市场地位

合资公司的第一个五年规划（2003—2008 年）制定了跻身于行业中国一流品牌企业的发展目标，并提前实现了这一目标，于 2006 年获得“全国名牌”称号，成为行业领域国内泵业的顶尖品牌。其产品在行业领域选择、定位上属于高端位置，市场网络覆盖华东、华北、西北、东北、华南、西南六大区域。

自 2003 年合资以来，合资公司全系列引进日本母公司的最新技术及先进的设计开发理念，依托日本母公司的专业技术优势，具备了面向全球市场设计、开发、制造高品质产品的能力。2008 年，迅速发展的合资公司又与行业内一家世界名企美国公司 EL 签约合作。合资公司不断地发展，取得了良好的业绩，技术水平与世界同步接轨，质量水平与日本母公司的国际水平同步，售后服务水平得到了客户的广大认同，产品获得了全国同类产品第一品牌的美誉，雄踞全国同行业的前列。

2009 年开始，合资公司实施第二个五年规划（2009—2013 年），开始打造国际型企业。截至 2013 年，合资公司在全球与十几年国家建立了业务关系，不仅面向世界市场提供高品质产品，而且向客户提供相关设备的成套解决方案。基本达成了第二个五年规划的目标。

三、对“转型陷阱”的超越

合资之前的温州民营企业 A 公司，本质上是一家中国中小民营制造业企业，虽然一定程度上领先于同行，但是更进一步突破，却会牢牢受限于自身从技术、管理到文化的系统局限,如果单凭自身很难走出如今困扰大多数中国中小民营企业的转型困境。

正是通过中日合资构建新企业,A 公司虽然出让了控股权,但是获得了日方的核心技术、引进了日本的精益化管理要素,与此同时中方坚持不懈对中日双方管理文化进行融合,重塑企业价值观,从而在本质上改变了企业的运作模式,并最终实现了对转型困境的超越。

(一) 核心技术的提升

前文讲过,合资之前的温州民营 A 公司只拥有两个产品的专利,绝大部分产品处于模仿国外产品设计的初级阶段,技术水平与世界水平差距很大。而与此同时,当时中国行业的整体水平较世界水平差距较大,无论技术水平还是制造水平在世界上都处于较落后地位。处在这样的整体格局之中,可以说在技术提升上,即便 A 公司竭尽全力引进消化国内最先进技术,其技术提升都会很快触及无法超越的天花板;而单凭一个民营企业自身内在的技术创新能力,作出行业性、整体性的技术提升与突破,基本上不现实。

所以,合资对于中方来说,最为关键的内容首先就是核心技术的引进。中方企业 A 公司与日方企业 B 公司签订了作为双方合资核心内容的技术合同,约定 3—5 年内日方提供 10 个系列 400 多个规格的产品技术资料,逐渐将日方母公司的核心技术、管理系统等嫁接过来,使合资公司走在了行业的技术前沿。合资公司的生产使得之前国内一直依赖进口的设备实现了国产化,填补国内空白。由此,2005 年,合资企业取得浙江省科学技术厅"高科技企业认定证书";2007 年,被评为浙江省外商投资先进技术企业。

2008 年,合资公司进一步获得美国同行的青睐,与一家美国公司达成合作意向,双方签署了技术许可协议,合资公司正式获得美国公司相关产品的最新全套技术,以及在中国进行制造和销售的授权。2009 年,双方进一步合作在中国共同投资建厂;2010 年,该项目落成投产。

(二) 管理和企业文化提升

在管理上,对日本精益化管理要素的引入,对合资企业是个系统性的提升。从管理上来看,日方常住人员基本侧重于技术指导和生产管理系统的提升,这从日方常住人员配置中可以看出来。2013年前后的调查时点，在常住合资公司的六位日方人员中，除了三名副总，其余三位分别是副总工程师、生产部副部长和综合管理科长。通过日方人员的指导，把日本精益化管理的精髓逐步注入合资公司的日常生产活动。我们访谈中考察合资公司的生产车间时，看到合资公司的现场管理处处体现出日式管理的精髓。

合资公司相信，要提升企业管理需要提高员工的文化水平，只有随着员工素质的提升，懂得正确的礼仪，产品的品质才有可能会真正得到提升。因此，合资企业对员工和管理人员进行了大量的培训投入：这些培训中有不少是由公司内部举办的培训，包括对员工的法治意识和纪律观念的针对性培训等；对公司中、高层管理人员进行系统的管理培训，并分批派遣员工去日本总部进行学习。

合资公司导入日本管理与文化的努力是非常成功的，直接改变了企业的气质。这种感受如此强烈，甚至从一名前台接待的女职员到现场劳动的蓝领工人，都从细节和气质中体现出一种责任感与专注本职的精神，这种气质上的内化在中国企业甚至美国企业的员工中是罕见，这是一种日式管理的气质。

值得一提的是，在合资公司的管理提升中，还同时糅合了美式制度化管理文化的要素。合资企业花巨资聘请中国人民大学人力资源方面的专家，帮助企业进行人力资源结构建设和薪酬制度建设，并引进了HR（人力资源管理）系统，借助制度建设和网上考核系统，大大激发了全体员工的积极性，也为企业带来了很好的经济效益。作为管理提升的综合性结果，合资公司的工场先后通过了诸多国际知名EPC公司的审核，以及一些国际一流公司的供应商资格认定，获得了很高的评价。

（三）合资企业的价值观

访谈中有一些细节让我们印象非常深刻。

细节一：在厂区访问时发现在他们的花园中树着一个人物半身像，陪同人介绍这是曾经为他们公司发展作出很大贡献的一位外地工程师，在他因故去世后，为纪念他对公司的贡献故在厂区塑像，且至今公司还在帮助赡养这个工程师的家属。

细节二：陪同我们的党委书记，曾经是当地一位政府官员，退休后应聘到该企业做党委书记。他告诉我们，党组织和团组织在合资公司中发挥了非常正面的作用，党、团组织及成员在生产、员工生活、企业公益活动中是重要的组织要素和活跃因子。这位老党员感慨地告诉我们，他这辈子当官几十年，而在合资企业工作不到十年，而这不到十年的工夫重塑了他的价值观，他说这些话时是朴素、真实的，没有虚伪。

从这些细节中，我们有一种既熟悉又陌生的感觉，这些细节中透露的精神既是日本的，又仿佛是中国的；既是传统的，又是当代的。合资公司中方总经理的话，验证了我们的感觉，他总结说：中日合资时最为重要的事情是对中日双方文化的理解；此外，不仅仅停留于日本文化，也不仅仅停留于中国文化，需要通过两者共同的努力创造一种超越两者之上的新的融合，由此能够让所有的员工充满生机地努力工作。

我们能感受到这个企业已经在这个企业内部形成了一种真实的精神空间，他们在企业理念的根子上营造一种大家庭的归属感，确实把员工视为家庭成员，同时，通过教育让员工在工作中树立价值感和自豪感。从公司内部，他们强调，虽然在工作场合有上下级之分，但是在工作之外，所有员工包括最高层领导大家都是平等的关系；同时，他们强调沟通的重要性，借鉴了日式管理的报告、联络和商谈等方式加强内部沟通。与此同时，这些精神又是实实在在的，从对员工的态度来说，在日常生活、薪酬、人才培养、价值养成中，贯穿着一种真实的关怀。当今，很多企业被人员高流动率的问题所困扰，而在E公司，基本不存在这个问题。

四、中日合资公司E企业的成功经验及其启示

从上述分析中，能够清晰看到，尽管在合资之前温州民营企业A企业也是一家不错的民营企业，但是就其内在——技术和管理的内涵来说，并没有与很多其他的温州民营企业有显著区别，然而，通过合资的过程，这家企业已经实现了脱胎换骨的变化，用当下热点的词汇来说，就是“转型”成功。而对于日方母公司B企业来说，合资企业E公司也是一个不可多得的成功合资案例。就日本母公司本部的经验而言，这是她在全世界范围内最成功的合资公司，是它吸取在中国多年合资失败的经历，选择与一家浙江本土制造企业缔结因缘所产出的果实。

在目前这个时点上分析中日合资E公司的案例，有特殊的意义。2013年前后，笔者与课题合作者在温州进行了数次制造业产业调研时，温州的经济环境是

今日全国经济状况的缩影：实体经济发展停滞已近十年，实体经济成为房地产等投机经济的融资平台，不同的是那时温州的债务危机已经爆发、地区金融泡沫已然刺破，而由此引发以制造业为主的温州实体经济受累深重，产业链式塌方、家族式塌方频现，哀鸿遍野。进入 2016 年，中国实体经济转型之困境越发凸显，债务危机、泡沫破裂的前景与危险已被越来越频繁的列入公共话题，在未来的三到五年时间，转型有没有实质突破将直接决定中国经济有没有未来。

从温州的经验中，我们看到：在此处境中，能全身者是那些未曾利用实业平台进行投机谋利的制造业企业，虽然更多并非先见之明而仅仅出于经营保守而躲过泡沫破裂之灾者，但是其中也不乏多年如一日专注本业者，因独特的制造技术或产品在债务危机的大环境中依然保持较高的产业利润，属于极少数实现了产业转型的成功者。而值得一提的是，这家中日制造业合资企业，不仅完全独立于这场危机之外，而且在调查时点的过去十年间，由一家完全本土的温州制造业企业脱胎为在其产业领域内全国领先、世界先进的制造公司，作为日方母公司的全球合资公司之一，其市场增幅与盈利能力都首屈一指。可以说，这家中日合资企业 E 公司提供了中国制造业企业转型的理想样本，如果中国的制造业企业有相当大的比例变成这样的企业，那么中国制造业转型的任务基本就完成了。

可以看到，现在整个国家对实体经济、对制造业发展的重视程度已经到了前所未有的高度，从政策、市场与资金环境都发生了相对有利的变化。未来的三到五年，或将迎来中日制造合作的历史机遇期。虽然，涉及技术输出日本官方的限制态度不会明显扭转，而知识产权、企业价值理念的障碍仍会使相关合作困难重重。假设该判定成立，有更多的日本制造技术，其中大量是在日本成熟的制造技术，将来中国寻求价值兑现的市场空间，而这一过程必然会通过某种形式的与中国同行之间的合作完成。那什么样的合作模式，有可能在未来的市场中获得成功？这家中日制造合资企业公司的例子，或许为未来中日制造合作指出了一条成功路径。

可以说，虽然从技术上可以非常清晰地看到中日制造企业双方合作的可行性，然而，如何能够跨越文化障碍、真正能够在中日双方之间达成沟通与理解，并在融合双方文化和各自特长基础上创造出全新的企业存在模式，可能是未来中日中小企业合作成功的关键所在。

在这家合资时间并不长久的企业里，人们看到了合资双方企业文化水乳交融的局面。根据E公司总经理的说法,合资最关键的要素就是价值观与理念的融合,双方之间的相互理解和相互保护非常重要,相互协调是关键;在公司运作中要时时处处尊重、理解和接纳中日合资双方的现有文化和现实状况;要以宽阔的胸怀包容合资过程中可能出现的不愉快事情,并在此过程中努力进行文化融合,使得双方能够共享价值观。(本文数据与资料,均来自笔者与课题合作者的现场调研。)

社会与历史

日本全球化人才培养战略研究

裘晓兰*

[摘　要]《全球化人才培养战略》基于日本社会发展现状和未来展望之基础上制定并落实推进,具有战略性、系统性、发展性特征,同时也表现出强烈的发展忧患意识。制定和推行全球化人才培养战略既是日本寻求经济发展、参与国际竞争、提高国家软实力的重要途径,也与经济停滞背景下日本青少年的"内向"发展特征有着密切的关系。日本全球化人才培养战略的确立和落实,特别是基础教育阶段的全球化人才培养项目的推行,对我国发展基础教育国际化具有借鉴意义。

[关键词] 全球化;全球化人才培养战略;"内向"倾向;教育国际化;SHG

20 世纪后半叶,伴随着"冷战"时代的结束以及知识经济和信息化时代的到来,世界进入了一个全新的时代——全球化时代。全球化(globalization),既是一种概念,也是人类社会发展的一个现象过程。全球化在其数百年的演进历程中,虽然经历了不同的历史阶段,但总的来讲一直都是在范围、规模和强度上进行着时断时续的量的扩张。唯独到了 20 世纪 90 年代,它才跨过了一个临界点,实现了从量变到质变的飞跃——"全球化进程"步入了"全球化时代"。[①] 如此全球化时代的来临,对于世界各国的经济乃至社会生活产生了广泛而深刻的影响。全球化带来的不仅仅是国家间日益激烈的竞争,以及人口膨胀、资源匮乏、环境污染、贫困、宗教对立、恐怖主义等各类全球性问题的凸显,在增加了"全球治理"新课题的同时,也使得各国间的协同合作变得更为迫切而必然。如此全球化进

* 裘晓兰,教育学博士,上海社会科学院青少年研究所助理研究员,日本国际教育学会常务理事。主要研究领域:社会教育、多文化教育。

① 目前的时代是全球化时代,[EB/OL].http: //news.sina.com.cn/c/2007-03-22/143412585984.shtml,2015-12-20。

程的不断推进和深入发展的时代状况,也对人才培养提出了新的挑战,在经济一体化、政治主体多极化、文化和价值观多元化以及生态关联化的世界格局之下,积极培养符合"全球化时代"发展特征、能应对"全球化时代"挑战的新一代人才正成为各国教育领域的一大课题。日本于2012年提出了《全球化人才培养战略》,对全球化时代的人才培养战略作出了全面部署。作为日本培养人才的主要指导纲领,《全球化人才培养战略》基于日本社会发展现状和未来展望的基础上制定并落实推进,具有战略性、系统性、发展性特征,同时,也表现出强烈的发展忧患意识。日本全球化人才培养战略的确立和落实,特别是基础教育阶段的全球化人才培养项目的推行,对我国发展基础教育国际化具有借鉴意义。

一、日本全球化人才战略的推出背景

日本2012年提出了《全球化人才培养战略》政府报告,确立了培养"全球化人才"引领未来发展的国家战略。整体来看,制定和推行全球化人才培养战略既是新形势下日本寻求经济发展、参与国际竞争、提高国家软实力的重要途径,也与经济停滞背景下日本青年一代的"内向"发展特征有着密切的关系。

(一)日本经济复兴与全球化人才需求

对日本而言,经济复兴是当前的第一大国家目标。在日益深刻的少子高龄化社会背景下,在经历了2011年东日本大地震重创之后,日本迫切希望能再次能走上经济发展的轨道。但由于国内人口呈现持续减少趋势,扩大国内市场需求可能性不大,因此,广阔的海外市场成为日本经济复兴的主要方向。而此中,人才的保障是不可或缺的重要条件。特别是在全球化进程加速发展的背景下,掌握熟练的外语技能,拥有良好的沟通协调能力和多元的文化体验,富有创新精神和充沛活力,活跃于世界舞台的国际型人才被认为是推动日本经济发展的关键。

无论是明治时期的近代化改革,还是"二战"之后的经济崛起,日本都是在与海外的积极交往中获得发展原动力,并推动社会取得实质性发展。正如《全球化人才培养战略》政府报告开头部分所指出的,"从迄今为止的发展历程看,我们拥有着无数次在时代的危急关头,通过积极的人才派遣等途径与海外各国相互交流接触,进而打开局面克服困难的历史经验"。正因此,能与国际社会直接对话的全球化人才被赋予了承担日本未来经济复兴、社会发展主要力量的责任。

然而，报告也同时提到，自20世纪80年代，也即日本在经济发展达到了一定的高度之后，却逐渐丧失了既往的开拓精神，缺乏面向国际社会的积极进取精神。从中长期发展视角看，如果继续维持现状，会对日本未来的社会经济发展产生极大的负面影响。在全球化不断推进的世界经济背景下，沉浸于"封闭""保守"将不仅会使日本失去经济复兴的契机，与此同时，日本还将面临人才枯竭、经济日益衰退的深刻危机。为避免陷入如此境地，《全球化人才培养战略》强调，日本必须重新确立"日本是世界一员"的认知，重新树立面向世界"开拓精神"；而推进实现此任务的将不仅仅是一小部分的精英分子，更为重要的是新时代背景下在多元多维领域发挥重要作用的"中间层"的存在。换言之，日本需要积极培养与国际社会紧密联动的"21世纪市民"，最终目标是构筑"产业、经济活力的持续"和"社会生活的幸福、充实"同步推进的和谐发展模式。为了完成上述发展目标，日本社会必须重新构筑与全球化时代相符的社会发展体系，而其第一步就是作为国家战略的"全球化人才"培养。然而，如此对全球化人才的需求却面临着一个巨大的现实问题。

（二）日本青少年的"内向"倾向与全球化人才需求的矛盾

1. 经济发展停滞背景下的"消沉一代"

"二战"以后，日本经济进入高速发展期，至20世纪80年代，已经发展为世界第二大经济体。然而，90年代泡沫经济破灭后，日本陷入了连续20多年的经济停滞期，这也被称为"失去的二十年"。如此社会大背景也对生活与成长于这一时代的青少年产生了巨大的影响，使其表现出一些与以往世代不同的群体特征。

一方面，泡沫经济虽然破灭，但经济高速发展积累起来的物质基础依旧存在，社会保障良好，民众生活稳定。在如此丰富物质环境生活成长起来的年轻一代，表现出生活态度自我，追求安逸，缺乏斗志，对学习、工作缺少热情和奋斗精神等群体特征。另一方面，由于出生成长于经济的长期低迷期，伴随经济的萎靡不振和少子高龄化等而来的社会发展不透明，让年轻一代对未来迷茫而不信任，呈现出生活态度消沉，缺乏长期目标，对国家和社会普遍缺少责任感和奉献精神的群体特征。

2010年,日本Fidelity公司对2 234名大学生进行的调查结果显示,65%的大学生对日本的未来不抱希望。[①] 中学生的情况同样不容乐观,越来越多的日本中学生变得缺乏理想和目标。2012年,日本NHK对全国中学生的调查发现,只有27.3%的中学生认为日本的将来是光明的,而有68.2%的中学生认为现在的日本社会不是一个良性的社会;与此同时,71.2%的中学生认同"相比社会的发展,自己的生活更为重要";58.7%的中学生认同"人生不必太过努力,只要快乐轻松就好"。在未来生活目标方面,只有16.4%的学生认为"需要制定未来生活计划",而有39.3%的中学生赞同"只要过好每一天就行了"。[②] 如此处于被动、消极精神状态的日本年轻一代也被称为"消沉的一代"[③],其生存状态受到社会的普遍担忧。

日本之所以能在"二战"失败后迅速崛起,跻身世界经济强国的行列,与当时的年轻一代具有很强的集体观念和国家意识,以及积极进取、奋斗拼搏和自我奉献的精神有着直接的关系。而今,他们的后代正变得越来越消沉:本应是怀揣希望和梦想,肩负日本未来发展的年轻一代,却在学习和生活中表现出无精打采,毫无活力。特别是当代青少年表现出来的"内向"倾向,成为了正在积极谋求经济复兴的日本社会的发展阻力。

2. 不愿出国的"内向"倾向

心理学将人的性格分为内向型和外向型两种,个性研究的著名学者艾森克(Eysenck)在对个体性格作了大量的测量和分析后证实了这两种性格的存在,并指出它们各自的特征:具有外向性格倾向的人,意识、兴趣和精力常指向他人和他事,对自身及内心体验很少关注;具有内向性格倾向的人,则会避免与他人进行社交,专注于自身的感受、思想和经历。[④]

进入新世纪,不愿赴海外留学和工作的青少年日益增多,日本社会将安于国内的安逸生活,缺乏向国际社会发展的勇气和信心的青少年群体特征称为青少年的"内向"倾向。上述2012年NHK的调查结果显示,只有9.7%的中学生表

① 大学生の約7割「日本の将来に夢や希望持てない」[EB/OL]. http://blogs.yahoo.co.jp/weekendsunday7/50143649.html.2015-02-22.

② 2012中学生生活意识调查[R].NHK放送文化研究所.2012:13-15.

③ 加藤嘉一.我们这一代日本青年对国家很失望[EB/OL].http://view.news.qq.com/a/20120629/000002.htm,2015-02-20.

④ 叶奕乾:《现代人格心理学》,上海教育出版社2005年版。

示将来想要出国留学，而明确表示将来不想出国留学的比例为 58.6%，为前者的6 倍。[①] 上述数据也意味着大多数的日本年轻一代对赴海外学习和工作抱有抵触的心理，如此心理意愿也体现在了具体行动上。一个有力的证据就是赴海外留学人数的减少。根据日本文部科学省的统计数据，日本自 20 世纪 80 年代中期以后，赴海外学习的留学生数量保持上升态势，从 1986 年的 14 297 人到 1995 年的 59 468 人，短短十年间日本赴海外留学生的数量整整翻了 4 倍；一直到 2004 年达到历史高峰 82 945 人，之后出现持续下滑趋势，至 2011 年的海外留学人数为 57 501 人，比高峰期减少了近 1/3。

根据经济合作开发组织（OECD）2013 年发表的调查结果，在高等教育机构在籍的学生中赴海外留学的学生比例 OECD 加盟国的平均为 2.0%，而日本是 1.0%，在 33 个加盟国中位列倒数第二。从具体的留学国家看，美国是日本学生留学时的第一选择，赴海外留学生的 54.2%选择在美国留学。然而，即便是美国，从绝对数量看，近年来日本留学生的数量也呈现出明显的减少趋势。（图 1）

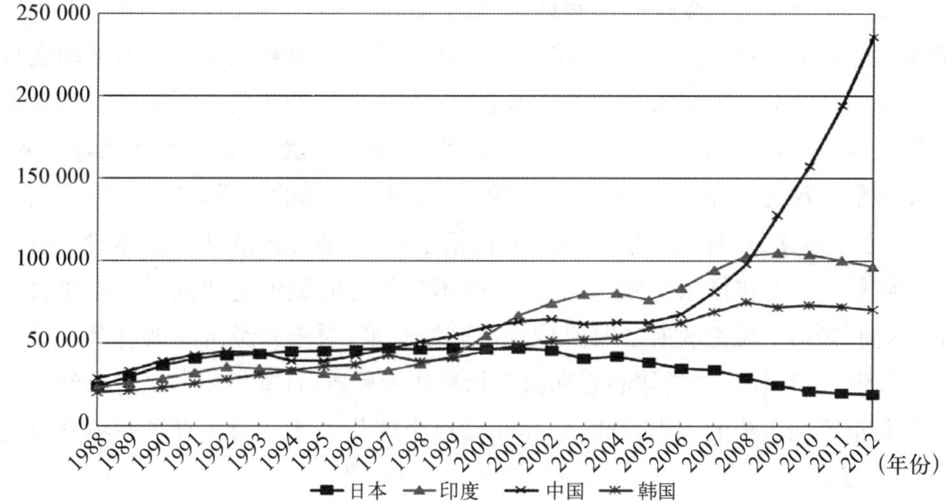

图 1　在美国留学的亚洲留学生人数（1988—2012）[②]

① 2012 中学生生活意识调查[R].NHK 放送文化研究所 2012：11。

② Institute of International Education (IIE). Open Doors 2013: Report on International Educational Exchange[R]. New York: IIE.

新世纪以后,正当中国、韩国、印度等亚洲国家的学生纷纷走出国门,选择到海外留学发展时,日本的年轻人却对海外留学的兴趣愈来愈淡。赴海外留学人数的减少,除了少子化、经济状况不佳等客观因素的影响之外,另一个重要的原因就是日本青少年的"内向"倾向。OECD就曾在报告书中分析:赴海外留学人数的减少反映了日本学生的"内向"倾向和对风险的畏惧心理。一方面,因为经济不景气,年轻一代对于留学所产生的投资与回报更为敏感;另一方面,也由于现在的学生缺乏冒险精神,不愿离开舒适便利的comfort zone(安乐窝)。① 相比较需要承担一定的风险去自己不熟悉的地方留学,日本的年轻人更倾向于选择留在自己比较熟悉的国内生活环境。对此,OECD的教育局次长安德里亚直接地指出:日本的学生感觉不到留学的必要性。到外面的世界学习与生活,能够让年轻一代见多识广,而日本的年轻人放弃了这样的机会。② 青少年的"内向"倾向与全球化人才的需求形成了鲜明的对比,这也引发了日本社会的普遍担忧。

二、日本全球化人才培养战略的基本内涵

经济全球化是当今社会发展最显著的特征之一。一方面,在全球化进程不断深入扩展的背景下,日本政府将适应全球化时代的国际型人才视为推动实现经济复兴和社会发展国家目标的基本动力;另一方面,由于经济不景气和就业形势严峻等原因,日本的年轻一代缺少远大理想、安于现状、社会意识薄弱,这些都使得他们不愿迎接挑战,不愿承担风险,一味追求安逸的生活,结果造成了闭门自守,生活越来越封闭的现实状况,而包括学校、企业在内的社会整体对于海外归国年轻人的对接体系不完善,支持力度不到位等问题更是加剧了日本年轻人的"内向"倾向。无论政府采取何种经济刺激政策,对未来经济发展有多少雄心壮志,若没有年轻人的进取心态和奋斗精神作为后盾,日本想要彻底走出经济低迷期是艰难而渺茫的。也因此,培养和确保全球化人才成为了日本一项紧迫的国家课题。

面对日本青少年的"内向"倾向和全球化经营策略的矛盾,日本政府在吸纳

---

① 太田浩.なぜ海外留学離れはおこっているのか[J].教育と医学,2011(1):68-76.

② 海外留学者数、加盟国中ワースト2位「内向き」志向が原因?[EB/OL].http://www.huffingtonpost.jp/2013/07/14/national_tertiary_students_enrolled_abroad_n_3595967.html,2015-02-24.

社会各界的意见和建议的基础上，开始着手制定培养“全球化人才”引领国家未来发展的国家战略。2010年，日本在新一期国家发展战略《新增长战略——“活力日本”复兴方案》中特别纳入了对全球化人才培养的论述，指出：“要进一步完善国内人才引进体制，加大接收外国留学生的数量，构筑海外研究人员及专业性海外人才就业的便利环境……促进与亚洲及世界的大学、科技、文化、体育、青少年等的交流与合作，加强培养活跃的国际型人才。”同年，以产业界和教育界为主导，日本社会围绕全球化时代人才培养问题进行了广泛而深入的探讨。与之相呼应，2011年，政府成立了由内阁府、外务省、文部科学省、经济产业省等部门组成的“全球化人才培养推进会议”，确立了通过全球化教育培养“全球化人才”的基本发展方向，并于2012年6月形成了政府版《全球化人才培养战略》，对全球化人才培养的具体步骤和落实措施作了具体说明。

首先，《全球化人才培养战略》对“全球化”和“全球化人才”作了界定。报告指出，“全球化”是现今在各种场合被频繁使用的一个多元概念，从其内涵看，主要被理解为以上世纪末以来的信息、交通等领域的飞跃性技术革新为背景，涵盖政治、经济、社会等所有领域的“人员”“物资”“金钱”“信息”等的跨国境高速移动以及在金融、物流市场，乃至人口、环境、能源、公共卫生等诸多问题的应对上，全球化视角已成为不可或缺的这一时代特征。报告认为，在如此“全球化”背景下日本应当培养的“全球化人才”需要具备三个基本要素：一是语言与沟通能力；二是主动性、积极性、协调性、灵活性、挑战精神、责任感与使命感；三是对不同文化的理解及对本民族的认同感。与此同时，报告书还提到，“全球化人才”应该同时具有深厚的人生修养和卓越的专业能力，独立思考和解决问题的能力，优秀的领导力，基本的公共伦理和现代媒体知识等素养。

其次，《全球化人才培养战略》对“全球化人才”的培养目标作了规定。根据政府对企业等的调研测算发现，目前日本符合“全球化人才”标准的人才约为168万（包括日本人和外国人）；伴随社会的进步发展，5年后日本需要的“全球化人才”将是现在的2.4倍，也就是达到约411万人，因此需要采用多元化方式积极培养“全球化人才”。报告书提到，作为战略目标之一，在未来10年要争取让日本20岁左右年轻人中具有一年以上海外留学经历的比例达到10%；为达到此目标，除了积极推动高等教育阶段的海外留学项目之外，政府还将鼓励企业使用社会招聘、在职训练（OJT）等方式扩大对有海外留学经历者的任用和培养。

最后,《全球化人才培养战略》提出了“全球化人才”培养的具体路径。主要分为以下四个方面:

(1) 推进基础教育阶段的全球化人才培养。具体措施包括:强化英语教育(如加强英语教育支援,推广不同文化体验,扩大外语指导助手制度,推动海外姐妹校缔结等);促进高中阶段的留学体验(如进一步完善18岁以下学生的海外留学环境,具有海外留学或生活1年以上的学生人数在现有基础上增加3万人,推进IB课程的开设,增加海外归国子女的中途入学名额,推进高中生TOFEL成绩和英检成绩的公布等);提升外语教师的专业素质和教学能力(如重点扶持一批培养外语师资的大学,加快推进对现任英语教师的英语能力测量并配套落实研修计划等)。

(2) 加强高等教育全球化人才培养的机制建设。具体措施包括:改善面向海外留学和生活经历者的入学选拔机制(如探索TOFEL/TOEIC成绩与大学入学考试成绩的换算,推进大学和高中共同开发能均衡体现“听说读写”技能的英语考题,扩大海外归国子女及有海外留学经历学生的大学入学名额等);进一步推进高等教育国际化(如推动各大学根据自身的发展情况设定全球化人才培养目标,导入九月入学制度,进一步开发和增加高等教育阶段的英语授课比例,促进大学生TOFEL成绩和英检成绩的公布,提升日本大学在世界大学排行榜中的排名等);推进留学生交流战略(如促进日本学生的海外留学,吸引海外优秀学生来日本留学,制定不同国家、地域的留学生交流计划等)。

(3) 改进和完善企业等的用人机制。具体措施包括:改善、充实用人机制(如通过推行全年招聘制度以消除大学毕业生因留学或海外实习错过录用,向企业普及和推广毕业3年以内的大学生等同于应届毕业生的招聘理念、鼓励企业录用具有海外留学经历的毕业生,向社会发送企业对海外留学人才的需求信息,在公务员考试体系中增设“政治与国际”项目,推进公务员考核外语基本能力等);促进入职后的全球化人才培养和使用(如增加面向中小企业职工的海外研修机会,推进跨国境产学协同教育、扩大公务员长期在外研究员制度的对象范围等)。

(4) 其他方面。具体措施包括:充实应对全球化时代的职业教育和在职培训(如通过促进职业能力开发和公共职业培训等途径加强全球化人才培养,推进艺术体育领域人才的海外派遣等);促进国际志愿者活动(推进以青年海外协力队(JICA)为核心的海外志愿者派遣等);普及与推广日语、日本文化(充实、推进海外的日语讲座/日语能力考试实施、扩大海外日语教师派遣、推进青少年的文化交流等);加强全球化人才培养体系建设(如推进完善教育机会均等保障,充实奖学金制度等保证有升学意向的学生能够进入高中、大学学习、为有意赴海外留学/升学的中学生、高中生提供多方位援助等)。

三、日本基础教育阶段全球化人才培养战略——以超级全球化高中(SGH)项目为例

《全球化人才培养战略》作为日本的基本国家战略在2012年以后得以推行和落实。从其内容看,具有政府主导、官民并举,教育界与企业界良性互动、密切配合,[①] 战略体系化、措施具体化等基本特征。特别是鉴于日本青少年的"内向"倾向特征,基础教育阶段的全球化人才培养作为本次战略的重要环节,得到了文部科学省的大力推进。其中,文部科学省于2014年开始实施的超级全球化高中(Super Global High School,简称SGH)项目,作为基础教育阶段全球化人才培养战略的支柱之一备受瞩目。

根据2014年文部科学省公布的"基础教育阶段的全球化人才培养"计划,该计划共包含三部分内容:一是强化英语教育;二是设立超级全球化高中(SGH);三是促进高中生的出国留学。其中,强化英语教育和促进高中生出国留学均为前年度项目的延续,只有超级全球化高中(SGH)是全新的项目,其目的是创建一批能培养出对现代社会具有高度关心和深入了解,且拥有良好的沟通协调能力和问题解决能力等高素质国际化人才的优质高中。SGH项目的启动,可以视为是落实《全球化人才培养战略》提出的"推行应对全球化进程的教育,在中等教育阶段培养未来向世界挑战的全球化人才"目标的具体措施。

(一) SGH项目的总体目标

SGH项目属于"基础教育阶段全球化人才培养"的组成部分,其总体目标是:通过推进高中阶段的全球化教育,培养拥有卓越的外语能力、丰厚的知识教养以及解决问题的实践能力等现代素养,未来活跃于国际政治、经济、法律、研究

---

① 李春生、白钢:《日本全球化人才培养战略及启示》,《中国高等教育》2013年,第73—76页。

等领域的全球化领军人才。

2014年1月,文部科学省正式启动SGH项目,并向全国国立、公立、私立高中以及初高中一体学校(完全中学)发出募集通知。根据SGH项目募集计划,该项目的主要内容是将积极与国内外大学、科研机构、企业以及社会组织等携手,致力于培养具有发现并解决国际和区域社会问题能力,活跃于未来商务、经济、政治等领域的全球化人才的高中指定为SGH,并资助其研究开发和实践优质教育课程,构建完善的教育体系。从文部科学省公布的实际数据看,2014年度SGH事业的实际预算为8亿日元(约合4 800万元人民币),募集学校为50所。

(二) SGH的申请和选拔

申请SGH的学校需根据本校的中长期教育规划,提交学校研究开发和实施全球化人才培养教育课程的申请计划,内容除了课程的目的(全球化人才培养课程的主题和目的)之外,还应涵盖课程的预期达成目标、主要内容(含计划的可行性分析以及教学落实方案)、计划进度、组织管理和评估机制、经费用途等项目。为了帮助学校制定系统、规范的申请计划,文部科学省制定的SGH申请纲要中对各项目都作了细目规定,要求学校依此进行申请计划的设计和撰写。

以"预期达成目标"为例,申请纲要规定其下设"实现教学构想的成果目标设定"和"SGH活动指标设定"两项内容。其中,"实现教学构想的成果目标设定"分为"年度目标"和"实施4年后的验证目标"两大部分。前者包括七项指标:(1) 自主参与各类社会奉献活动、自我钻研活动的学生数;(2) 自主赴海外留学或研修的学生数;(3) 未来有赴海外留学、工作意向的学生比例;(4) 受到各类政府机构表彰以及国内外高公益性比赛(与全球化相关的领域)中的得奖学生数;(5) 毕业时英语能力达到CEFR(Common European Framework of Reference) B1、B2级的学生比例;(6) 其他本计划所设定的目标。后者包括四项指标:(1) 进入以国际化为特色的国内大学的学生比例;(2) 进入海外大学的学生数;(3) SGH的教育经历对其选择大学专业时产生过影响的学生数;(4) 在大学期间赴海外留学、研修的本校毕业生数量。SGH活动指标设定下设十项具体指标:(1) SGH计划的国外参加者人数;(2) SGH计划的国内参加者人数;(3) 合作参与SGH计划的海外大学、高中数量;(4) 参与SGH计划的大学教师、学生等外部人员的数量;(5) 参与 SGH 计划的企业、国际机构等外部人员的数量;(6) 参加高公益性国内外比赛(与全球化相关的领域)的学生数;(7) 海外归国学生、外国人学生的数量;(8) 作为 SGH 先进学校进行研究发表的次数;(9) 学校外语网页的开设情况;(10) 其他本计划所设定的具体指标。如此详尽的细目规定在有效保证了学校申请计划的规范性的同时,也有益于保障 SGH 选拔和评估过程的客观性和科学性。

从 SGH 的选拔程序看,根据各所学校提出的申请计划,由文部科学省委任的第三方"超级全球化高中规划评价会议"(主要成员为教育及相关领域的专家和产业界人士),基于学校的既往教育实绩,对申请计划的现实性、发展性和持续性等进行审查和综合评估,最终在兼顾地域性和学校类型基础上选定 SGH 校。

截至 2014 年 2 月募集结束,共有 246 所学校提交了申请书,其中,国立 10 所,公立 117 所,私立 119 所。经过严格的书面审查和面试审查,2014 年 4 月,文部科学省最终公布 56 所高中被指定为 SGH,其中,国立 4 所,公立 34 所,私立 18 所。根据规定,SGH 的指定期限为 5 年(2014—2018 年)。首年度每所学校将获得最高 1 600 万日元的资助,经费将专项用于支援学校开发和实施全球化人才培养课程。SGH 学校需每年向文部科学省提交课程实施报告和经费使用报告,并接受评估和审查;文部科学省在项目实施第三年会对 SGH 学校进行中期评估。

(三) SGH 的管理运营架构

从 SGH 的管理运营架构(图 2)看,首先,文部科学省是主管部门,主要负责 SGH 事业计划的制定和落实,包括审查和选拔 SGH 学校,对 SGH 学校进行指导、建言、评估以及实施其他各项支援活动;其次,SGH 学校的设立者作为学校的管理机构[①],必须承担对 SGH 学校的指导、建言、评估以及教学监督的职责;再次,大学、研究机构、国际组织、非盈利社会组织和企业等与 SGH 学校属于合作协力关系,其主要职责是为学校研究开发和实施课程提供丰富的人力和广泛的教育资源,同时,也承担着推广和拓展学校研究成果的职能;最后,SGH 学校

① 学校管理机构指学校的设立主体。国立高中为设立该校的国立大学法人,公立高中为该校所属的教育委员会,私立高中为设立该校的学校法人。

作为课程落实的主体单位，承担着构建研究开发和实施全球化人才培养课程体制，推进课程有效实施的整体任务。其基本职责是，在文部科学省的指导下，设定全球化人才课程培养目标，并通过与国内外大学、研究机构，企业和各类国际组织等的协调和合作，研究开发相关课程，组织学生开展以全球化社会、经济、政治问题等为主题的跨领域综合性学习和探究活动。此外，基于向公众的说明义务，以及信息情报共享，文部科学省要求各所SGH学校必须设立专门的网页，随时公布其课程开展状况和相关研究成果。

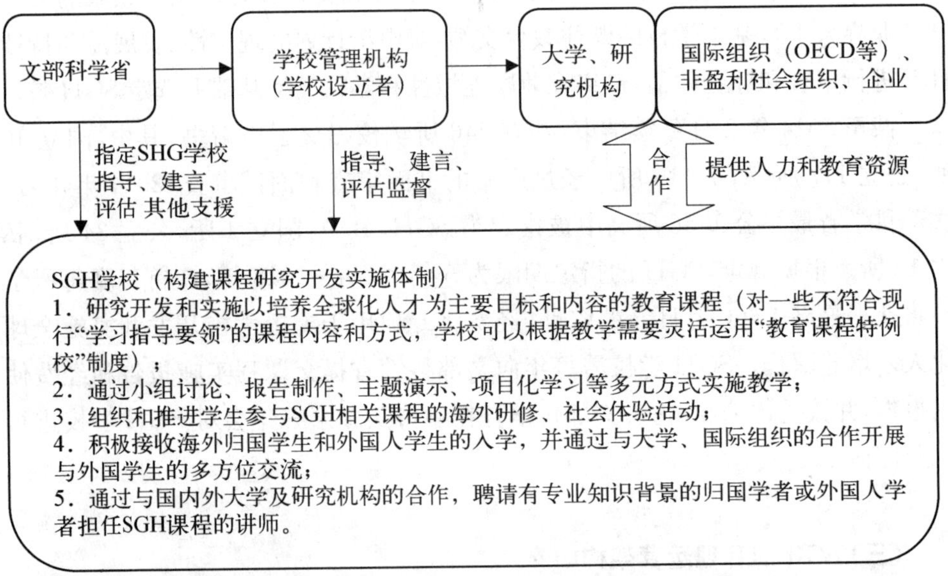

图2 SGH的管理运营架构

（四）SGH的教育特色

文部科学省规定，各所SGH学校在设定人才培养目标和具体的教学方案时，需要遵循下列原则：一是尽可能地运用学校所在地区和学校本身的优势教育资源；二是尽力保持建校宗旨和全球化人才培养课程发展方向的一致性。对研究主题的分析研究发现，首年度SGH入选学校的研究主题主要涉及以下方面：共生（包括文化、民族、外国人等），国际关系（包括外交、安全、和平、贫困、国际合作等），女性，教育、文化（包括历史、宗教、语言等），医疗卫生，生态环境，经济，旅游观光，资源，防灾和重建等。总的来看，将全球化背景下各国面临的共同课题与本区域的现实问题相结合是SGH学校一个普遍的做法。与一般学校相比，在教育内容上，SGH学校更为注重培养学生对于社会性课题的关心度和知识内涵，在培养丰厚的知识教养的同时侧重于帮助学生提升思考发现问题和实际解决问题能力；在教学方式上，SGH学校更着力推进多元化的教学手段，通过灵活运用各项社会教育资源组织实施实地考察、海外研修等方式，让学生在实践中拓宽视野、开阔眼界，通过自身体验获取与他人沟通协商能力和国际化素养。

四、中国的借鉴与参考

伴随经济全球化进程的推进，教育国际化已经成为当今教育发展的整体趋势。在经济一体化、政治主体多极化、文化和价值观多元化的时代背景下，不仅要求教育内容、教育方法、教育手段等要符合世界发展的新趋势，与此同时，人才培养的具体标准和目标也被要求具有新的理念和视野。《国家中长期教育改革和发展规划纲要(2010—2020)》提出要"提高我国教育国际化水平"，并指出"要加强国际交流与合作。坚持以开放促改革、促发展。开展多层次、宽领域的教育交流与合作，提高我国教育国际化水平"。"培养大批具有国际视野、通晓国际规则、能够参与国际事务和国际竞争的国际化人才。"这表明积极推进教育国际化，培养能适应全球化时代的人才是今后我国教育发展的主要方向之一。日本对于全球化人才培养战略的确立和落实，特别是对基础教育阶段的全球化人才培养项目的推行，对于我国发展基础教育国际化具有一定的借鉴意义。

从整体情况看，我国在高等教育领域的教育国际化无论是在理论研究方面还是具体实践方面都已取得了一定的积累，然而，在基础教育领域，对教育国际化的认识和实践尚处薄弱阶段。在现实中，基础教育国际化缺乏国际视野的规划和引领，不少基础教育参与者简单地认为基础教育国际化就是中小学国际间的人员和项目交流，高中努力寻找海外升学的出口；或者认为基础教育国际化就是办国际部，吸引外籍留学生就读，或者让本地孩子接受国际通用课程。以至于很多本土学校往往局限于与外国学校缔结友谊校，组织师生友好互访，组织学生夏令营、冬令营等浅层次的交流，缺乏与多元文化的深度接触，缺乏对不同教育理念的理解，缺乏基于教学和课程的比较借鉴，更缺乏对我国基础教育所面临的瓶颈问题的深入体察与尝试突破，缺乏较强目的性的交流,使得成效明显低于预期。[①] 日本超级全球化高中(SGH)项目推行中的一些具体做法为我们实施基础教育阶段的教育国际化提供了有益的参考视点。

(一) 学社结合,积极利用广泛的社会特色资源

文部科学省鼓励SGH学校与大学、研究机构、企业和各类社会组织携手,利用广泛的社会特色资源开展文理融合型的主题课程,因此,SGH的全球化人才培养课程表现出明显的"学社结合"特征。如德岛县立城东高中立足于促进人类健康和环境保护的视角,制定了"全球化企业的发展战略"研究主题,携手大塚制药和日亚化学工业等以德岛县为基地的知名企业,通过让学生到企业的国内外实地参观和短期实习、邀请公司海外工作人员与学生进行交流、组织实施专题讲座等方式,培养"能为人类健康和环境做出贡献的全球化人才"。早稻田大学高中的"培养创造多文化共生社会的全球化人才课程"则是将与企业、NGO组织、大学、社区、外国人等的合作作为课程开发和实施的主要支柱,特别是早稻田大学的丰富教育资源成为学校推进课程的有力后盾,具体的内容包括组织学生参与大学的国际交流项目赴海外实地调查"移民与共生"问题,制作"多文化社区构建"方案,与大学在读留学生合作建立"多文化中心"等。在课程的开发和实施过程中注重与本地特色教育资源的有机结合。通过灵活利用当地的优势资源,携手区域的教育力量,帮助学生在扎根地方的基础上放眼世界,这也应该成为我们推行基础教育国际化时的遵循的原则之一。

(二) 立足本土,注重与国际间的协同合作

课程内容、教学方式等的国际化是当下基础教育国际化最为重要的环节。课程内容的国际化并不仅仅指的是引进国际化课程,而是要实现国际化课程内容与本土化课程内容的全方位整合。在这一方面,SGH项目为我们提供了很好的范本。SGH学校在课程的开发和实施过程中注重本土性与国际化的结合,在立足本土的视角上,通过开展国际间合作、赴海外实地调查等方式,帮助学生加强对世界的了解和对全球化的体验。如宫城县仙台二华高中实施的"世界水资源问题"主题研究,就是将流经宫城县和岩手县的北上川与东南亚的湄公河进行

① 赵萱:《应然理性:上海基础教育国际化述评》,《基础教育》2012年第1期,第26—34页。

比较，为此，学校组织学生前往泰国与柬埔寨等国实施实地调查和研究，并与国际组织以及当地的高中、大学、企业等合作，从人、经济和环境三个视角对“世界水资源问题”进行深入探讨，寻求可能的解决途径。奈良县立亩傍高中的“培养创造未来的全球化人才课程”分为旅游观光、国际合作、生命与环境三个部分，其中旅游观光部分以古都奈良游客减少的现实问题为切入点，通过与世界旅游组织（UNWTO）以及奈良县的携手，组织学生参与世界旅游组织主办国际会议的发表、赴海外调查旅游事业发展状况、制作奈良宣传片和宣传册子、与当地旅行社合作开发新的旅游线路等活动，探讨旅游资源的开发和利用问题。国际合作部分则是通过与国内大学和海外合作学校的携手，让学生对发达国家和发展中国家的人口发展均衡问题进行比较和考察。生命与环境部分聚焦于传统手工业的萎缩问题，通过组织学生寻找和探访国内外的传统手工业的社会组织、实地调查、参加国际专题研讨会等形式深入思考全球化与本土化问题。因此，基础教育国际化的实践必须立足于本土本校的实际教育情境，寻找两者的最佳联结点，以真正实现基础教育国际化，而不只是浮于表面的、重于形式的“拿来主义”的国际化。

（本文部分内容发表于《当代青年研究》2015 年第 3 期）

中日两国学术信息网的比较及其借鉴
——以日本学术论文数据库(CINII)和中国知网(CNKI)为例

郭洁敏*

[摘　要] 日本学术论文数据库(CINII)和中国知网(CNKI)各有所长、各有特色,但是不可否认日本学术信息网有许多地方是值得学习借鉴的。例如,它立志打造"新一代学术信息网",不断推进基础设施更新,大力推动其朝着"超高速、高信赖、高功能"的方向发展,先后实施了"SINET3""SINET4"计划,目前,正开始实施"SINET5"计划。又如,它同英国、美国等众多海外学术研究机构进行网上连接,不仅向海外提供信息检索服务,而且双方可相互检索彼此的书目信息或直接申请文献复印和进行馆际互借,实现学术资源共享。另外,它在电子资源知识产权和用户信息安全保护方面走在世界前列,如开发了通用于各大学、研究机构的"大学公共密钥基础设施",并以 PKI(公开键认证基础)为轴心,为读者和组织机构提供认证服务等。

[关键词] 中日;学术信息网;比较和借鉴

日新月异的社会信息化进程不断改变着人们的生活方式、工作方式、交往方式,乃至思维方式,也包括知识的传播方式以及人们获取知识的行为方式。互联网以其丰富的信息资源已成为世界上最大的信息宝库,其中学术信息网更是为科研人员查询学术资料、了解相关成果等提供了极大的便利,大大推动了各机构各领域的学术研究。

我国学术类网站种类繁多,既有"中国知网""万方数据库"等涵盖期刊、会议纪要、论文、学术成果等的大型网络数据库,也有"百度文库""道客巴巴"等在线

* 郭洁敏,复旦大学外文系文学学士,上海社会科学院信息研究所研究员,上海市日本学会理事,复旦大学日本研究中心兼职研究员。主要从事国际文化和信息社会学研究。

文档分享平台。社会科学学术网站则专指为社会科学学术交流而提供信息资源和服务的网站，其主要任务是从理论上探讨社会科学领域内有关内容的“概念、应用范围、作用、方法和发展前景等。因此，这类网站的最大特点就是以刊登相关专题的论文、综述、统计报告为主”。① 一般而言，这类网站所包含的学术信息都是经过专业文献提供者和出版商仔细筛选后提供给数据库的，其信息质量、可信性和权威性都比较高，普通用户是不能直接将自己所持有的学术信息传到网站上去的。它主要有两大类：

一是社会科学机构的学术信息网。为了提升网络时代社会科学研究的手段和方法，一些社会科学研究单位相继建立了学术信息网，如中国社会科学信息网、中国高校人文社科信息网以及各省市社科机构的网上文献信息中心等。中国社会科学网以“中国哲学社会科学优秀成果的观点发布平台、全球学术资讯的权威集散地、中国学术走向世界的重要桥梁”为宗旨，致力于打造全球最大的学术门户网站；中国高校社科信息系统则以各高校图书馆为中心，整合各院、系、所图书馆或资料室以及社科出版部门的资源。

二是专业性的面向全国的学术数据库。以中国知网为代表的这类学术网站以其良好的信息组织结构、丰富且高质量的学术信息资源较好地满足了科研人员对信息的需求。中国学术期刊网是中国知网(CNKI)的前身，现在则是它的组成部分。这类学术网站背后都有专业的学术数据库支撑，而网站则是这些数据库的外部形式。随着学术界人士对互联网信息资源的依赖性越来越强，互联网学术资源的重要性也越来越显现。

日本从20世纪80年代开始建立全国性的学术信息网，从当年文部省的学术情报中心(National Center for Science Information Systems，简称NACSIS)发展到现在连接全国各高校、各研究院所的日本学术论文索引数据库(简称CINII)。日本有关部门不断推进“学术信息网的基本建设”，如提高网络速度、丰富内容资源、保障信息安全等。他山之石可攻玉，深入了解日本全国性学术信息网的构建和维护，对我国更好地构建学术信息网是具有启发意义和借鉴作用的。

① 范晴：《我国竞争情报相关网站分析》，《情报理论与实践》2002年6月。

一、日本全国性学术信息网的构建及其发展

基于信息化网络化的发展进程,1983年日本东京大学率先成立文献情报中心,先期建立联合书目数据库,并提供馆藏目录信息服务,之后它同日本东京工业大学图书馆连接形成网络,成为日本全国性文献信息资源的中枢机构。1986年,这一文献情报中心从东京大学剥离出来,进行改组后,正式成为隶属于日本文部省,但是相对独立的国家级学术情报中心(National Center for Science Information Systems,简称NACSIS)。它是一个国立、公立、私立大学研究者都可以利用的资源共享机构,有固定的专业技术管理和科研人员,也有充足的经费来源,是日本的大学乃至全日本学术信息收集、加工、服务以及学术信息体系研究开发的重镇,在日本学界具有很大的影响力。不过,NACSIS没有自己的藏书体系,只是一个由政府建立起来的"书目利用共同体",拥有的是数据库,包括自建的数据库、从数据库公司引进的数据库以及其他机构、研究者等建成的各种专题数据库。

2000年4月,日本以NACSIS为主体建立了日本信息学科领域的综合研究机构——国立情报学研究所(National Institute of Informatics,以下简称NII)。它作为"日本大学文献信息资源共享机构",宗旨是连接日本全国大学的图书馆和其他信息机构的文献资源,实现相互间的学术资源共享,同时为这些机构的研究者之间交换学术信息提供网络服务,最终目的是改善日本全国的科研和教学环境,提升这方面的国际竞争力。

此后,日本国立情报学研究所致力于全国性学术信息网的开发、维护和运行,不断提高它的技术性能,扩大它的连接范围,优化它的服务质量。经过多年的努力,这一学术信息网从南到北,覆盖了日本国立、公立、私立大学等所有的大学和研究机构(见图1)。

日本全国性的学术信息网主要以人文、社会、自然科学等各领域的学术信息为对象,通过计算机和数据通信网连接各个大学的大型计算机中心、综合信息处理中心、图书馆等,从而在日本形成了一个收集、整理,并迅速和精准地为研究者提供所需学术信息的全国性综合信息共享系统。这一资源共享范围包括学术信息网、联机编目和联合书目数据库,内容包括信息检索、馆际互借、国际交流和教育培训等。

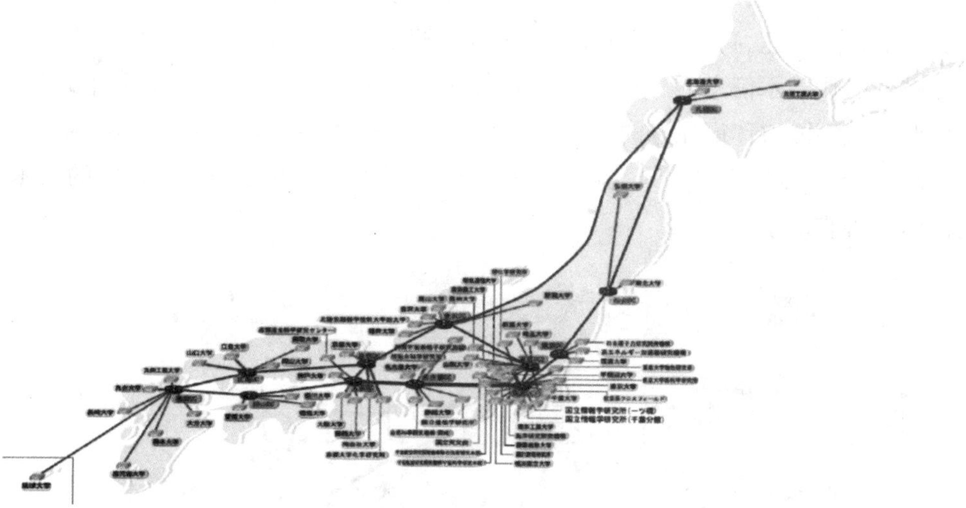

图 1　日本全国性学术信息网的带宽及其"连接点"

资料来源：日本国立情报学研究所网页。http://www.nii.ac.jp/top/csi/.

图 2　"网络科学基础设施"4 大层次：学术信息网、共用安全体系、学术信息（科研云等）、学术研究和教学活动的合作与推进

资料来源：日本国立情报学研究所网页。http://www.nii.ac.jp/top/csi/.

日本国立情报学研究所为日本学术信息网的发展作出了很大贡献，不断推动其朝着“超高速、高信赖、高功能”的方向前进。2011 年，日本国立情报学研究所在“新一代学术信息网——SINET3（Science Infrastructure Net3，见图 3）”的基础上构建并运行“最先进的学术信息基础——SINET4（Science Infrastructure Net4，见图 4）”，从资料收集、信息服务、安全保障等各个方面再次提升它的技术性能，完善它的学术功能。

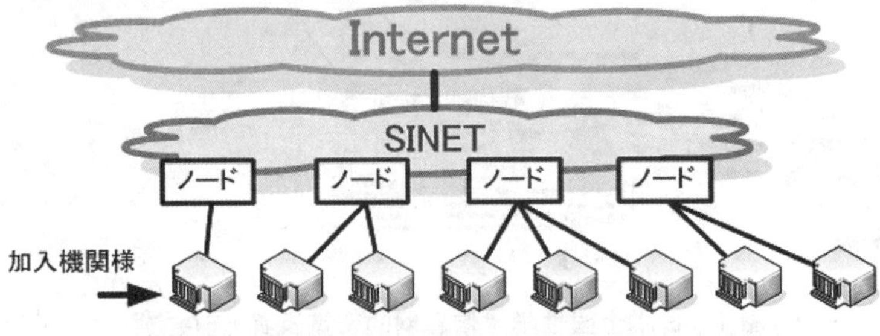

图 3　上连因特网，下接各个加入机构的 SINET

资料来源：日本国立情报学研究所网页。http://www.nii.ac.jp/top/csi/.

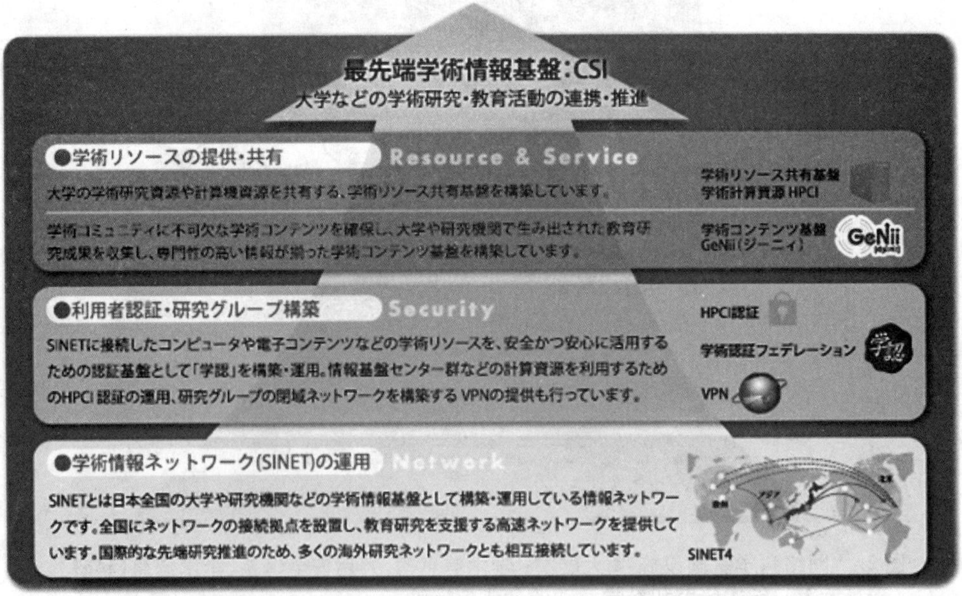

图 4　最先进的学术信息基础(Cyber Science Infrastructure, CSI)

资料来源：日本国立情报学研究所网页。http://www.nii.ac.jp/top/csi/.

所谓“SINET4”计划，承继了“SINET3”计划的架构，进一步优化的是网络的速度、服务的多样，以及同各个大学和研究机构“接续点”的畅通无阻等。

至此，日本学术信息网作为日本全国大学、研究机构等的学术信息“生命线”，为众多大学、研究机构所积极利用，从而大大促进了学术信息的流通，支持了日本的学术研究和教育事业。它主要有如下学术信息服务：

(1) 学术论文索引数据库(CiNii)。具体有日本各学术机构及团体的期刊论文和大学学报论文，同时可通过检索获取日本国会图书馆“日文期刊索引数据库”所收录的论文，并含有相当数量的全文文献，以及可显示论文之间引用与被引用的情况。

(2) 学术论文数据库(CiNii Articles)。可以检索到在学会和协会学术期刊上刊载的论文、大学研究纪要、国立国会图书馆的杂志纪事和索引数据库中的学术论文。这一数据库共收录约 1 500 万篇学术论文，其中刊载在学会和协会刊物、各大学学报或日本国立情报研究所刊物上的论文约 370 万篇。日本的学术论文并非全都用日文发表，有相当数量的论文由英文或其他文字发表。

(3) 大学图书馆书目(CiNii Books)。可以检索日本 1 200 多个大学图书馆约 1 000 万个(约 1 亿册)馆藏书目信息和 150 多万个作者信息。这些书目广泛收录了从最新刊物到古典书籍、海外书籍、CD、DVD 等众多形式的出版物。通过检索，读者还可以了解到这些图书收藏在哪所大学或机构。从图书、杂志的页面还可直接链接各大学图书馆的 OPAC 系统，并可即时确认是否可以借阅。

(4) 信息检索服务系统(NACSIS—IR)在线提供学术文献信息检索服务，以将学术信息迅速、准确地提供给研究者为宗旨。它拥有人文、社会科学、自然科学诸领域的 50 多种数据库、9 000 万条以上学术信息。

(5) 电子图书馆服务(NACSIS—ELS)则将学术杂志上的论文直接“电子化”。它能和书目信息同时进行检索，具有二次文献数据库的检索功能和文献页的显示功能。杂志的封面和论文页面均可直接显示。

另外，日本学术信息网大力开展国际交流，同诸多海外研究机构相连接，实现海内外学术资源共享，推进跨国境学术信息的流通。例如，它同欧美等国的学术研究网络相互连接，成为国际学术研究网的组成部分。又如，它同英国收藏日本语资料的主要图书馆合作，双方可相互检索彼此的书目信息，并与英国图书馆文献提供中心的馆际互借系统连通，可向英国图书馆直接申请文献复印和网上借阅。另外,日本学术信息网还向海外诸国提供信息检索服务,目前,美国、英国、法国、德国、澳大利亚、韩国等的许多大学图书馆都能利用这一服务。

二、中国知网的形成发展及其目标指向

“中国知网”“万方数据库”“维普网”等都属于中国学术网站,其中“中国知网”是最具代表性的。中国知网使用了1998年由世界银行提出的概念——国家知识基础建设(China National Knowledge Infrastructure, CNKI),是我国以实现全社会知识资源传播共享与增值利用为目标的重大信息化建设项目。CNKI工程于1999年6月开始建设,它在我国教育部、中宣部、科技部、新闻出版总署、国家版权局、国家发改委的大力支持下,以及全国学术界、教育界、出版界、图书情报界等社会各界的密切配合下,具体由清华大学和清华同方联合发起了建立CNKI(国家知识基础建设)的计划。CNKI工程集团经过多年努力,采用自主开发并具有国际领先水平的数字图书馆技术,建成了世界上全文信息量规模最大的“CNKI数字图书馆”,并正式启动建设《中国知识资源总库》及CNKI网络资源共享平台,进而通过产业化运作,为全社会知识资源高效共享提供最丰富的知识信息资源和最有效的知识传播与数字化学习平台①。

CNKI依托中国数量庞大的学术文献信息资源,建成了全球范围内信息量最大的中文数字化图书馆。它是我国学术网站的“综合体”,旗下的网站有:中国期刊网、中国研究生网、中国社会团体网、CNKI知网数字图书馆、中国医院数字图书馆、中国企业创新知识网、中国城建数字图书馆、中国农业数字图书馆、中小学多媒体数字图书馆、文献规范与计量评价网、CNKI系列软件、CNKI汉语词典在线、CNKI英汉-汉英词典在线、CNKI专科辞典在线、CNKI百科全书在线CNKI医学图谱在线、CNKI图鉴图录在线、CNKI知识超市等。目前,中国知网服务的读者超过4 000万,其中心网站及镜像站点年文献下载量突破30亿次,是全球备受推崇的知识服务品牌。

CNKI亦是具有国际水平的数字化图书馆,它开设了数字化的网络共享平台,并采用产业化的运作模式,为学术界打造了一个专业学术信息传播及学习利

① 参见百度百科条目:中国知网http://baike.baidu.com/link?url=KtHoM0z69lHRjXqK3ox5-kikql4CgYohZzWsRwLOQIwekYooFDqeSf6ObbltvfIBgaKT6264zf16Dg55Zofi6Nq.

用的平台，为中国全社会提供了丰富的知识资源储备。目前，很多高等院校图书馆均已购入了“中国知网”的数据库资源。从“中国知网”的“门户”（见图 5）可以看出，它拥有众多数据库、服务平台等。

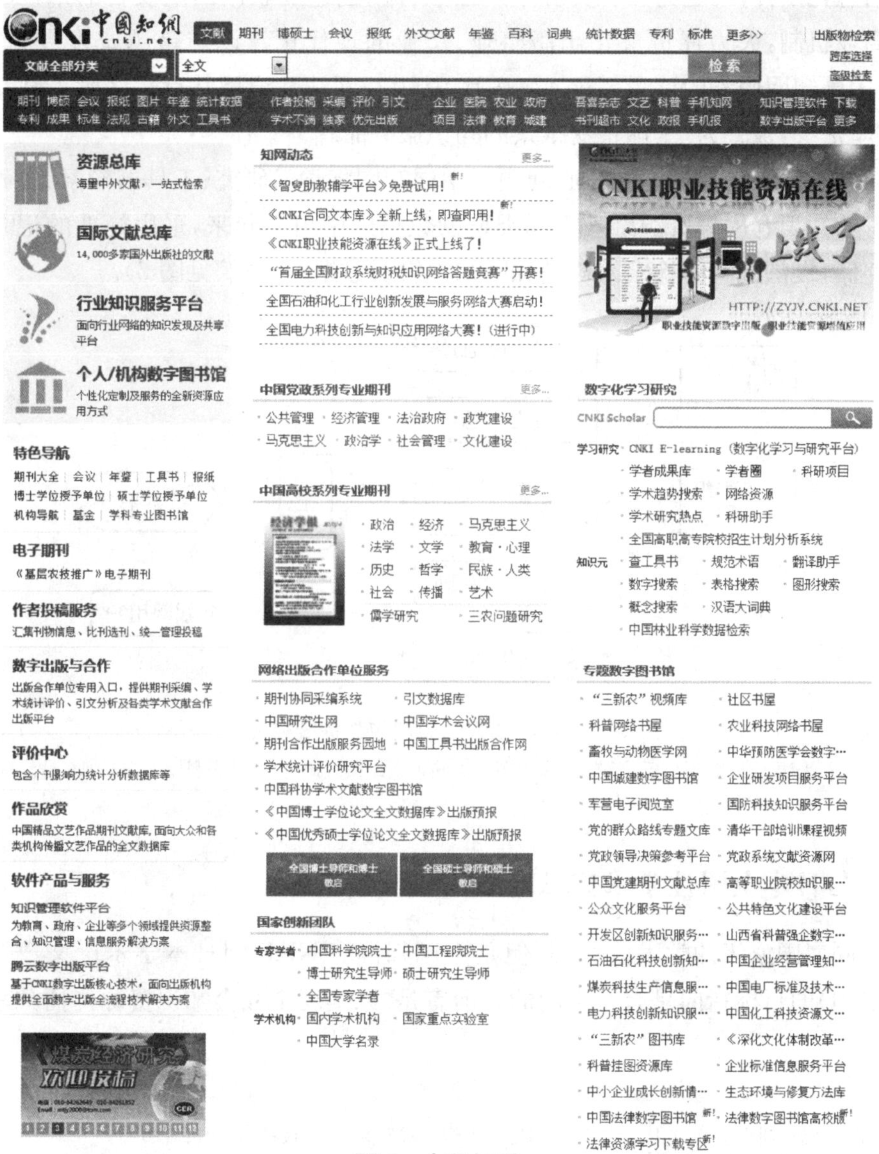

图 5　中国知网

http://www.cnki.net

中国知网的目标，一是能够将数字图书馆的信息资源大规模的整合起来从而提高知识资源的利用价值；二是建设数字化的知识服务和知识资源深度开发的平台，为全社会提供资源共享、数字化学习、知识检索、社会学习建设和知识创新信息化条件；三是为知识资源生产出版部门创造互联网出版发行的市场环境与商业机制，大力促进文化出版事业、产业的现代化建设与跨越式发展①。据称，中国知网服务的读者超过 4 000 万，其中心网站及镜像站点年文献下载量突破 30 亿次，被誉为“全球备受推崇的知识服务品牌”②。

知识组织是数据库的核心问题。中国知网将学术研究、工具书检索、各种专业行业知识仓库等资源融入不同类型的数据库中组织起来，采用标准的记录格式存储，提供统一的检索入口(它的“知识组织数据库模式”见图 6)。

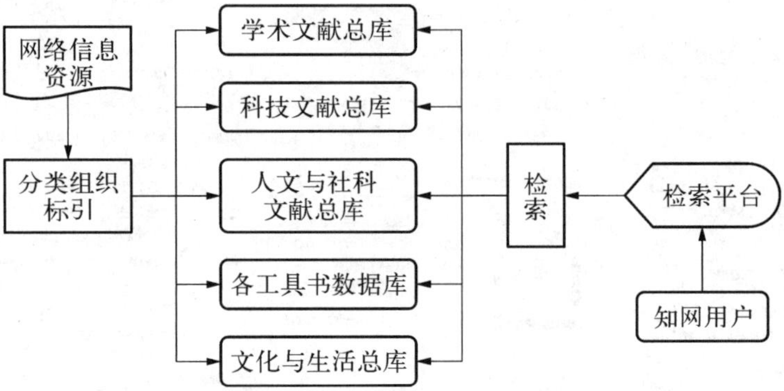

图 6　中国知网知识组织数据库模式

资料来源：马捷、刘小乐、郑若星：《中国知网知识组织模式研究》,《情报科学》2011 年 6 月。

三、与日本全国性学术信息网的比较及其借鉴

同属国家级的学术信息网，但是中国知网(CNKI)同日本学术论文数据库(CINII)的目标指向是有所不同的。前者是“以实现全社会知识资源传播共享与

① 马捷、刘小乐、郑若星：《中国知网知识组织模式研究》,《情报科学》2011 年 6 月。

② 参见百度百科条目：中国知网 http://baike.baidu.com/link? url＝KtHoM0z69lHRjXqK3ox5-kikql4CgYohZzWsRwLOQIwekYooFDqeSf6ObbltvfIBgaKT6264zf16Dg55Zofi6Nq.

增值利用为目标的信息化建设项目”,[①] 即以用户为中心,力求数据库个性化服务能够极大满足用户个性化需求,从而促使文献资源发挥更大的功效,它实行的是产业化运作,在网站上可以付费下载所需全文;后者的宗旨,如前所述是“连接全国大学图书馆和其他信息机构,共享所藏的信息资源,并为这些机构的研究者之间交换学术信息提供网络服务”,即服务的对象主要是大学和研究机构的专家学者——他们既是学术信息的提供者,也是学术信息网的利用者。不过,近年来日本学术信息网不仅面向专家,也开始向社会上一般需求者提供服务。

虽然它们具有各自的服务对象及特点,但是依然在很多方面具有共同的目标指向,如都致力于将最新最全的学术信息资源提供给用户等。所以,比较和借鉴日本学术信息网的经验或优势,有助于中国知网取长补短,更上一层楼。

第一,日本学术信息网不断推进基础设施更新,这是非常重要的。自从日本国立情报学研究所负责维护这一学术信息网后,它利用自己在信息技术研究方面的优势,积极打造“新一代学术信息网”,大力推动其朝着“超高速、高信赖、高功能”的方向发展,先后实施了“SINET3”“SINET4”计划,目前正开始实施“SINET5”计划。

相比之下,中国知网更多的是在内容方面更新数据库,如 2016 年上海社会科学院的《社会科学》杂志,上海社会科学院信息所智库产品《国外社会科学前沿》《世界社会主义研究年鉴》等都被收入中国知网。同时,中国知网非常注意“利用资源网格、知识网络、知识挖掘、知识发现等先进技术,将各种期刊、学位论文、会议论文、报纸、图书、年鉴、百科全书等整理、疏导为各类专业文献数据库。直接获取论文、专利、报刊等重要信息,大大简化了信息查询的过程和手续,缩短了知识资源与用户的距离,解决了知识信息极度膨胀、无序发展与知识信息需求之间的矛盾[②]”。不过,随着中国知网学术信息内容的越来越丰富和庞大,网络基础设施同样需要加快步伐进行更新和优化。

第二,日本学术信息网同世界诸多国家相关机构联网,进行学术资源共享,这是很有建设性的。目前,它已经同英国、美国等众多海外学术研究机构进行网上连接,不仅向海外提供信息检索服务,而且双方可相互检索彼此的书目信息或

---

① 《协同创新与 NKI 建设　中国知网定制个性化知识创新平台》,新华网 2015 年 10 月 14 日。http://www.cq.xinhuanet.com/2015-10/14/c_1116815400.htm.

② 郑广录:《中国知网商务模式模拟评价与改进策略研究》,汕头大学 2008 年硕士论文。

直接申请文献复印和进行馆际互借。据介绍,美国、英国、法国、德国、澳大利亚和韩国等的大学图书馆都能利用这一服务。

中国知网由于国内和国际互联网联通条件的限制,对海外一直采用在各个国家设立镜像站点的方式提供服务,这往往造成内容服务的较大“迟滞”和服务平台升级软件应用的滞后。2011 年 9 月,中国知网在第十八届北京国际图书博览会期间宣布:海外云出版和云数字图书馆系统正式启动。也就是说,我国对外发行的数字出版物可以通过设在国内的这一平台直接向全球的各种机构和个人用户提供,同时中国知网在提供云出版、云数字图书馆的基础上,可提供虚拟化“云服务”。并且,它已经斥资 5 000 万元进行系统改造和升级,形成了云框架下的新平台,即各出版单位不必自己投资购买和开发数字出版网站的软硬件系统,各单位的数字图书馆也无需投资建设数字图书馆的软硬件运行环境。这些表明中国知网正在与时俱进地利用最新信息技术提升自己,然而它在同海外学术信息网进行连接和共享相关信息资源方面还有待于进一步开拓。

第三,日本学术信息网对于电子资源知识产权和用户信息安全保护方面是走在世界前列的。日本国立情报学研究所(NII)开发了通用于各大学、研究机构的“大学公共密钥基础设施(University Public Key Infrastructure,UPKI)”,并以 PKI(公开键认证基础)为轴心,为读者和组织机构提供认证服务。而中国知网由于实行产业化运作,任何人只要花钱买充值卡就能进入这一学术信息数据库并可下载论文,作者的知识产权一般由出版单位代表作者一次性搞定,个人同中国知网不直接发生关系。事实上,作者的知识产权被“忽视”的情况时有发生。我国的图书馆版权政策制定相对起步较晚(是在提供电子文献资源服务和数字化普遍应用后出台的),而且一般都以“版权声明”“版权公告”“电子资源使用公告”等形式在相关网站上发布。这些“版权声明”“版权公告”的内容大都比较原则或简略,给人感觉是寄希望于读者的自觉性,如要求“不得连续、系统、集中、批量地进行下载、浏览、检索数据库等操作”,“读者有义务妥善保管个人网络账号及电脑(服务器),如出现账号被盗、电脑受攻击等情况而造成了电子资源的违规使用,读者将承担相应责任”等。

综上所述,中日两国都很重视全国性学术信息网的构建和维护,虽然日本学术论文数据库(CINII)和中国知网(CNKI)各有所长、各有特色,但是不可否认日本学术信息网有许多地方是值得我们“中国知网”学习和借鉴的。

参考文献

［1］「国際学術情報流通基盤整備事業」，日本国立情报学研究所网页。http://www.nii.ac.jp/sparc/.

［2］「我が国の学術研究を支える学術情報基盤の今後の整備について」，日本文部科学省网页。http://www.mext.go.jp/b_menu/shingi/gijyutu/gijyutu4/toushin/attach/1256579.htm.

［3］马捷、刘小乐、郑若星：《中国知网知识组织模式研究》，《情报科学》2011年6月。

［4］聂应高：《全文数据库个性化服务功能探析——以《中国知网》为例》，《科技广场》2011年3月。

日本文化观光事业的发展之道

王海冬*

[摘　要] 日本为使自己成为世界重要的文化观光旅游地采取了一系列行之有效的具体举措，首先从居民对本地的再认识、再评价开始重新定义“当地的文化魅力”，使展示“日本的魅力”成为日本各个阶层的文化自觉和文化习惯，从而使本民族优秀传统文化中的文化精神得以继承与发扬。本文通过对日本文化观光旅游业有效资源的认识以及典型案例；日本巧妙利用本土文化资源发展国际合作项目；日本发展文化观光旅游业的法律、措施与模式；日本乡镇内发性开发理论与实践等问题的研究分析；解析日本在发展文化观光旅游业方面的先进理念及其成功经验。

[关键词] 文化观光；日本的魅力；传统文化；文化精神

日本多数社区居民认为：为了使自己的居住地成为一个有一定世界意义的文化观光旅游之地，首要的事是自己再认识、再评价“当地的文化魅力”，从而形成展示“日本的魅力”的文化自觉和习惯，并借此推进支持“感性价值创造”的国民化活动。实际上，这里被称为“日本的魅力”是指包括日本人日常消费的生活方式和价值观、审美观，传统的文化、仪式、风俗习惯等，所以他们自信日本是一个艺术、设计、内容、文化遗产，包括孕育衣食住等生活方式的文化因素与传统技术交织而成的文化资源大国。为此，他们开展了意味深长的传统文化的现代化运动，以不同的形态与命题出现了如“寻找地方之宝运动”“创造地方之华运动”

* 王海冬，上海市人，日本千叶大学地域文化设计博士，上海社会科学院文学所副教授。从事文化研究工作，出版过《海派文化与上海特色文化产业振兴之道》等 7 本著作(包括合著)，发表过《法国的文化政策及对中国的历史启示》《“以文化振兴一个城市”的新加坡模式》《日本文化软实力发展战略与文化产业政策管理》等 40 余篇论文(其中 15 篇为核心期刊)，主持或参加过国际、国家、省部级、社科院科研项目 12 项。2015 年，被评为上海社会科学院创新基地成员与青年人才。

等。本质上都是使日本自己的民族优秀传统文化中的文化精神得以继承与发扬，这是日本成为世界上重要的文化观光旅游地的根本原因。

一、日本对文化观光旅游业有效资源的认识和成功案例

日本很重视保护自己的文化遗产，无论是物质的还是非物质的，他们坚持认为文化遗产是全体国民珍贵的文化财产，这一基本理念在日本深入人心，所以日本人把文化传承人统称为“持有者”。日本通过对无形文化财保护的有关法律，建立了“人间国宝”等文化遗产保护制度，采取一系列的实际措施，如出版有关非遗起源的系列民俗地图、每个社区都有相应的“地域文化振兴课程”等。值得一提的是，日本非常重视地区节庆祭祀等传统文化活动的继承，群众参与非常广泛。对振兴地区和地方文化，日本政府有明确的规定，比如，政府应支援地区文化活动，包括重新挖掘、振兴具有地方特色的文化遗产、民间艺术、传统工艺和祭祀活动等；制定长期规划，对具有地方特色的文化艺术提供综合援助；中央政府与地方政府联手举办全国规模的文化节。日本有 47 个都、道、府、县以及众多的市、町、村等各级地方政府，他们充分认识到发展文化产业对于振兴地方经济的重要作用，并根据当地实际，举办各种有特色的文化活动。京都、冲绳等地利用当地的文化优势和旅游资源优势，提出了文化立市、旅游立县的战略口号，都获得了良好的回报。

从日本的“文化资源”广泛遍布于日本各地的现象，带来的启发：重新评价历史性的文化遗产和街道、景观、传统文化、传统艺能和诸如以大米为主的多样的饮食文化等地域“文化资源”的价值，并加以充分有效地利用，就能够振兴地方经济。在传统文化、艺能中也存在着散发现代化、产业化魅力的新东西。因此，对于地方经济和地域社会来说，扎根于地方的传统文化以及以艺能为代表的“文化资源”的价值越来越重要。尤其是观光旅游资源的有效利用和旅游产业的发展，对振兴边远落后地区经济更为重要。

笔者曾经考察过日本的藤岛町、中富町、今田町、三岛町、早川町等地，亲身参与到那些地方的地域开发中，如山梨县中富町的成年居民几乎个个都融入“西岛和纸”工艺民俗的传承与保护中。日本郊区的 5 个町的昨天就是中国现代化的今天，有很大的相似性。因为相邻的城市实现了现代化，都曾经吸引了以年轻人为主的社会劳动力，5 个町的人口都减少 60％以上，一度曾经在日本引以为荣

的地方工艺也濒于失传,后来在宫崎清教授等内发性开发社区理论的指导下,当地民众勇于发现自己地域的个性,即利用自己地域在历史上形成的传统工艺发展产业,使社区恢复了活力,人口也有所恢复。福岛县三岛町地处高寒山区,30 年的工业化运动曾使这个古镇的人口从 8 000 人流失到了只有 3 000 人左右,经济凋敝,地域文化传承遇到前所未有的困境。我的导师宫琦清教授为了帮助那里的人们重新找回地域发展的活力,自己驾车从千叶到那里去了 200 多次,带领当地居民一起挖掘传统文化的珍宝。如今,经济效益提高了 10 倍,传统手工艺也得到了恢复,还建立了一个博物馆。传统的"冬之祭""工人祭"吸引了众多国内外游客,蓬勃发展的地方文化旅游业和手工艺业的发展逐渐不断吸引着年轻人回到了这片土地上。

除了郊区,日本的一些小城市也非常注重内发性的开发。如人口仅 4 万的境港市,规模相当于上海的一个镇,该市的市政建设以当地一组古老的民间传说——鬼太郎的故事作主题,渗透到居民的衣食住行,不仅整个城市建设(包括街道布局、城市公共雕塑、建筑风格、公园广场等)成了一个美丽的童话世界,而且预留了与鬼太郎相关民俗活动的文化空间,全城居民都成为本土非物质文化遗产的守护者、传承者,不但丰富了自己的精神生活,还吸引了大批海内外的游客,境港市成了国际旅游胜地。

在日本这样成功的案例比比皆是。展现文化个性是日本发展文化观光旅游业的重点。

二、日本迪士尼乐园成功经验:展示了日本本土文化

文化产业的重要组成部分之一是文化旅游业,日本善于巧妙地利用自己的本土文化资源,发展国际合作的文化旅游业。

笔者在东京迪士尼工作过一年多,曾亲身体验到:东京迪士尼最核心的价值是"魔法",从主题设计、建筑风格、经营理念、管理制度、员工培训等都围绕这个关键词展开,为所有来客打造了一个梦幻、欢乐、单纯的、完全区别于现实生活的童话世界。而这个美国企业在日本国土上能够欣欣向荣的另外一个奥秘是很好地和本土文化融合在了一起,很多内容和主题都蕴含着丰富的日本民族本土文化的元素。我在东京迪士尼工作期间看到至少有 5 个场景有日本元素:

(1) 东京迪士尼有一个"宠物小精灵中心",其实是一个动漫宠物玩具专卖

店，里面有各种各样的动漫形象玩具。东京是动漫业集聚发展的中心。专卖店的动漫宠物形象不仅是日本电视剧、电影、游戏的主要角色，也是画报、书籍的主角。主人公大部分是日本人，吸引了世界各地的游客前来购买。

（2）在迪士尼的路上有身着日本传统服饰——和服的可爱的双胞胎在玩耍，游客会情不自禁地和他们嬉戏或者拍照留影。

（3）迪士尼的两个主角——米老鼠与唐老鸭，有时也会穿着地道的和服参加表演，如歌舞、花车表演等。

（4）东京迪士尼的许多建筑之间装上了套顶、长廊，以适应日本潮湿多雨的气候。

（5）东京迪士尼是美国迪士尼的 2 倍大，在它的主题乐园中开设了大面积的野餐区，这是日本人赏樱花养成的习俗，被迪士尼巧妙地引入园中。

由于本土元素采用的好，1983 年开放的东京迪士尼接待的游客中 97%是本国人。2001 年 9 月，日本投资方在东京迪士尼旁边又建起了一座海上迪士尼。如今迪士尼乐园在日本取得了空前的成功，实现了良好的经济效益和社会效益。2012 年，东京迪士尼乐园和海洋公园合计入园人数达到 2 750 万人次，大地震、海啸都没有减少人数。

为了保持这个梦幻世界的生命力，东京迪士尼基本上每三个月就有一次内容上的更新，包括主题的变换、游乐设施的改造和新建，人们会看到很多为未来预留的空间和场景，这是对未来长期规划的一种表现。

现在上海迪士尼乐园已经建成，作为长江门户的崇明岛，其先民在古代海洋航行中发明的沙船如今是上海市标图案的元素之一，其模型已经展示在人民广场地铁站。我们建议可以考虑在上海迪士尼乐园展现上海古代海洋文化成就，可以建立一个海上丝绸之路专卖店，沙船模型等也能进迪士尼乐园。另外，海派建筑、海派杂技、海派工艺品、海派音乐、海派旗袍、海派戏剧、海派绘画、海派美食等上海海派文化元素都能融入上海迪士尼。当然前提是必须先建立一支精湛的研究、创意团队，由他们来设计、整合，才能实现。

三、日本发展文化观光旅游业的法律、措施与模式

理论是实践的向导，制定法律法规和政策措施是保护文化遗产、发展文化观光旅游业的根本保障。日本在这些方面做得比较好。

(一) 日本在文化遗产保护方面的法律、制度措施

早在 1950 年日本颁布的《文化财保护法》中,就明确规定了日本文部省拥有认定和解除"人间国宝"的权限和程序。具体执行这一制度的是日本文部省下属的文化厅。

日本文部省的认定有三种:"个别认定"[①] "综合认定""团体认定"。在表演艺术领域实行"个人认定"和"综合认定";在工艺技术领域实行"个人认定"和"团体认定"。"人间国宝"只是针对日本国家给予"个别认定"的个人而言的,并不针对团体。日本的"人间国宝"传承人与中国的国家级"非遗"项目代表性传承人的性质相同,但范围要小得多,数量也比中国少得多。到目前为止,日本文部省共认定的"人间国宝"仅 100 多人。

在日本,要成为"人间国宝"是很难的事情。文化厅从各地的申请者中挑选出候选人,交由文化审议会审议。审议通过后,由文部大臣批准并颁发认定书。都道府县的文化部门每年为了争取自己所在地方独有的工艺、手艺、民艺能够得到"人间国宝"的认证,要准备一系列的材料。很多地方成立了人间国宝的民间后援会。除了国家认定的"人间国宝"外,日本的都道府县各地方还有认定的"无形文化财",规格上虽然比国家级低了一些,但对于保留地方传统民艺和工艺,起了很大的作用。

日本法律规定:文化财产持有者同时也是文化财产的传承人,如果文化财产的持有者将自己的技艺密不传人,那么,无论他的技术有多高,都不会被政府指定为"人间国宝"或"重要无形文化财产的持有人"。这对无形文化财产的传承与保护起到了良好的促进作用。

日本法律规定:综合性无形文化遗产具有群体参与的属性,以群体传承为主要传承方式,如时令节庆活动、各种仪式活动等。所有的无形民俗文化财都归各种保存会、研究会等集体组织所有,在这个领域里没有像"人间国宝"那样的个人认定称号,传承人不是个人而是群体。让当地拥有该文化的社团或群体做真正的主人,使生活在那里的人们产生真正的文化自觉性与自豪感,进行有组织有系统的保护,使无形文化遗产成为全社会的共同财富。在保护非物质文化遗产的巨大工程中,当地社团或族群才是传承的主体,而政府、企业及学者只能起到

① 个人认定,对体现高超的表演艺术或拥有高超工艺技艺的个人给予认定。

引导和参与的作用。

保护好本辖区内的文化遗产，对于发展和提高地方文化具有非常重要的意义，因此，它同时也是地方政府不可推卸的责任。根据《文化财保护法》和其他相关的法律法规，日本的都、道、府、县及市、町、村亦即各级地方公共团体（地方政府）在文化遗产的保护与利用方面，同样肩负着一定的责任和义务。它们主要是：

（1）制定及改定各自地方的《文化遗产保护条例》。各级地方政府对于各自辖区内的文化遗产（除国家指定或选定的之外），可以通过制定保护条例予以指定，并实施必要的保护和活用。

（2）指定和选定本地重要的文化遗产（除国家指定的之外）。在日本，文化遗产的保护体系中，除了国家指定或选定的文化遗产之外，还有都、道、府、县或由市、町、村所分别指定的文化遗产。

（3）对于指定文化遗产的所有者，就文化遗产的管理、维修、公开等发出指示、劝告以及限制其现状的变更等。

（4）就指定文化遗产的管理、维修和公开，对其所有者或管理者进行补助。

（5）设置和运营旨在保护和公开文化遗产的地方公立设施，如各自地方的美术馆、博物馆、历史民俗资料馆等。

（6）通过社会教育和学校教育等多种方式，大力推进学习、爱护和传承文化遗产等方面的活动，推进以普通市民为对象的启发和普及活动，推进旨在保护和利用文化遗产的各种地方性的活动。

（7）作为国家指定的管理团体，对于由国家指定、选定及登录的文化遗产予以管理和维护，其中包括配合指定等进行基础性的调查、指导组织或培育无形民俗文化遗产的保护团体等。

据 2008 年的统计数据，日本全国所有的都、道、府、县和 3 249 个市、町、村中3 139个市、町、村，亦即大约有 97%的地方自治体均已制定了各自的“文化遗产保护条例”。根据这些保护条例，地方政府对各自辖区内的文化遗产积极地予以“指定”“管理”“维护”“公开”，同时，还对文化遗产所有者的管理、维修和公开事业给予必要的经费补助。

（二）日本在文化遗产保护方面的地方法制

根据 1975 年对《文化财保护法》的修订，日本在各都、道、府、县教育委员会内还设置了《文化遗产保护指导委员》,其职责主要就是巡回视察当地的文化遗产并给予细致的工作指导。文化遗产行政需要国家和地方的一体化运作。一方面,国家的文化遗产保护工作往往需要落实在地方,甚至需要落实在具体的社区;另一方面,认真保护好各自辖区内的文化遗产,也被认为对于提高和发展地方文化具有非同寻常的意义,因此,也是地方政府不可推卸和理所当然的责任。

受"创意都市"风潮以及日本自身政治经济环境变化,地方自治改革如火如荼,中央政府为政策主导的传统逐渐打破,政府、企业、市民、NPO(非盈利组织)等多元主体共治,共同构建中央与地方、市民和谐共处的"分权型社会"成为日本上下的共识。尤其是1998年,日本颁布《特定非营利活动促进法》(以下称为NPO法)到2000年4月《地方分权通则》实施,日本迈出了向分权型社会迈进的坚实一步。例如,作者多次去过的横滨,是日本重要的港口城市,亚洲最大的中华街所在地。2004年,由专家学者组成的"振兴文化艺术与旅游——再建城市中心倡议委员会"向市议会提出《构建创意都市横滨——文化艺术创意都市》的提案。2004年3月至2006年3月,将位于横滨市中心的两座已经废弃的古建筑(原第一银行总店和原富士银行)交予NPO管理运营,该NPO由"都市中心理事建筑文化艺术开发实验事业推进委员会"选出。通过了《影像文化都市》的提案,并为影像文化关联设施、影像文化教育机构、电影制造、动漫制作等企业,开辟了位于都市中心部的专属产业区。近年每年举办了主题为"横滨EIZONE"的电影节,放映区设在位于横滨市中心区域的古建筑群里。这样使"创意都市"与"地方分权"并举,充分发挥地方的自主性与创意性;垂直的"中央-地方"型规划整合手段让位于地方,NPO、市民等多元主体参与决策,从而激发了个性的创造力,使"创新"逐步变成全体国民的事。这一点很值得我们学习——上海要发展文化产业与文化观光旅游业,需要重视文化体制与机制的改革,进一步发挥全体居民的文化创新活力。

(三)日本发展文化观光旅游业的有关模式

此外,日本能将保护文化遗产与发展文化产业、文化观光旅游业紧密结合,运行的一些具体模式值得上海学习。

投资的官民连携模式。早在2005年,《日本品牌战略的推进向世界宣传魅力日本》的报告书中就提出:日本文化名牌构筑的四个基本理念是,自由的竞争,发挥日本人的能力和个性、传统与创造,从消费者角度出发。日本政府在长期的调查并充分听取民间建议的基础上,将政府的主要扶植方向定为日本文化整体的海外推广。同时,在以数码影像、网络视讯等为载体的内容产业上,针对高投入、高风险(回报不确定)、关联度高(与其他产业)等特点,官民联合携手设立风险基金,为相关企业的发展和海外推广保驾护航。截至 2013 年年底,政府(经济产业省)承诺出资计 500 亿日元,民间出资共计 100 亿日元,政府控股 50%。“出资民企”几乎涵盖了文化产业,无论是上游的“广告”“出版”,还是下游的“玩具”“零售”“旅游”等产业,使日本第二产业“工业”有了向文化产业靠拢的机会,由此产生了新的附加价值。

文化产业的“整体推广”模式。在重金打造海外推广项目的同时,对产业整体性的宣传以及对单一推广活动效率性的追求,使得日本政府将本土文化产业关联企业捆绑在一起。“整体推广”,日本政府尝试了一种“综合文化节”的会展形式。从 2007 年开始,这类“综合文化节”就开始集合文化产业相关的各类企业,通过会展形式,强化日本文化产业整体形象。其中,较为知名的有“东京国际音乐市场”“东京国际电影节”“东京国际动漫节秋季展”等。这类“综合文化节”上,与“内容产业”(漫画、动画、人偶、影像、音乐等)更具关联度的时尚、设计等产业,聚集合拢、相辅相成;并设计单一主题,在主题下分设“市场”单元,既以“日本文化产业”为整体形象对外,又于现场设置商务空间,方便厂商交流与交易。除了资金投入与整体展示之外,日本政府还将日本驻外使领馆作为宣传阵地,外务省还在预算中特别设置使领馆在驻在国宣传日本文化的资金投入项目。

文化与旅游相结合的模式。2013 年 6 月 20 日,日本旅游行政主管部门观光厅与经济产业省、日本贸易振兴机构(JETRO)、日本政府观光局(JNTO)四部门联合制定了《增加访日外国游客的共同计划》,提出建设“酷日本”形象吸引外国游客,结合“投资日本”活动推进观光立国,把日本建设成为人、技术和信息汇集的国际中转站。根据这个计划,通过各种渠道向外国游客大力宣传能够提升软实力的各种日本元素(如日本动漫、日本制造的知名商品、日本美食、自然风景以及日本时尚等)来吸引外国游客。日本经济产业省 2013 年度专门拨款 500 亿日元帮助日本企业在世界各地实施日本品牌营销工作。日本贸易振兴机构则充分利用 37 个驻外分支机构,在世界各地展示日本质地精良的各种工业产品,努力宣传日本饮食文化、流行音乐等现代日本人的生活方式,免费发放由观光厅和日本政府观光局制作的旅游宣传手册,增强了日本文化吸引力和文化辐射力。

四、日本乡镇内发性开发理论与文化观光旅游业的发展

20 世纪 80 年代末,日本著名经济学家宫本宪一教授提出了内发式发展理论。经过了 20 多年的探索及实践,这一理论得到了进一步完善,成为指导日本地域经济发展的重要理论,也使日本观光旅游业不断取得成功。我于日本千叶大学留学与合作研究期间,与该校研究学者共同完成中日合作课题《日中两国社区文化的比较研究——追求社区文化的再生、创新》。课题进行期间考察了日本社区的整体营造,如藤岛町、中富町、今田町等地的内发性、活用性理论,以及“人间国宝”政策、鼓励青少年参与文化传承的政策等典型案例,与导师宫崎清教授等研究学者讨论中国大陆、台湾和日本、越南等社区文化发展模式的特性与功能。通过研究,我对日本的地域内发性开发理论有了比较全面的理解,感到这种理论对发展一个地方的特色文化产业有非凡的指导意义。

(一) 地域现代化的新视角——内发性开发

内发性开发是指在城市乡镇建设中,由居民内部产生出来的构想和提案,某些提案也可经外部的诱导而产生,但这些提案的主体是当地的居民,或者决定城市乡镇建设方向的主体是当地的居民。一个地区用自己的自然与文化资源推动城市乡镇建设计划,称为内发型。相反地,完全靠外界的帮助而进行的城市乡镇建设计划,则称为外发型。一般而言,大部分的城市建设计划都是在内发型与外发型计划的相互作用之下进行的。城市乡镇建设应以本地区的历史和风土紧密结合的方式崛起。通常,城市乡镇建设这场戏的导演(居民们)隐藏在错综复杂的问题中,真正的主题为何,常常不明确。此时,将这许多问题加以整理,使主题明确化的作业,是当地行政部门的一项任务。提供建言、制造机会、暗示方向等等,是担当副导演的行政任务。扮演引路人的角色,作为城市乡镇建设的引爆剂。当地的居民与行政部门成为内发的城市乡镇建设的两大支柱,彼此协调,携手共进。

简言之,这种“内发性开发”理论强调了当地居民是开发的主体,为当地居民建设美好生活是开发的主旨,在此基础上,充分吸收行政、专家、客人的外来指导。看上去,这种理论平凡无华,但很接近“人民是创造历史的主体”的唯物史

观。实际上,该理论解决了文化遗产的保护主体是当地居民的内在动力问题。而在我国,真正的主体往往缺位,这是亟须改变的现实问题。海派文化资源的保护与利用需要动员全体上海市民的积极参与。也只有在市民、政府、企业的共同努力下,海派文化的复兴才可能真正实现。

(二) 地方即历史,即个性——地域建设中的文化意蕴

任何地方都有各自的历史以及祖先所建立,后人加以创新、继承的各种生活文化。每个地方的历史、生活文化都和我们人类各自的人格一样应获得公众的认同,并受到保护,任何人都不可予以毁伤、揶揄,它具有"地方格"。"地方格"即"地方的个性",因此各地的城市乡镇建设的手段、内容、目的、方法、程序等便会因地而异。

城市乡镇建设无通解,无论对于任何地方,皆不存在高效率的普适性良方。城市乡镇营造方案的形成,仅存在于该地区内,因为地方即历史,即个性。乡镇设计的展开,是从调查自己居住的地方有哪些财产、特色开始的。首先要作地方的生活文化调查,所谓调查是指踏查(仔细踏遍地方,五官总动员,实地走访、调查)。无论任何一个地方都有丰富的自然资源、人类的智慧、生活技术,以及由此产生出来的各种事物。在调查中,找出这些"特色",再度认识地方的文化意蕴,是城市乡镇营造与设计的出发点。[①] 海派文化就是上海最有特色的历史、最具个性的文化成就。这就解决了一个文化观光旅游业所需要的文化个性问题。

五、日本文化观光旅游业的基础——编辑民俗地图

要发展文化观光旅游业,对文化遗产的资料保护极其重要,这方面日本也做得很到位。如绘制民俗地图,不光是记述民俗的手法之一,也是非物质文化遗产资料保存的重要方法。20 世纪 60 年代,随着日本社会经济进入急速发展阶段,传统的生活环境急剧变化,记录尚存的民俗文化成为文化部门的当务之急,日本文化厅开始策划绘制、发行全国性分类民俗地图的庞大工程。

第一阶段,在全国选定 30 个调查点,用 3 年时间在 30 个调查地点就 20 个

---

① 本文宫崎清教授的论点据文集《人心之华》(台湾地区手工业研究所千叶大学宫崎清研究室编,1996 年)归纳整理。

调查项目作同样的定点式“民俗资料紧急调查”,记录下了大量即将变化或消失的民俗资料,其中相当大的部分是无形文化遗产、无形民俗文化遗产。

第二阶段,分类处理调查数据和将各种数据用符号标示于地图并编写该民俗地图的讲解资料。1969年出版了第一卷民俗地图之后,至2004年才完成第十册最终卷的编写和出版工作。费时近40年,终于完成了一套由30个基本调查地点数据为代表的基本覆盖日本全国各个地区的10卷本分类、系列民俗地图集——《日本民俗地图》。

每卷民俗地图围绕一个大的分类题目,用十或十几幅大开张的民俗地图标示出全国30个调查地点的民俗数据或分类民俗事项等。例如,第10卷《居住生活》,用10幅民俗地图分10个大项目描述日本民居。这10幅地图为:(1)屋顶;(2)主房的形态与名称;(3)厩、隐居处、分离式炊事间;(4)房屋布局;(5)房间名称其一;(6)房间名称;(7)灶与地炉;(8)地炉主位和客位名称;(9)地炉主妇座位;(10)屋内神灵名称、牌位安放位置、房柱名称。每卷民俗地图都附有一册厚达数百页的民俗地图讲解资料。这册讲解资料的写作难度远远高于标志民俗地图,也正因为每卷民俗地图附有民俗地图讲解资料,才使得民俗地图更加具有科学性和学术性,甚至有学者评价作为民俗地图附录的讲解资料的学术价值远远高于民俗地图本身。

民俗地图是文化资料(文化遗产)中一种不可替代的图谱记录方式,一目了然地说明了民俗的产生、传承、发展等特征,为保存文化遗产和文化遗产的产业化提供了历史依据。

从日本的经验可见,民俗地图是从民俗学记录及研究的角度出发,运用各种符号标示民俗事项的类型、数量、形态以及某种民俗的特性、变迁规律等信息的地图。民俗地图是自然地理学与民俗学方法论的合理结合,是非物质文化遗产可以实现科学保护的有效措施。这也是发展文化观光旅游业必要的基础工程。

六、结语

文化遗产是地域文脉的载体,寓含着该地域居民在漫长的历史进程中形成的生活智慧、文化心理。文化遗产的一个重要组成部分就是非物质形态文化遗产,日本称之为无形文化财。日本政府和学界认为:为了推进文化产业战略,日本人自己要真正认识“日本的魅力”,以此来推进“感性价值创造”的国民化活动。日本人自信地认为日本是一个文化资源大国，这是支持文化产业发展的社会基础和环境。我们可以看到，所谓“日本的魅力”包括了其国民在文化遗产保护方面的理念，而且和正在兴起的日本的文化产业紧密相连。日本在发展文化观光旅游业方面的经验值得我们借鉴。

参考文献

［1］ 程曦：《一边是传统，一边是先锋——日本文化产业振兴之路的经验研究》，《北方文学》2014 年第 5 期。

［2］ 袁畅、程曦：《不止动漫，日本文化产业的“COOL JAPAN(酷日本)战略”》，《环球市场信息导报》2014 年第 19 期。

［3］ 金春梅、凌强：《文化软实力视角下的日本观光立国战略》，《世界地理研究》2014 年第 3 期。

［4］ 何彬：《传承文化独树一帜的日本民俗地图》，《中国测绘》2005 年第 3 期。

［5］ ［日］宫崎清：《人心之华》，(中国)台湾地区手工业研究所千叶大学宫崎研究室编，1996 年。

论日本的人口老龄化及少子老龄化社会对策

张启新*

[摘　要] 日本是世界上人口老龄化程度最高、发展速度最快的国家，并因而备受瞩目。日本的出生率与死亡率的降低的速度与西欧各国相比尤为急速。总人口中65岁以上的老年人所占的比例从7%上升到其2倍的14%所经历的年数在国际上进行比较，日本仅用了不到25年，而西欧各国的经历年数则是日本的3倍到4倍。人口老龄化的速度快意味着由老龄化带来的各种问题也必须有迅速的应对。

这样的应对政策主要分两大领域，一是以抑制少子化以调整人口结构和提高总合生育率的人口政策，谓之少子化政策大纲；另一为有关老龄化的政策措施。老龄化的政策措施是由当初纯粹的老年人的社会福利政策，发展成为目前综合性的老龄化社会对策。它主要体现在以"谋求推行综合性的老龄社会对策，以使经济社会能够健康发展，国民生活能够安定提高，以构筑'公正而有活力的社会'、'立足于社区自立与连带的精神形成的社会'、'富裕的社会'为基本理念"的"老龄社会对策基本法"和为实施此基本法而制定的"老龄社会对策大纲"，即由政府推动的老龄社会对策的中长期的基本的综合性的指针。而日本的国民对老龄化社会的意识、认识也在快速地变化发展。

[关键词] 老龄化；少子化；总和生育率；老龄社会对策基本法

一、日本人口老龄化的现状

(一) 人口老龄化、老龄化社会与老龄社会的定义

人口老龄化(ageing of population)是指总人口中65岁以上的老龄人口的

---

* 张启新，日本一桥大学社会学研究科硕士，上海社会科学院经济研究所副研究员。研究专业和方向：社会政策、社会保障；医疗体制改革研究、人口老龄化研究。

比例逐渐提高的情形。将65岁以上的人定义为老年人并无严格的依据，但是人口老龄化的现象从统计学方面来考虑，对其按时间序列的变化进行分析，并对各国的人口老龄化的状况进行比较的情况下，必须使用统一的定义，目前，比较方便的做法就是将65岁以上的人定义为老年人。将几岁以上的人定义为老年人才算正确的问题，通常是参照人口的平均寿命和社会习惯等各种条件才能解决的问题。事实上，日本在1955—1965年代的人口普查报告书中是将60岁以上的人定义为"老年人口"，今后的时代，或许还会将70岁以上定义为老年人。然而，在目前，联合国的人口统计也是将65岁以上定义为老年(OLD)，所以，日本在进行相关问题的讨论时，都是以65岁以上为老年的定义作为前提。

老龄化社会(ageing society)是指人口老龄化在进行中的社会。相对于此"老龄社会"(aged society)则是指人口老龄化发展到某一阶段，进行态势已经停止，总人口中老年人所占的比例达到了一定的水准，进入相对稳定的社会。

日本的人口老龄化是如何演变过来的呢？1920年，日本进行了首次"人口普查"，其时，65岁以上的老年人在总人口中所占(专门列出"老年人口")的比例为5.3%。其后进行的人口普查结果显示，老年人的比例基本上都在5%前后徘徊，1955年时的老年人口为5.3%，竟然与1920年完全相同。

日本的人口老龄化即是在此之后开始逐步发展过来的。其后的老年人口比例分别为1970年7.1%，1980年9.1%，1990年12.0%，2000年达到17.3%。就这样，日本的人口从1955年以后开始了老龄化的进程。但是，尚未到达老龄社会的地步。换言之，如后述的、根据对未来的预测，老龄化还将继续发展下去，直至本世纪中期，老年人的比例升至35%左右时才会进入老龄社会。(参见表1、表2)

表1　人口与人口结构(年龄三个阶段区分人口)的变化

年　次	人口(1 000人)				比例(%)		
	总数[1)]	年少人口(0—14岁)	生产年龄人口(15—64岁)	老年人口(65岁以上)	年少人口(0—14岁)	生产年龄人口(15—64岁)	老年人口(65岁以上)
大正9(1920)年	55 963	20 416	32 605	2 941	36.5	58.3	5.3
14(1925)年	59 737	21 924	34 792	3 021	36.7	58.2	5.4
昭和5(1930)年	64 450	23 579	37 807	3 064	36.6	58.7	4.8

续　表

年　次	人口(1 000 人)				比例(%)		
	总数[1]	年少人口(0—14 岁)	生产年龄人口(15—64 岁)	老年人口(65 岁以上)	年少人口(0—14 岁)	生产年龄人口(15—64 岁)	老年人口(65 岁以上)
10(1935)年	69 254	25 545	40.484	3 225	36.9	58.5	4.7
[2] 15(1940)年	73 075	26 369	43 252	3 454	36.1	59.2	4.7
[3] 20(1945)年	71 998	26 477	41 821	3 700	36.8	58.1	5.1
25(1950)年	84 115	29 786	50 168	4 155	35.4	59.8	4.9
30(1955)年	90 077	30 123	55 167	4 786	33.4	61.2	5.3
35(1960)年	94 302	28 434	60.469	5 398	30.2	84.1	5.7
40(1965)年	99 209	25 529	67 444	6 236	25.7	68.0	6.3
45(1970)年	104 665	25 153	72 119	7 393	24.0	68.9	7.1
50(1975)年	111 940	27 221	75 807	8 865	24.3	67.7	7.9
55(1980)年	117.060	27 507	78 835	10 647	23.5	67.3	9.1
60(1985)年	121 049	26 033	82 506	12 468	21.5	68.2	10.3
平成 2(1990)年	123 611	22 486	85 904	14 895	18.2	69.5	12.0
7(1995)年	125 570	20 014	87 165	18 281	15.9	69.4	14.5
12(2000)年	126 926	18 472	86 220	22 005	14.6	67.9	17.3

资料来源：根据日本总务省统计局“人口普查”及“人口调查”(1945 年除外)数据编制。

(1) 1940 年、1950—1965 年及 1975—2000 年包括年龄不详的人；(2) 除去拥有韩国、朝鲜、萨哈林及南洋群岛、中国台湾地区以外的国籍的外国人；(3) 除去冲绳县。

表 2　“日本的将来预计人口”——总人口,65 岁以上人口及年龄三个阶段区分构成比

年　次	总人口(1 000 人)	65 岁以上人口(1 000 人)	年龄三个阶段区分构成比例(%)		
			0—14	15—64	65 岁以上
平成 12(2000)年	126 926	22 041	14.6	68.1	17.4
13(2001)年	127 183	22.843	14.4	67.6	18.0
14(2002)年	127 377	23 581	14.2	67.3	18.5
15(2003)年	127 524	24 219	14.1	66.9	19.0

续 表

年　次	总人口（1 000 人）	65 岁以上人口（1 000 人）	年龄三个阶段区分构成比例（%）		
			0—14	15—64	65 岁以上
16(2004)年	127 635	24 722	14.0	66.7	19.4
17(2005)年	127 708	25 392	13.9	66.2	19.9
18(2006)年	127 741	26 172	13.8	65.7	20.5
19(2007)年	127.733	26 959	13.7	65.2	21.1
20(2008)年	127 686	27 658	13.6	64.7	21.7
21(2009)年	127 599	28 370	13.5	64.3	22.2
22(2010)年	127 473	28 735	13.4	64.1	22.5
27(2015)年	126.266	32 772	12.8	61.2	26.0
32(2020)年	124 107	34 559	12.2	60.0	27.8
37(2025)年	121 136	34 726	11.6	59.7	28.7
42(2030)年	117 580	34 770	11.3	59.2	29.6
47(2035)年	113 602	35 145	11.1	58.0	30.9
52(2040)年	109.338	36 332	11.0	55.8	33.2
57(2045)年	104 980	36 396	10.9	54.4	34.7
62(2050)年	100 593	35 863	10.8	53.6	35.7

（二）日本人口老龄化发生的原因

要对老龄化社会有一个正确的认识，并作出行之有效的应对，就必须对人口老龄化发生的原因有透彻的理解。

一般说来，人口老龄化的基本原因在于伴随着经济社会的现代化发展而出现的出生率与死亡率的下降。现代社会中的“出生率”与“死亡率”同时下降的状况是有类似经验的大多数发达国家的相同模式，由此，人口学将其称为“人口结构的转型”(demographic transition)。发达国家人口结构的转型在出生率与死亡率的下降过程中经历了几个阶段。在现代化开始前的阶段，是高出生率与高死亡率的组合，即所谓的“多产多死”型的状态。其后，在现代化开始后，随着生活水准的提高、卫生状态的改善，死亡率开始下降。但是，人们在结婚和生育方面的意识和习惯还未发生急剧的变化，因此，出生率还是很高。由此拉开了出生率与死亡率之间的差距，“人口增加率”开始提高。这是人口结构转型的第一阶段。不久,由于工业化、城市化的影响,出生率开始降低。这是人口结构转型的第二阶段。在这一阶段,出生率与死亡率的差距开始缩小,人口增加率也逐渐降低。然后,到了最后的第三阶段。出生率与死亡率都开始走低,形成了所谓的“少产少死”的状态。进入这一阶段后人口增加率已经变得越来越低。图 1 显示了日本明治维新以后的人口结构转型的状况。

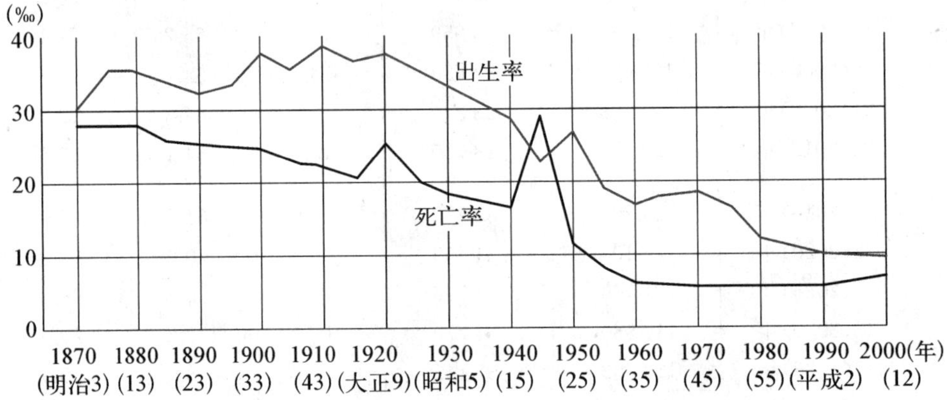

图 1　日本的人口结构转型(demographic transition)

注：明治初期到大正 9 年的出生率、死亡率为冈崎的预测,大正 9 年以后的数值为内阁统计局及厚生省统计情报部公布的数据。

资料来源：根据日本国立社会保障、人口问题研究所“日本的将来预测人口”(平成 14 年 1 月预测)的中位预测编制。

人口结构转型是发达国家出现的共同现象,但是,不同的国家,其开始时期及速度是不一样的。在日本,出生率降低始于 1920 年左右,但是急速下降则是发生在“二战”后的出生高峰结束后。死亡率在战前有所下降,但是急速下降也是发生在战后。

最近,又发生了一些新的现象,迫使以往的人口结构转型论作出修正。此即所谓的“第二次人口结构转型”的现象。至今为止的人口结构转型论得出的结论认为,在最终阶段,出生率与死亡率都会稳定在一个较低的状态,人口增加率会很低,但不至于会低到零的程度。与此相对,“第二次人口结构转型论”是荷兰的人口学家 Dirk Van de Kaa 提出的理论。他的理论主张,在以往的人口结构转型论的最终阶段以后,还将迎来一个出生率低于死亡率、人口继续减少的阶段。这一理论是将最近包括日本在内的诸多发达国家出现的出生率降低,出生率与死亡率的平衡崩溃，子孙代的人口与父祖辈的人口相比越来越小的状态作为现实进行分析的理论。以往的人口结构转型论是将重点置于人口老龄化，但是，第二次人口结构转型论则是将重点放在了少子化方面进行讨论。

日本的人口老龄化因其速度异常之快而备受瞩目。这是因为日本的出生率与死亡率的降低的速度与西欧各国相比尤为急速。总人口中 65 岁以上的老年人所占的比例从 7%上升到其 2 倍的 14%所经历的年数在国际上进行比较，日本仅用了不到 25 年，而西欧各国的经历年数则是日本的 3 倍到 4 倍。人口老龄化的速度快意味着由老龄化带来的各种问题必须迅速地应对。（参照表 3）

表 3　人口老龄化速度的国际比较

国　家	老年人口比例的到达年次		所要年数
	7%	14%	
美　国	1942	2014	72
德　国	1932	1972	40
瑞　典	1887	1972	85
英　国	1929	1976	47
意大利	1927	1988	81
法　国	1864	1979	115
澳大利亚	1939	2012	73
日　本	1970	1994	24

资料来源：根据日本国立社会保障、人口问题研究所“人口统计资料集”编制。

最后，必须说明一下在构成人口老龄化的两个原因中出生率的下降与死亡率的下降是如何影响人口老龄化的问题。出生率的下降直接地压低了低年龄人口的数量及其在总人口中的比例，提高了老年人的比例。另一方面，必须注意的是，由于死亡率的降低提高了人们生存到高龄的可能性，而使老年人的数量大大提高，从而对增加婴幼儿、青年、壮年等老年以前的人口的数量以缓和人口老龄化有很大的影响。

（三）出生率的降低

日本的人口老龄化的特征之一即是其速度非常之快。在说明其理由之前，首先了解一下出生率降低的状况。（见图 2）

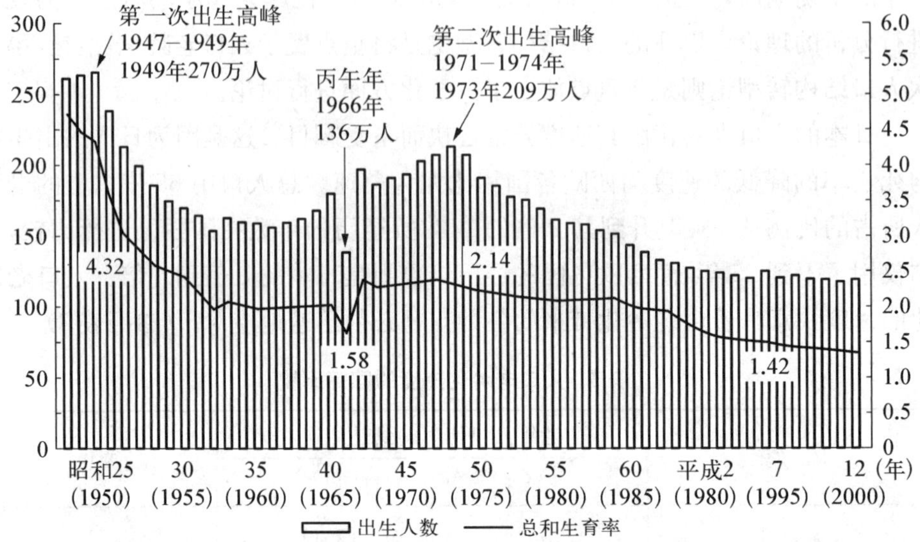

图 2 出生人数与总和生育率

资料来源：根据日本厚生劳动省统计情报部“人口动态统计”、国立社会保障、人口问题研究所的“人口统计资料集”编制。

日本的出生率从 1920 年开始逐渐下降。总人口除以一年的出生数的“普通出生率”(crude birth rate)在 1920 年为 36.2‰，但是到了 1940 年时已经降至 29.40‰。但是，战后，1947 年到 1949 年出现了出生高峰，普通出生率升至 33‰到 34‰的高位。出生高峰是战后许多交战国都出现的情况，日本的情况与美国、加拿大、澳大利亚等相比反而是以小规模、短期间就告结束的。出生高峰一结束，出生率就开始快速下降，1957 年降至 17.2‰，只有出生高峰时的一半的水平。其后，大约在 20 年间，出生率就在这一水平上徘徊。其间一个重大的变化就是 1966 年“丙午”年，出生率一度降至 13.7‰，另一个变化是 20 世纪 70 年代初期，出生高峰的一代人(所谓的“婴儿潮一代”)进入生育期，出生率有所提高。这 20 年间最重要的特征就是出生率稳定在“更替水准”(replacement level)。出生率稳定在“更替水准”意味着，这一状态如果持续下去，不仅父辈的人口规模与子辈的人口规模相等，日本的人口处于无增减的静止状态，而且年龄结构也将是稳定的。

但是，20 世纪 70 年代后半期开始出生率再度下降。1975 年的普通出生率为 17.1‰，1985 年为 11.9‰，1990 年为 10.0‰，1995 年为 9.6‰，2000 年为

9.5‰。不仅是出生率，出生数也持续减少。1975年的出生数为190万人，1985年为143万人，1990年为122万人，1995年和2000年减至119万人。

20世纪70年代后半期以后的出生率的最重要的问题是出生率降至“人口更替水平”以下，而且这一趋势还在持续。显示这一状况的指标即是“总和生育率”(total fertility rate)，该指标是指一个国家或地区的妇女在育龄期间(15—49岁)，每个妇女平均的生育子女数。换言之，一个女子一生所生的孩子数的平均值。日本的总和生育率考虑到出生后死亡的孩子数的因素，“人口更替水平”应该为2.08，低于这一水平，就无法满足“人口更替”的需要。1970年的总和生育率为2.13，但是，1975年时，总和生育率已经降至1.91。1980年为1.75，1985年为1.76，1990年1.54，1995年1.42，2000年1.36，2004年的总和生育率为1.29等，情况越来越恶化。

2002年1月国立社会保障、人口问题研究所发表的“日本的将来预测人口”(中位)显示，2007年为1.31，其后逐渐恢复，到2025年时将恢复至1.38。

出生率降低至如此地步，已经不仅仅是人口学方面的问题，它已经对日本的经济社会产生重大的影响，必须究其原因，制定和实施有效的对策。仅就人口学的因素而言，出生率降低主要是统计结果显示出的“有配偶率”的降低和“有配偶出生率”的降低。再深究可知，出生率降低的主要原因是有配偶率的降低，尤其是20岁、30岁的年轻女性的有配偶率的降低。但是，今后如果不积极采取减轻生育和育儿的负担的政策措施，不可否认有配偶出生率可能还将继续降低。(参照表4)

表4 女性的有配偶率与有配偶出生率

年龄＼年份	1970	1975	1980	1985	1990	1995	2000
有配偶率(%)							
15—19	1.8	1.3	0.9	0.9	0.7	0.6	0.9
20—24	27.7	30.3	21.9	17.9	13.5	12.6	11.3
25—29	80.3	77.8	74.5	67.7	57.5	49.6	43.5
30—34	89.9	89.8	88.0	86.1	82.7	76.4	88.9
35—39	89.6	90.6	90.2	88.3	87.3	84.7	79.2
40—44	86.9	88.7	89.5	88.4	87.1	86.1	83.3
45—49	82.6	85.0	86.8	86.9	86.4	85.0	83.7

续 表

年龄 \ 年份	1970	1975	1980	1985	1990	1995	2000
有配偶出生率(‰)							
15—19	245.7	305.4	384.4	480.7	497.9	599.1	675.0
20—24	346.5	349.9	352.2	344.5	332.1	321.5	360.2
25—29	258.9	242.9	243.4	262.4	241.8	233.9	230.4
30—34	95.0	77.1	83.0	99.2	112.3	123.8	136.2
35—39	22.0	16.4	14.3	19.9	23.7	30.9	40.6
40—44	3.1	2.4	1.9	2.0	2.7	3.3	4.6
45—49	0.2	0.1	0.1	0.1	0.1	0.1	0.1

资料来源：根据日本总务省统计局"人口普查报告"和厚生劳动省统计情报部"人口动态统计"年鉴编制。

(四) 死亡率的降低与寿命的延长

日本的死亡率与出生率一样在第二次世界大战后迅速降低。

以不同年龄段的死亡率为基础计算的"平均寿命"在战前男女均未达到50岁。"人口动态统计"因战争的缘故缺了1944年到1946年的统计数据，根据1947年战后首次发表的厚生省第八次"生命表"，该年男子的平均寿命为50.1岁，女子的平均寿命为54.0岁。日本人的男女平均寿命首次均超过了50岁。

战后，日本人的生活环境在所有方面都得到了显著的改善，其结果，导致死亡率大幅度的降低，但是具体的对降低死亡率有贡献的原因主要有以下三条：(1) 经济上生活水平的提高；(2) 高度发展的医学、公共卫生技术；(3) 公共医疗保险制度带来的医疗服务的普及。

战后，死亡率不分男女和年龄都显著下降，全面体现其结果的指标就是平均寿命的延长。1951年时，男女的平均寿命均超过了60岁，1971年时男女均超过了70岁，1984年女子的平均寿命超过了80岁。其后平均寿命继续延长，2000年男子的平均寿命为77.64岁，女子为84.62岁。(见图3、图4)

死亡率的低下引致的寿命延长对人口老龄化产生了巨大影响。在平均寿命为男性46.92岁，女性49.63岁的1935年至1936年，当时，男性100人中活到65岁的生存数只有36.2人，女性只有43.6人。而且65岁平均寿命时，有一部分男性多活了9.98年，一部分女性多活了11.88年。而根据2000年的生命表，男性

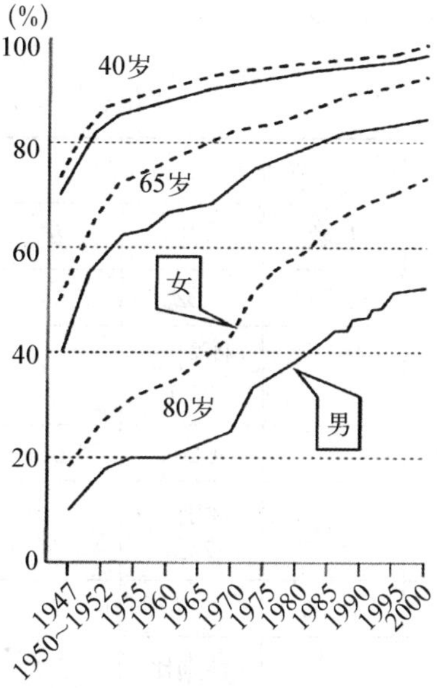

图 3　生命表上的至特定年龄的生存者比例

注：昭和 46 年以前的数据剔除冲绳县。

资料来源：根据日本厚生劳动省统计情报部“完全生命表”及“简易生命表”编制。

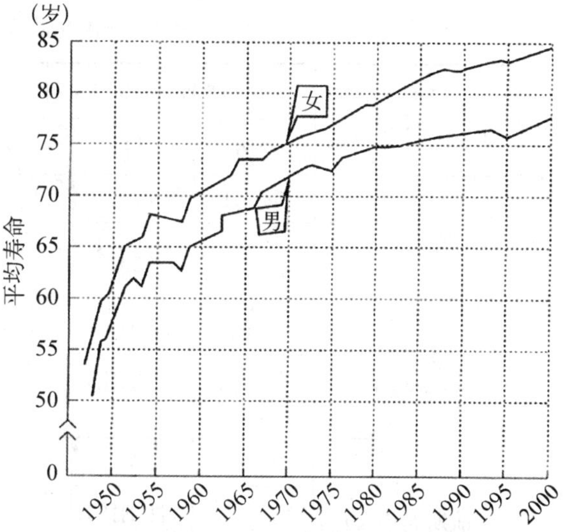

图 4　平均寿命的变迁

资料来源：根据日本厚生劳动省统计情报部“完全生命表”及“简易生命表”编制。

65 岁的生存比例为84.64%，女性为 92.58%，65 岁平均寿命时，有一部分男性多活了 17.54 年，一部分女性多活了 22.42 年。2002 年 1 月发表的新的“将来预测人口”显示，日本人的寿命还将继续延长，预计 2025 年时男性和女性的平均年龄将分别延长至 79.76 岁和 87.52 岁，2050 年为 80.95 岁和 89.22 岁。

死亡率的降低提高了孩子生存到老年的可能性，而且对老年后的寿命的延长作出了贡献。并且完全可以说是对“长寿社会”的到来作出了贡献。

(五) 老龄化的现状与未来的状况

目前，日本的总人口为 1.275 1 万人(2009 年 10 月 1 日)，与上一年度相比约减少了 18 万人。其中 65 岁以上的老年人人口创历史新高，为 2 901 万人(上一年为 2 822 万人)。分性别来看，65 岁以上的男性为 1 240 万人，女性为 1 661 万人，性别比(相对于女性人口 100 人的男性人口)为 74.7。65 岁以上的人口在总人口中所占的比例(也即老龄化率)为 22.7%(上一年为22.1%)。“65—74 岁人口”(前期老年人)为 1 530 万人，在总人口中所占的比例为 12.0%。“75 岁以上人口”(后期老年人)为 1 371 万人,在总人口中所占的比例为 10.8%。

表 5 老龄化的现状 单位:万人、%

		2009 年 10 月 1 日			2008 年 10 月 1 日		
		总数	男	女	总数	男	女
人口	总人口	12 751	6 213	6 538	12 769	6 225	6 544
			95.0			(性别比) 95.1	
	老年人(65 岁以上)	2 901	1 240	1 661	2 822	1 204	1 617
			(性别比) 74.7			(性别比) 74.5	
	65—74 岁(前期老年人)	1 530	720	809	1 500	706	794
			(性别比) 89.0			(性别比) 88.9	
	75 岁以上(后期老年人)	1 371	520	852	1 322	499	823
			(性别比) 61.0			(性别比) 60.6	
	生产年龄(15—64 岁)	8 149	4 101	4 048	8 230	4 141	4 090
			(性别比) 101.3			(性别比) 101.2	
	年少(0—14 岁)	1 701	872	829	1 718	880	837
			(性别比) 105.1			(性别比) 105.1	
构成比	总人口	100.0	100.0	100.0	100.0	100.0	100.0
	老年人(老龄化率)	22.7	20.0	25.4	22.1	19.3	24.7
	65—74 岁	12.0	11.6	12.4	11.7	11.3	12.1
	75 岁以上	10.8	8.4	13.0	10.4	8.0	12.6
	生产年龄	63.9	66.0	61.9	64.5	66.5	62.5
	年少	13.3	14.0	12.7	13.5	14.1	12.8

注:“性别比”指相对于女性人口 100 人的男性人口。

资料来源:日本总务省“预测人口”(每年 10 月 1 日当时)。

（1）老龄化率。今后，在总人口不断减少的过程中，老龄化率将进一步上升。到了2042年以后，即使老年人人口开始减少，老龄化率还将继续上升。到2055年，老龄化率将达40.5％，届时，2.5人中就将有1人超过65岁，75岁以上人口在总人口中的比例升至26.5％，4人中就有1人超过75。

（2）老年人与劳动年龄人口比率。2009年时，相对于1个老年人，处于工作年龄（15—64岁）的人数为2.8人。但是，到了2055年时，老年人与工作年龄的人的比率将降至1.3人。换言之，即将到来的老年人社会就仅由1.3人来支撑1个老人。

（3）平均寿命。男女平均寿命在2008年时分别为79.29岁和86.05岁，到了2055年，这一数值将分别升至83.67岁和90.34岁。

（4）史上最高的社会保障给付费。就社会保障给付费总费用而言，2007年度创下了历史最高水平的91兆4 305亿日元。其占国民收入的比例从1970年度的5.8％上升至24.4％。而在社会保障给付费当中，与老年人相关的给付费在2007年度达到了63兆5 654亿日元，在社会保障给付费总费用中占到了69.5％的比例。

表6　老年人口与生产年龄人口的比率

年　份	生产年龄人口				
	（15—64岁）作为支撑人			15—69岁作为支撑人	
	(a)	(b)	(c)	(b)′	(c)′
	可以支撑多少65岁以上的人	可以支撑多少70岁以上的人	可以支撑多少75岁以上的人	可以支撑多少70岁以上的人	可以支撑多少75岁以上人
1960	11.2	18.8	36.8	19.5	38.2
1970	9.8	16.4	32.2	17.1	33.6
1980	7.4	11.8	21.5	12.4	22.6
1990	5.8	8.8	14.4	9.3	15.2
2000	3.9	5.8	9.6	6.3	10.4
2005	3.3	4.6	7.2	5.0	7.9
2009	2.8	4.0	5.9	4.4	6.6
2015	2.3	3.2	4.7	3.6	5.3

续 表

年 份	生产年龄人口				
	(15—64岁)作为支撑人			15—69岁作为支撑人	
	(a)	(b)	(c)	(b)′	(c)′
	可以支撑多少65岁以上的人	可以支撑多少70岁以上的人	可以支撑多少75岁以上的人	可以支撑多少70岁以上的人	可以支撑多少75岁以上人
2025	2.0	2.4	3.3	2.7	3.6
2035	1.7	2.1	2.8	2.4	3.2
2045	1.4	1.7	2.4	2.0	2.7
2055	1.3	1.5	1.9	1.7	2.2

资料来源:至2005年为止的数据来源于日本总务省的"人口普查";2009年的数据根据总务省"人口预测";2015年以后的数据根据国立社会保障、人口问题研究所的"日本的将来预测人口(2006年12月预测)"的出生中位、死亡中位假定的预测结果。

日本的老龄化水平在21世纪初已达到世界上的最高水平,成为世界上没有一个国家经历过的老龄化社会。

二、少子化现状与少子化社会对策

(一)日本的人口变迁的实际状况与少子化的原因

1. 出生率动向

日本每年的出生人数,在第一次出生高峰期约为270万人,第二次出生高峰期约为210万人,1975年跌破200万人,此后每年持续减少。到了1984年跌破150万人,1991年以后有过一段增减反复的过程,呈缓慢减少的趋势。2008年的出生人数为1 099 818人,比上一年的1 089 818人增加了1 300人,但是基本趋势未变。

日本的总和生育率在第一次出生高峰期超过4.3,但是在1950年以后急剧下降。其后,包括在第二次出生高峰期内,基本上徘徊在2.1的水平。到了1975年时,总和生育率降至2.0以下,再次呈现下降趋势。1989年因是丙午年,总和生育率降到史上最低点,甚至超过了1966年的数值,创下了1.57的纪录,2003年更低于被称为"超少子化国"的水准的1.3,而在2005年,再创新低,直落至1.26。

2008年为1.37，从2006年开始连续3年，总和生育率稍微有所上升，但大幅度低于人口更替水平的状况依然如故。

2. 人口政策的变化

(1) 战争时期的人口政策。从1931年的日中战争至1945年战败，日本处于战时状态。从人口政策的观点来看，在战争时期，对于必须为战争供应人力资源的家庭，政府的“多生快育”政策开始介入。与国家总动员法出台的同一年的1938年，应陆军的要求，为从质与量两个方面控制和使用国民的专门行政机构人口问题研究所成立。1940年，国民体力法与国民优生法等人口质量管理的法律相继出台。此后，1941年1月，内阁决议出台了可称为战时人口政策之集大成的人口政策确立要纲。在该要纲中，提出了至1960年时国内人口要达到1亿人的目标，并同时推出了增加出生与减少死亡率的方针政策。

(2) 战后的家庭计划。由于战败，日本一下子就得面对人口过剩的问题。失去了殖民地后，大批人员和复员的士兵回到了已成为战争废墟的祖国，在粮食和住房的困境中，发生了“第一次出生高峰”。但是，由于1948年制定的优生保护法，人工流产合法化，此后更是自由化，1950年以后，出生率急剧下降。另一方面，战后人们开始讨论关于通过妊娠调节以控制人口的必要性。在财团法人人口问题研究会的指导下，开始了以企业职工家庭为对象的家庭计划指导。企业方面也有自己的打算：职工家庭若能实行避孕而有计划地减少生育子女，则妻子将更明快健康，丈夫也能专心致力于生产活动，并减少职场的事故，而公司也可减轻医疗费和家庭津贴等的负担。指导方法是：将住在公司宿舍的主妇分成小组，设置小组负责人，通过妊娠调节指导员，对每个小组进行有组织的集体指导，并辅以上门访问方式的个体指导。这一运动以新生活运动的名义，许多企业竞相仿之用之。在这一运动的全盛期，共有55家公司、124万人参与其中。逐渐形成了工薪职员的丈夫加上家庭主妇和两到三个孩子这一战后日本标准的家庭模式，并“鼓励为教育费和家电产品以及自有住房而储蓄”。

(3) 少子化时代的到来。其后，总和生育率急剧下降，1960年代降至2.0左右，此后，在“第二次出生高峰期”① 的1971年恢复到了2.16，但此后就继续走

① 1971年至1974年第一次出生高峰期出生的一代人正值婚龄期(25岁左右)，由此引起新一波结婚、生育的高峰。

低。1974年低于人口更替水平的2.1,1989年是丙午年的缘故,甚至低于史上最低点的1966年的数值,创下了1.57的纪录。这一被称之为“1.57冲击”成了人们开始将“少子化”当成“问题”来讨论的契机。到了2003年,日本再次刷新1.3的“超少子化国”水准,创下了1.29的纪录。更甚者,2005年,再次刷新纪录跌至史上最低的1.26。其后,2006年1.32、2007年1.34、2008年1.37等稍微出现了一些回升的迹象,但依然低于人口更替水平,现实情况决不容掉以轻心。

3. 少子化的原因分析

据2008年度内阁府少子化白皮书记载,日本的高度增长期以后的少子化速度的加快主要有以下两个原因。

(1) 未婚化。婚姻件数在“第一次出生高峰”期出生的一代人(1947—1949年)迎来25岁左右的婚龄期时的1970年到1974年间超过了100万对,婚姻率(人口每千人婚姻数)大致上在10.0以上,出现了“结婚高潮”。其后,婚姻件数和婚姻率都呈下降趋势,1978年以后,每年只有70多万对(1987年只有60多万对)增减徘徊变迁。2002年起连续4年减少,2006年为73万971对(比上一年度增加了16 706对),经历了4年下降后的再次增加。婚姻率也仅比最低年度的2004年、2005年的5.7上升了0.1,达到5.8,但是比“结婚潮”的1970年代前半期下降了近半数。

此外,根据2005年总务省的“人口普查”,25—39岁的未婚率,无论男女性别,均呈持续的上升态势。男性的未婚率在25—29岁的人群中占71.4%,30—34岁组人群中占47.1%,35—39岁组人群中占30.0%。女性未婚率在25—29岁组占59.0%,30—34岁组占32.0%,35—39岁组占18.4%。联系到1975年时,30岁的男性和女性都有约九成人结婚的状况,可以明确一个事实:在这30年间,未婚化也在快速的发展中。而且,终身未婚率与30年前相比,男性由1975年的2.1%上升到2005年的15.4%,女性由1975年的4.3%上升到2005年的6.8%。

根据厚生劳动省“人口动态统计”,日本2006年出生的孩子中,98%为嫡出子(法律上的婚生子),非婚生子的比例只有2%。由此可见,日本的孩子绝大部分都是男女结婚后生育的孩子,如果不结婚的人的比例增加,则会对出生数的减少产生直接的影响。

(2) 晚婚晚育的持续。日本人的平均初婚年龄2008年时为丈夫为30.2岁

(比上一年上升 0.1 岁),妻子为 28.5 岁(同比上升 0.2 岁),上升倾向持续,结婚年龄越来越晚,晚婚化持续。1975 年时,丈夫为 27.0 岁,妻子为 24.7 岁,因此,基本上在 30 年间,丈夫和妻子的平均初婚年龄分别上升了 3.2 岁和 3.8 岁。

此外,初婚的妻子的年龄(每一岁)婚姻件数的构成比例从 1986 年起每隔 10 年来观察,高峰期的年龄也在提高,其倾斜也是缓慢地持续着。

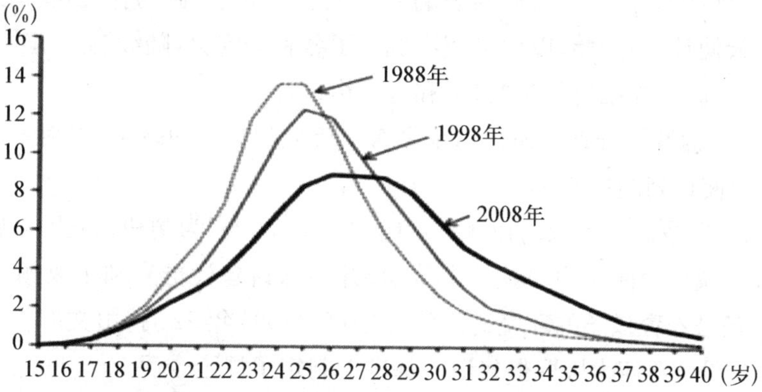

图 6　初婚妻子的年龄(每一岁)别婚姻件数的比例

资料来源:厚生劳动省"人口动态统计"。

初婚年龄推迟,晚婚持续的话,必然会伴随着孩子出生时的母亲的平均年龄推迟这一晚育化的倾向。2007 年时,生育第一子的母亲为 29.4 岁、第二子为 31.4岁,第三子为 32.9 岁,这些数值与大约 30 年前的 1975 年相比,分别推迟了 3.5 岁、3.2 岁和 2.5 岁。年龄一上去,就会出现抑制生育的倾向,所以,晚婚晚育化也是构成少子化的重要原因。

表 7　平均初婚年龄与孩子出生时的母亲的平均年龄变迁

年　份	1975	1980	1985	1990	1995	2000	2005	2006	2007	2008
丈　夫	27.0	27.8	28.2	28.4	28.5	28.8	29.8	30.0	30.1	30.2
妻　子	24.7	25.2	25.5	25.9	26.3	27.0	28.0	28.2	28.3	28.5
第一子	25.7	26.4	26.7	27.0	27.5	28.0	29.1	29.2	29.4	29.5
第二子	28.0	28.7	29.1	29.5	29.8	30.4	31.0	31.2	31.4	31.6
第三子	30.3	30.6	31.4	31.8	32.0	32.3	32.6	32.8	32.9	33

资料来源:总务省统计局"人口普查报告"。

(二)目前的少子化对策实施的背景

1. 1.57冲击到目前为止过程

日本政府以1990年的“1.57冲击”38为契机,将出生率的降低与孩子数的减少倾向作为“问题”来认识,开始探讨建设更有利于兼顾工作与育儿等的能轻松养育孩子的环境的天使计划。最初的具体计划于1994年,由文部省、厚生省、劳动省和建设省等四大臣取得共识的基础上制定的“今后的育儿援助措施的基本方向”(天使计划)开始,以后又相继成立了各种研究会,陆续制定基本方针、事业计划。目前,正在推行的是“孩子和育儿声援计划”。

2. “今后的育儿援助措施的基本方向”(天使计划)(1994年12月—1999年)

(1) 天使计划的概要。

① 出台背景。日本政府以1990年的“1.57冲击”为契机,将出生率的降低与孩子数的减少倾向作为“问题”来认识,开始探讨建设更有利于兼顾工作与育儿等的能轻松养育孩子的环境的天使计划策。1994年12月,由文部省、厚生省、劳动省和建设省等四大臣取得共识的基础上制定了规定今后10年间应坚持的基本方向与重点政策措施的“今后的育儿援助措施的基本方向”(简称“天使计划”)。

② 计划的目的。天使计划认为不能把育儿看成仅仅是夫妇与家庭的问题,以国家和地方政府为首,包括企业、职场和社区在内的全社会都应向抚育下一代伸出援手,为此,要制定出政府内部今后大约10年间所应坚持的基本方向与重点政策,以全面地有计划地推进这些政策的实施。

(2) 具体的政策内容。

天使计划主要有以下三个基本观点:

① 整合环境,以使想要孩子的人能够安心生养孩子;

② 育儿以家庭为主,但是,为了支撑家庭中的育儿活动,必须构建全社会成员相互合作的体系(育儿支援社会);

③ 育儿支援政策必须考虑到最大限度地尊重孩子的利益。

基于这些基本观点,天使计划在以下五个基本方向的基础上,列出了重点政策措施。

基本方向:

① 推动兼顾育儿与工作的援助活动;

② 家庭中育儿的援助;

③ 整合有利于育儿的住宅及生活环境；

④ 积极推动实现从容的教育与健康的培养；

⑤ 减轻育儿成本。

重点措施：

① 整顿雇用环境以有利于兼顾育儿与工作；

② 充实多样化的保育服务；

③ 充实母子保健医疗体制，使母亲能安心生养孩子；

④ 整顿居住及生活环境；

⑤ 推动从容的学校教育，充实校外活动和家庭教育；

⑥ 减轻伴随养育孩子而来的经济负担；

⑦ 整顿支援孩子的基础。

天使计划制定后，包括保育服务的充实、育儿休假给付的实施（1995 年）、每周 40 小时劳动时间的实施（1997 年）、儿童福利法的修改所引致的保育所入所方法的修改（1998 年）等，天使计划列出的政策措施一一实现。

（3）紧急保育天使计划等 5 年计划。

作为天使计划的具体的政策措施之一，为了应对天使计划保育需求的多样化，迅速促进保育对策，在大藏省、厚生省、自治省三大臣达成共识的基础上，出台了“紧急保育对策等 5 年事业”计划。这是一份 1995 年度至 1999 年度的 5 年计划，它提出了 1999 年度末必须完成的整合目标，有计划地推进实施，至 1999 年度末的 5 年间，累计约 6 000 亿日元的事业费被追加投入其中。

（4）新天使计划（2000—2004 年）。

① 新天使计划的概要。

其一，出台背景。1998 年 7 月开始，内阁总理大臣主持召开了“应对少子化的有识之士会议”，同年 12 月归纳出台了一份“为了构筑有梦的家庭和能够育儿的社会”的提案。

该份提案指出，对年轻男女而言，要建一个新家庭、体验养育孩子的喜乐存在着社会经济和心理方面的因素所造成的困难，必须要整合环境以祛除这些制约因素，集全社会的力量来援助育儿活动。

提案提出了如下一系列具体的措施：关于工作方式的事项：纠正男女固定的功能分担，纠正职场优先的企业氛围，充实对兼顾工作与育儿的支持；关于家庭、社区、教育的方式等的事项：积极推动男女共同承担家务和育儿，促进公民对全社会援助育儿达成共识、对男女共同承担育儿及育儿的重要性进行大肆宣传，整顿保育服务以满足多样化的需求，改善对育儿的经济负担进行全社会支援的税制和社会保障的现状等。

政府接到了这一有识之士会议的提案以后，于 1999 年 5 月开始，召开了少子化对策推进关系阁僚会议，并于同年 6 月，在内阁总理大臣的主持下，召开了第一次各界相关人士参加的“推进应对少子化的国民会议”，以取得公民的理解和政策措施的推广。

少子化对策推进关系阁僚会议于 1999 年 12 月作出了“推进少子化对策的基本方针”的决定。

这一基本方针将少子化的原因归咎于晚婚化的持续等导致的未婚率的上升，并认为兼顾工作和育儿的负担的加重及育儿的经济负担的增加构成了少子化的背景。少子化对策的主要目的就是要推动社会环境的整合，以缓和或除去这种兼顾工作和育儿的负担以及育儿的经济负担，使人们能够安心的生养孩子，让家庭和育儿也能够充满梦想和希望。

少子化对策推进基本方针的具体措施如下：纠正固定的性别功能分担和职场优先的企业氛围；整顿雇用环境，以利于兼顾工作和育儿；加强家庭与社区的环境建设，以利于安心生育孩子，从容健康地养育孩子；整合保育服务，以应对利用者的多样化需求；推动能够让孩子们有理想的茁壮成长的教育；实施育儿支援的住宅的普及等整顿生活环境的六个项目。

1999 年 12 月，作为少子化对策推进基本方针基础之上的重点政策的具体实施计划，出台了“关于必须重点推进的少子化对策的具体实施计划”(大藏、文部、厚生、劳动、建设、自治六大臣的共识。以下称之为“新天使计划”)。

其二，计划的目的。新天使计划是对旧的天使计划与紧急保育对策等 5 年事业的修改，2000 年度为初年度，2004 年度为终年度。在 2004 年度应完成的目标值的项目中，除了以往的保育服务方面的内容以外，还增加了雇用、母子保健、咨询、教育等的事业的实施计划。

② 具体的措施内容。新天使计划的措施内容分以下八个领域，并列出了具体的项目，设定了 2004 年必须完成的具体数值目标。

到 2004 年为止的保育服务领域的项目的目标值大致上已经完成：保育服

务等育儿支援服务的充实；有利于兼顾工作与育儿的雇用环境的整顿；关于工作方式的固定的性别功能分担和职场优先的企业氛围的纠正；母子保健医疗体制的整合；在社区育儿的教育环境的整合；儿童茁壮成长的教育环境的实现；教育带来的经济负担的减轻；通过住房建设和城市建设来实现的育儿援助。

③ 对新的天使计划的评价(总务省)。2004 年 7 月，总务省发表了“关于少子化对策的政策评价”，公布了对新天使计划等政策措施进行评估的结果。

在新天使计划的政策效果中，关于“兼顾工作与育儿的负担”一项，家有 6 岁以下幼子的母亲的就业率有所上升，以生育、育儿为理由离职人数(女性)的比例有所下降，这些现象表明，政策的效果虽然不十分明显，但相关的困难总算有所缓和。在“育儿本身的负担感”方面，主要因为育儿的经济负担感还在增加，所以这一方面的情况并未呈现很大的改观，此外，家庭主妇与双职工家庭的妻子相比，育儿的负担责任更大。在“出生数、总和生育率”方面，依然是下降不止。出现这样的结果表明，人们对拥有孩子的意识发生了变化，理想的孩子数已经减少等等，再怎么推行改善的政策，外部因素依然会影响这些政策的效果。

此外，对 6 000 名 20—39 岁的男女居民进行的问卷调查的结果显示，关于新天使计划提出的各个领域及其相应的政策措施，相对说来，有部分内容是被调查者特别希望能够充分实施的。比如，“减轻教育带来的经济负担”属于最多的选择项，其次是“兼顾工作与育儿的雇用环境的整合”，此外，计划中未列入但人们希望得到充实的如“减轻教育费以外的育儿的经济负担”也有不少人选择。

在各领域的政策措施中，“低年龄儿保育”“育儿休假给付金额的充实”“否定工作优先、能够兼顾工作与家庭的职场环境”“假日、夜间的儿童急救医疗”“对幼儿园的育儿的支援”“培养‘生存力’的学校教育”“减轻高中、大学升学的经济负担”“安心游玩的场所”等项目成为人们特别希望充实的政策内容。(2004 年 7 月、总务省)

(三) 少子化对策的现状

1. 少子化社会对策大纲

(1) 少子化对策大纲的概要。① 出台背景。2003 年 7 月，根据议员的立法，“少子化社会对策基本法”制定出台，同年 9 月开始实施。根据该法，内阁府作为特别机构，设立了由内阁总理大臣为会长，由全体阁僚组成的少子化社会对策会议。此外,该法作为应对少子化政策的指导方针,规定了政府负有制定综合性的且长期的应对少子化的政策大纲的义务。为此,2004年6月,经过少子化社会对策会议的讨论,内阁通过了“少子化社会对策大纲”。

② 大纲的目的。大纲将努力遏制少子化的快速蔓延所可能产生的动摇社会、经济的持续发展的危机,将向能够培养孩子健康成长的社会、让人们感受到生养孩子的喜悦的社会的转变作为紧要课题,采取集中的政策措施改变少子化的流向。

(2) 具体的政策措施。大纲立足于全社会声援以使育儿家庭能够安心愉快地育儿的基本考量,将遏制和改变少子化流向的政策措施置于国策的重要地位,提出了“3个观点”与“4项重点课题”、“28项具体行动”。

“3个观点”:

① 对自立的希望与能力;

② 排除不安与障碍;

③ 新的育儿的相互支持与连带-家庭的纽带与社区的纽带。

“4项重点课题”:

① 年轻人的自立与勇敢的育儿;

② 对兼顾工作与家庭的支援与工作方法的改变;

③ 对生命的尊贵、家庭的功能的理解;

④ 新的育儿相互支持和连带。

表8 “少子化对策大纲”的4个重点课题与28项具体行动

4个重点课题	28项具体行动
1. 年轻人的自立与勇敢的育儿	(1) 对年轻人的就业给予支持 (2) 充实奖学金制度 (3) 通过体验培养丰富的人性 (4) 支持孩子们的学习
2. 对兼顾工作与家庭的支援与工作方法的改变	(5) 推动企业等的进一步的努力 (6) 推动育儿休假制度等的实施 (7) 普及男性参与育儿父亲计划 (8) 致力于缩短劳动时间、协调工作与生活、实现工作方式转变等的环境整合 (9) 推进能让孕产妇安心地继续工作的职场环境的整合 (10) 促进再就业

续 表

4个重点课题	28项具体行动
3. 对生命的尊贵、家庭的功能的理解	(11) 致力于充实婴幼儿相互接触的机会 (12) 促进对生命的尊贵、家庭功能等的理解 (13) 促进人们对形成能够安心生养孩子的社会的理解
4. 新的育儿相互支持和连带	(对社区育儿的援助) (14) 充实就学前儿童的教育、保育 (15) 充实放学后对策 (16) 谋求社区育儿援助地点等的整合及功能的充实 (17) 实施对家庭教育的援助 (18) 促进社区居民的潜力的活用、民间团体的支援和代际交流 (19) 推进防止虐待儿童的对策 (20) 推进特别需要支援的家庭的育儿援助 (21) 推动行政服务的一元化 (对孩子健康的援助) (22) 充实儿童医疗体制 (23) 对孩子健康的援助 (对妊娠、生育的支援) (24) 充实妊娠、生育的支援体制、周产期医疗体制 (25) 组织对不孕治疗等的支援 (有利于育儿的安心、安全的环境) (26) 谋求确保优质的住宅和居住环境 (27) 推进无障碍育儿等 (经济负担的减轻) (28) 谋求充实儿童津贴,深入探讨税制的现状

2. 新的少子化对策

(1) 新的少子化对策的概要。① 新少子化对策的出台背景。2005年,日本自1899年开始实施人口动态统计以来,首次转向总人口减少的情况,出生数106万人,总和生育率1.26,均刷新历史最低纪录。对于这种超乎预料的少子化的进程,日本政府力求从根本上扩充、强化和转变原来的少子化对策。为此,在2006年6月,政府与执政党取得了共识的基础上,少子化社会对策会议决定推出"新的少子化对策"。

② 新少子化对策的特征。"新少子化对策"为了谋求从根本上扩充、强化和转变原来的少子化对策,非常重视"全社会的意识改革"与"立足于从重视孩子与家庭的重要性的观点出发的政策措施的扩充"这两点,提出了涉及40个项目的具体的政策措施。

尤其是强调为谋求家庭与社区的纽带的再生和全社会的意识改革而推动国民运动、基于对所有的育儿家庭进行支援而不管父母亲是否工作的观点出发提出加强育儿支援对策、着眼于根据孩子成长的需要而不断育儿支援的需求，将孩子的成长期分为从妊娠、生育到高中、大学生期等四个阶段分别施以不同的育儿支援对策等等，都可以说是新少子化对策的显著特征。

（2）具体的政策措施的内容。“新少子化对策”还体现在2007年度的预算等方面。比如，儿童津贴制度中新设的婴幼儿加算（2007年4月开始，对于3岁以下的儿童的津贴从过去的每月5 000日元一律提高到1万日元）制度、对所有4个月以下婴儿的家庭实施访问（你好婴儿事业——对家有4个月以下婴儿的所有家庭进行访问、向这些家庭提供有关育儿支援的信息，实际把握婴儿的养育环境等）、育儿休假给付率的提高（为了促进育儿休假能够更容易获批准，从2007年10月开始，育儿休假的给付率从休假前工资的40%暂定提高到50%（至2009年度为止的临时性措施）、放学后孩子计划的推进（2007年度新建立的“放学后孩子计划”，即在各市、町、村实施放学后儿童教室与放学后儿童俱乐部一体化或协同管理的计划，原则上所有的小学必须确保放学后孩子有安全及健康的活动场所）等一系列专项所需的预算措施，以及企业若自办符合一定条件的企业内托儿所的话，即可享受税制上的优惠措施。

3. 声援孩子与家庭的日本重点战略

重点战略的概要。

① 出台背景。根据2006年的未来预测人口所显示的有关少子老龄化的更为严峻的展望（未来人口预测中的2055年的情形：终身未婚率达23.6%，夫妇生育子女数1.69人，总和生育率1.26人）以及社会保障审议会“有关人口结构的变化的特别部会”的讨论结果，2007年2月6日，少子化社会对策会议通过了“声援孩子与家庭的日本”的重点战略（以下简称“重点战略”）的制定方针，同会议机构之下新设“声援孩子与家庭的日本”重点战略检讨会议（以下简称“重点战略检讨会议”）。

② 重点战略的特征。重点战略的一个非常重要的特征就是，非常关注上述少子老龄化更趋严峻的展望这一现实与公民关于实际的结婚、生育、育儿的希望之间的背离，将焦点对准实现公民的希望所需要做的事情，以此来推进研究和探讨。这一机构还分设“基本战略分科会”“工作方式的改革分科会”“社区、家庭的再生分科会”以及“检查、评估分科会”等4个分科会，推动研讨，并于2007年6

月递交了中间报告,同年 12 月作了总结。

在重点战略中间报告中,关于通过工作方式的改革来实现工作与生活的协调这一最优先课题,2007 年 7 月,成立了以内阁官房长官为议长、由相关阁僚、经济界和劳动界、地方代表及有识之士组成的"工作(work)、生活(life)、均衡(balance)推进官民最高会议",通过了"工作与生活的和谐宪章"(以下简称"宪章")及"推动工作与生活的和谐的行动指针"(以下简称"行动指针")。宪章及行动指针都主张,基础应该是构筑综合性的下一代培养支援框架,而此两者则是反映在重点战略中的"车子的两轮",必须同时推进缺一不可。

4. 从零考虑的少子化对策课题组的建议

为了有利于新的"少子化社会对策大纲"的制定,在专门负责少子化对策的大臣的领导下,成立了一个"从零考虑少子化社会对策课题组",这一课题组以听取有识之士、社会各阶层的意见为目的,设定了"恋爱、婚姻""年轻人的雇用与自立支援""不孕症治疗""工作与生活的和谐、工作方式、父亲的育儿支援"等各种各样的题目,共召开了 10 次研讨会。从育儿当事人的观点、用户的观点等,包括以往的框架内未被采纳的观点在内,进行了广泛深入的讨论。第十次的研讨会进行了各种观点的总结,以"大家的少子化对策"的名义,对未来的少子化对策提出了以下三项需解决的"不足"和对未来的 10 项建议。

"3 项'不足'—— 以往不足之处"

(1) 缺乏关注(共识)→以国民"大家的少子化对策"为目标:唤起大家的具体的行动。

(2) 没有普及→已贯穿生命周期的综合性援助为目标:从"为何无法结婚"出发,以孩子为主人公。

(3) 财源不足→为了未来的孩子,大家一起来分担:将 1%的消费税用于孩子们的培养。

"10 项建议——今后的少子化对策"

(1) 子化对策的第一步要从"恋爱、婚姻"开始:应对的策略应把视野拓宽到少子化背景中恋爱、婚姻。

(2) 应该让年轻人能够安心地组织家庭:对构成组织家庭的可能性的就业、经济上自立的援助采取综合性的年轻人援助措施。

(3) 加深对妊娠和组织家庭的认识:在学校阶段就要让学生掌握有关怀孕

和不孕治疗等的正确知识。

(4) 正是在目前这种严峻的经济形势下,更要改变工作方式:以工作与生活能够协调的张弛有度的工作方式为目标具体行动起来。

(5) 对幼儿教育与保育进行综合性的探讨:幼儿教育的免费化与保育制度的改革应立足于用户观点。

(6) 防止孩子的贫困与贫富差距的连锁反应:对单亲家庭(母子家庭、父子家庭)等实施有效的援助。

(7) 减轻教育费在家庭经济中的过重负担:通过上学援助、学费减免、奖学金等方法减轻家庭经济中的教育费负担。

(8) 全社会一起来支持育儿:通过人才培养、城市建设来加强家庭与社区的育儿援助功能。

(9) 让孩子生病时也能安心:解除家长在孩子生病时的担忧,充实患儿保育。

(10) 将消费税的1%用于孩子们的培养:确保安定的财源,扩充少子化对策。

这10项建议及其所透出的信息中,包含了每一个国民在参与和实施少子化对策的同时,在职场、在家庭、在社区也在建设着符合国民希望的社区、职场和家庭的信息。

三、老龄化社会对策——日本有关老龄社会的相关措施与社会动向

日本政府有关老龄化的政策措施,可以说是由当初纯粹的老年人的社会福利政策发展成为目前综合的老龄化社会对策。而日本的国民对老龄化社会的意识、认识也在快速地变化发展。

(一) 国家关于老龄化的政策措施

如上所述,日本的人口老龄化从经济高度增长时期开始已现端倪,这是一个受到容易适应时代变迁的年轻人的欢迎的时代,同时对老年人而言,从家庭和社会的立场来看,也是一个前所未有的不安定的时代。"老人福利法"即是在这种社会状况之下于1963年出台。此外,"全民年金制度"已于稍前的1961年推出,并据此于1965年实现了"1万日元年金"。中老年雇用对策的法制化建设也在这个时代开始进行。

1970年,65岁以上的人口在日本的总人口中所占的比例已经超过了7%,社会对老年人问题关注度也是由此开始逐渐提高。1973年的老人福利法的修

改，带来了免费的老人医疗（70岁以上），以此为始，福利预算大幅度上扬，这一年被称之为“福利元年”。

不久，国民年金实现了“5万日元年金”，延长退休也作为国家的政策措施得以法制化，“60岁退休”已成一般规律。1978年开始，引进了以需要护理的老年人为对象的日间服务（day service）和临时托老所（short stay）等服务。但是，经过了两次石油冲击后，日本的财政开始紧缩，也由于受到欧洲一些福利先进国家所遭受到的挫折的影响，过去的那种“从摇篮到坟墓”的政策被迫开始修正。

在这种形势下，日本在1982年推出了“老人保健制度”，1984年提出了“公共年金制度一元化”的方向。

然后在1985年时，国家开始对老龄化社会采取积极的应对，以相关18个省厅的大臣为成员的“长寿社会对策关系阁僚会议”应运而生。这一阁僚会议认为，“整个政府都必须积极参与推进这一综合性的长寿社会对策”，并于第二年的1986年通过了“长寿社会对策大纲”。

长寿社会对策大纲是昭示国家有关长寿社会相关对策的基本指针，在也可以说是这份大纲的序言的“基本方针”中，提出了以下三个目标：(1) 建设充满活力的长寿社会；(2) 建设具有包容性的长寿社会；(3) 建设富裕的长寿社会。

此后，政府根据这一方针，在雇用与收入保障、健康与福利、学习与社会参与、住宅与生活环境、研究开发等广泛的领域内齐头并进，全面推动各项政策措施的实施。

接着，相关省厅的长寿社会对策相关政策措施以“老年人保健福利推进10年战略（黄金计划- Gold Plan）”为始，相继推出。另外，出于对与长寿化背道而驰、持续下降的出生率的担忧，1992年开始实施“育儿休假制度”，以创造一个让人们能够更轻松地生养孩子的社会体制，1994年，出台了奠定今后的育儿援助的政策措施的基本方向的“天使计划”。而且，“护理休假制度”（于1995年出台）等新制度也被纳入应对老龄化社会的对策范畴。

当日本人口的老龄化率超过14%的时候，洞见少子老龄社会的意识越来越明晰，1995年末“老龄社会对策基本法”在国会通过。这一基本法（详见下述）是基于对国民的意识和社会体制的应对将落后于老龄化的进展速度的考虑，旨在鼓励和促进今后的老龄社会对策的实施。随着该法的通过，政府开始着手修改先前出台的“长寿社会对策大纲”，决定将其改为能够着眼于目前的少子化和老龄化现状，展望21世纪初的老龄社会的“老龄社会对策大纲”。政府还将每隔5年修改一次这部大纲,以适应老龄化社会的发展,促使相关的对策不断地趋于合理。

1999年,作为“黄金计划”的进一步推进计划,“黄金计划21”和“天使计划”以后的“新天使计划”都作为5年计划,提出了2004年必须完成的目标。从2000年度开始,日本引进了令人瞩目的“护理保险制度”,还实施了“年金保险制度”的修改。尤其是规定了以后每4年对年金制度进行一次修改。最后在2001年完成了对医疗保险制度的修改后,21世纪初,日本的社会保障制度的结构已经发生了巨大的变化。

(二) 新的社会部门(志愿部门)的形成与发展

随着老龄化的发展以及综合性的社会福利的发展,人们的社会活动今后也将快速地发展起来。

在日本全国各地,植根于社区需求的形形色色的志愿者及其社会活动已经蓬蓬勃勃地展开。当然,现状是其绝大多数的活动为趣味性的,属于闲暇活动的范畴,社会的信赖度较低。

在欧美发达国家,志愿部门是社会部门不可或缺的组成部分。而作为其核心的志愿者组织或团体在各领域都有着专业性和丰富的经验。就此而言,类似的志愿者组织在日本还是很少见的。在阪神、淡路大地震时许多志愿者活动无法展开即是因为没有类似欧美的志愿者组织。

志愿者活动包括相关的社会认识在日本之所以未获得长足的发展是因为以家庭为中心的地缘社会的相互扶助意识较强,而且还有公共服务的提供再补其不足,加之日本不强调像欧美那种通过基督教教会进行的奉献活动等的宗教性质的社会活动。近年来,关于日本战后志愿者活动等非营利事业的研究还指出了一些新的原因,如日本社会的严厉管制(尤其是战后有关法人准入和捐赠行为的管制)。在日本,被视为志愿者团体的非营利团体,一般是作为公共服务的补充,主要从事行政援助行为的团体可以获准公益法人的资格,它们也被称为中央政府和地方政府的外围团体,活动都是定型的。

但是,在未来的社会,信息化、管制放松等社会管理也在进步,人们对自我实现的追求也甚嚣尘上,人与人之间的横向的联系也越发的频繁和容易,持各种主旨和目的的组织更容易产生。而且,这些组织的目的只要是“对他人有帮助”,即有可能作为志愿者组织(非营利团体)进行活动和发展。

展望今后的老龄社会时,在福利财政尤其是由于少子化引起的下一代负担的限度，或由于不同的社区，人们的社会资源受到制约的社会条件下，仅靠行政筹措的财源和资源，要维持或提高老年人护理服务的水准必将会陷于困难的状况。欧美在这种情况下，能够灵活应对的就只有志愿部门。在1980年以后的英国，由于行政的预算有限，行政に代わって一些志愿者团体开始取代政府经营起护理之家，提供多样化的老年人福利服务，而且，志愿者团体提供的服务并未降低服务质量，他们只是在提供一种新的服务。而使其成为可能的正是志愿者团体所拥有的专业性、募捐活动的免税以及作为事业合作者的志愿者的配合（包括有偿的或无偿的）。志愿者团体承担着的正是社会事业的缓冲器的作用。

在日本，关于福利志愿者的社会认识也在不断地提高，全国各地已经开始展开各色各样相关的活动。而且，在广泛的领域中，积极认真思考志愿部门的社会作用和组织运营手法的人也不断涌现。在日本极为欠缺的有关志愿者的社会性认知目前也已经呈现改善的进展，如“关于NPO（non-profit organization：非营利组织、团体）的法律”“特定非营利活动促进法”于2008年出台。每个个体能够自发地谋求自我实现的志愿者组织在日本以适合日本社会风土的形态多姿多彩地生存和发展的时代已经到来。

表9 NPO法人（特定非营利活动法人）的活动种类

活　动　种　类	团体数	比例%
谋求增进保健·医疗以及福利的活动	3 999	60.8
谋求推进社会教育的活动	2.829	43.0
谋求推进城市建设的活动	2.353	35.8
谋求振兴文化、艺术及体育的活动	1 836	27.9
谋求保护环境的活动	1 808	27.5
灾害救援活动	499	7.6
社区安全活动	531	8.1
谋求拥护人权、推动和平的活动	1 006	15.3
国际合作活动	1.579	24.0
谋求促进男女共同参与社会的形成的活动	614	9.3
谋求培养孩子健康成长的活动	2 344	35.6
对从事上述各项活动的团体的运营或活动提供联络、建议或援助的活动	2 478	37.7

注：(1) 根据2002年3月为止获得认证的6 579家法人的公司章程统计；(2) 有一家法人从事数项活动领域的活动的情形，所以合计结果不符合100%。

资料来源：内阁府。

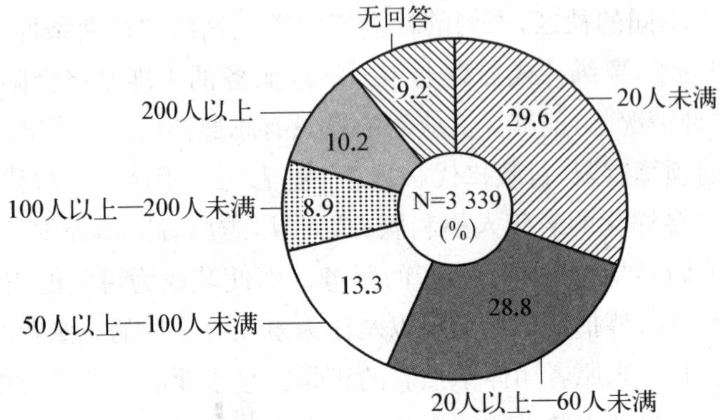

图7 市民活动团体的会员规模

注:(1) 市民活动团体是指“持续地、自发地从事社会贡献活动、不以营利为目的的团体,无特定非营利活动法人及权利能力的社团(所谓的任意团体)”;(2) 拥有会员制度的团体(占全部的83.3%)的正会员的规模。

资料来源:内阁府国民生活局“市民活动团体等基本调查”(2001年)。

(三) 老龄社会对策的基本框架

1. 老龄社会对策基本法的制定

“为了以每一个国民一生都能安心有意义的生活在其中的社会为目标,阐明老龄社会应有的形象,同时通过展示老龄社会对策的基本方向,全面推进老龄社会对策”,“老龄社会对策基本法”(以下简称“基本法”)于1995年11月8日正式出台。

2. 老龄社会对策基本法的概要

基本法由序言、总则、基本的政策措施、老龄社会对策会议、附则等构成,其内容概述如下:

(1) 序言。本法明确阐述了立法的目的:“今后,所有的国民都将在喜悦中迎来长寿,老年人能够安心生活的社会的形成乃众望所归”,所以在演绎理想社会的图景时,必须明确无误地表达对下列问题的认识:“与老龄化的进展速度相比,国民意识和社会制度的应对明显滞后。应尽早应对的课题很多,而留下的时间已经极为有限”,为了“不断地修正社会制度,以使其成为非常适合老龄社会的理想的制度”,“国家及地方政府自不待言,企业、社区、家庭及个人也须相互合作发挥各自的作用”。

(2) 目的与基本理念。本法旨在谋求推行综合性的老龄社会对策,以使经济社会能够健康发展，国民生活能够安定提高，以构筑“公正而有活力的社会”“立足于社区自立与连带的精神形成的社会”“富裕的社会”作为基本理念，实施老龄社会对策。

(3) 中央政府与地方政府的职责。中央政府及地方政府负有依据各自的基本理念制定并实施老龄社会对策的责任。地方政府须与中央政府配合，考虑各个地区的实际情况，制定出适合当地社会、经济状况的政策措施。

(4) 国民的努力。就作为老龄社会对策的各项措施的受众的国民而言，本法谋求国民的自助努力。要求国民能够致力于加深对老龄化的理解，加强相互之间的团结，生活得健康而充实。

(5) 基本的政策措施。对中央政府在就业及收入、健康及福利、学习及社会参与、生活环境等领域应该制定的政策措施作出了规定。

① 在就业及收入方面，应根据老年人的积极性与能力确保其能够就业的多种机会；谋求公共年金制度与雇用制度之间的衔接和匹配，以确保其能够达到一个适当的水平；对通过自主努力获得资产给予支持等。

② 在健康及福利方面，制定综合性措施以促进国民维持和提高自身健康状况的努力；加强社区保健及医疗与福利的相互有机的合作，整合适度的医疗保健服务及福利服务等综合性的服务提供体制；推动能够接受适度的护理服务的基础整合等。

③ 在学习及社会参与方面，确保终身学习的机会；促进老年人积极参与社会活动；夯实志愿者活动的基础等。

④ 在生活环境方面，促进适合老年人的住宅等的建设；确保面向老年人的住宅；促进老年人能够轻松利用的公共设施的建设；保护老年人免遭交通事故、犯罪、灾害等。

此外，还要致力于推动有关老年人特有的疾病的预防及治疗的调查研究以及有关福利用具的研究开发等。

除此以外，还必须采取措施，建立能够将国民的意见反映到政府的政策中去的制度。

3. 老龄社会对策的推进体制

基本法规定，政府必须制定老龄社会对策大纲，制定相应的配套措施，并就此每年向国会递交年度报告。

另外,内阁府作为以内阁总理大臣为会长的特别机构,应设置"老龄社会对策会议"的常设机构,该会议必须具体负责制定老龄社会对策大纲的草案,进行实施对策所必须的相关的行政机构之间的相互调整,具体推动与对策相关的重要事项的审议及对策的实施。

2001年12月28日召开的第九次老龄社会对策会议,对老龄社会对策大纲的草案进行了归纳总结,并在同一天的阁僚会议上决议通过了新的"老龄社会对策大纲"。

(四)老龄社会对策大纲(2001年12月内阁决议通过)的概要

1. 目的

老龄社会对策大纲是根据老龄社会对策基本法由政府推动的老龄社会对策的中长期的基本的综合性的指针。1996年制定的第一部大纲经过5年后,内阁于2001年12月,根据有关推进老龄社会对策的基本状况的有识之士会议(会长:庆应义塾大学教授清家笃)的报告(2001年9月)决议通过了新的大纲。

这部大纲提出,今后,在战后婴儿潮时代出生的人口规模巨大的一代人(1947—1949年出生)迎来老龄期以后,日本将正式进入老龄社会,由此在表明推行老龄社会对策时的基本态度的同时必须严格执行老龄社会对策,为此,需要打破不同领域的基本的政策措施的界限,设置一些横向的协同努力的课题,以全面推行相关的政策措施。

2. 基本立场

(1)重新描绘传统的陈旧的老年人形象。老年人从整体上来看,已经越来越健康活跃,经济上也越来越富裕,所以在推行政策措施时也不能囿于传统的陈旧的、无论在健康方面还是在经济方面都处于弱势的老年人的形象,而应根据其属性和多样化的实际状况。

(2)重视预防和准备。在应对处理老年人问题时,不能仅停留在过去的老龄期的健康、经济、社会关系等方面,应从青年期开始对相关问题进行预防,对国民进入老年后做准备的自助努力给予支持。

(3)社区功能的柔性化。促进老年人自主参与社区活动,创造条件搞活社区的相互扶助等的功能。

(4)男女共同参与的观点。老龄期的男女差别,尤其是要根据平均寿命长于男性的女性老年人的生活方式、经济状况、健康问题等的实际状态,立足于男女共同参与观点落实政策措施。

(5) 与医疗、福利，信息通信等相关的科学技术的活用。在研究开发及活用等两方面创造条件，使与医疗、福利，信息通信等相关的尖端科学技术的成果也能广泛地惠及老年人。

3. 横向组织的课题

(1) 使多样化的生活方式成为可能的老龄期的自立支持。目前，不受年龄限制，亲自践行多样化的生活方式的人越来越多，同时，一个人生活或需要护理的老年人也在增加，据此，应对这些人另行指定相应的应对措施。

(2) 纠正以年龄来区别对待老年人的制度和惯例。防止在就业中的年龄歧视以及其他的对老年人参与社会活动的限制，相反地应在年龄方面给予一律的优惠待遇的尝试。另外，还要积极应对涉及老年人的人权侵害问题及大力普及通用设计(universal design)。

(3) 代际纽带的强化。创造条件，使国民能够顺应家庭结构的变化，建立起代际的联系纽带。另外，关于社会保障制度等，为了实现给付与负担的均衡，应打破年龄的因素，力求根据能力来公平负担。促进就业及其他的社会活动的老中青共同参与。

(4) 促进参与社区活动。夯实 NPO 的活动基础，大力支持与社区有密切关系的创业活动；此外，普及通用设计所关心的生活环境的无障碍化；最后，促进所有的人(包括目前就业的一代人)终身参与社区活动。

4. 各个领域的基本政策和措施

根据上述推进老龄社会对策的基本状态，制定就业与收入、健康与福利、学习与社会参与、生活环境等各领域的基本政策措施的指针，并据此执行政策措施。

参考文献

[1] 老龄化综合研究中心编著：《21 世纪老龄社会的基础知识》，中央法规出版社 2002 年版。

[2] 内阁府政策统括官(共生社会政策担当)：《平成 22 年版老龄社会对策——白皮书》，2010 年。

[3] 内阁府政策统括官(共生社会政策担当)：《“亚洲地区(韩国、新加坡、日本)的少子化社

会对策的比较调查研究"报告书》,2009年3月。
[4] 《少子化社会对策基本法》,2003年7月颁布。
[5] 内阁府:《少子化社会对策大纲》,2004年6月通过。
[6] 《老龄社会对策基本法》,1995年11月8日颁布。
[7] 内阁府:《老龄社会对策大纲》,2001年12月通过。

严罚化进一步加强的2014年修改少年法

尹　琳*

[摘　要] 2014年，日本少年法迎来进入本世纪后的第四次大修改。本次修改的内容有两个：第一，为加强少年审判程序的合理化，在家庭法院裁量下扩大公设辅佐人制度及检察官参与制度的适用案件范围；第二，为加强对少年刑事案件科刑的合理化，采取提高少年不定期刑长期与短期的上限等措施。律师辅佐人适用案件范围的扩大，有利于保护少年的权利，但也存在着不足。检察官参与制度的扩大，导致少年审判进一步刑事审判化。少年不定期上限的提高等措施，造成未成熟的少年长期受刑，回归社会困难，再犯风险上升。

[关键词] 少年法修改；公设辅佐人；检察官参与；少年刑的提高；严罚化

日本现行少年法制定于1948年，在其后的半个多世纪中，没有进行过一次大的修改。但是，进入21世纪后，情况突变，通过立法的法律修改日本少年法呈现极度活跃的状态。在极短的时间里，少年法经历2000年、2007年、2008年三次大修改后，接着于2014年4月，日本第186次国会又通过《少年法部分修改的法律》(2014年4月法第23号，以下简称2014年修改法)。在这四次修改内容中，涉及改变少年法福利性质的内容，非常值得关注。

2014年修改少年法的主要内容有两个：第一，为了进一步加强少年审判程序的合理化，扩大家庭法院裁量下的公设辅佐人制度及检察官参与制度的适用案件范围；第二，为加强对少年刑事案件科刑的合理化，采取分别提高少年不定期刑长期与短期的上限等措施。这些修改内容表明，日本少年法对犯罪少年的

* 尹琳，日本国立一桥大学法学院法学博士，上海社会科学院法学研究所副研究员。专攻刑事法学，涉猎少年司法及儿童权利保护等领域。

严罚化趋势进一步加强。与迄今为止的三次大修改一样,2014年修改少年法也掀起广泛的讨论热潮。

一、修改的背景

2008年修改少年法在附则第3条,设有法律施行3年后进行重审的规定。承接该规定,日本法务省召开"关于2008年修改少年法意见交换会"(以下简称2008年意见交换会),就此揭开2014年少年法修改的序幕。

(一)背景

1. 2008年交换意见会的讨论内容

在2012年3月至2012年7月间,共进行六次意见交换会。分别从犯罪被害人(支援)团体、日本律师联合会推荐的律师、最高法院、刑事法学者等相关人员听取意见,在此基础上,各相关人员之间还通过质疑应答方式交换了意见。2008年,意见交换会的意见概要[①]如下:

第一,公设辅佐人制度及检察官参与制度的对象案件范围扩大。在少年审判中,律师辅佐人作为给少年提供法律、社会援助、支援少年健康成长存在,对少年回归社会来说,其作用极为重要。但是,多数少年及其保护人无力负担律师辅佐人的费用,即使保护人有此资力,但几乎都不愿支付这笔费用。如果没有公设律师辅佐人制度,少年接受律师辅佐人援助的权利就无法获得实质保障。对于人身自由受到束缚的少年来说,要想实质享受这种权利,就有必要扩大公设辅佐人制度的对象案件范围。随着刑事嫌疑人公设辩护人制度对象案件范围的扩大,在少年嫌疑人阶段被选任的公设辩护人,因没有公设律师辅佐人制度而无法成为少年移送家庭法院后的公设辅佐人。嫌疑人公设辩护人制度与公设辅佐人之间无法整合,问题比较大。从这个意义上说,有必要扩大公设律师辅佐人的对象案件范围,解除这种制度性矛盾。公设辅佐人的对象案件,应当被移送到少年鉴别所身体自由被束缚少年的所有案件。关于公设辅佐人,应当采用由少年或被保护人申请就同意的制度。但是,公设辅佐人制度需要相当的预算,也需要考

① [日]《"有关2008年修改少年法等意见交换会"意见的概要等》,参见2012年10月15日第一回"法制审议会少年法部会"分发资料。

虑预算问题。鉴于少年审判的职权主义结构及需要公费运营公设辅佐人制度的情况,公设辅佐人制度也应作为由家庭法院判断是否有存在必要性的制度。要切实进行实事认定,不仅需要辅佐人,而且有必要让检察官参与从各个角度关注。

第二,关于对少年刑事处分规定的重审。因为2004年的刑法修改,针对成年人有期徒刑的裁判上限已经提高,但却没有以连动的形式修改对少年的刑罚,与成年人的刑罚相比,不得不让人对少年刑罚的合理性产生疑问。在成年人与少年构成共犯的场合,对少年的量刑有时缺乏合理性。此时,会产生这样的问题:10年以上的刑罚是否可以期待教育效果?如果特别强调社会防卫的问题,10年以上的刑罚是否不符合责任刑的要求。因此修改论者主张,应当充分依据少年法规定的健康成长理念,慎重考虑刑罚的长短。由于不定期刑的量刑标准没有明确,导致裁判员裁判的量刑判断出现困难,因此应当明确不定期刑的量刑判断标准。

第三,其他希望少年法重审的事项。这是重审2008年修改法的内容,其中包括:审判旁听制度对象案件扩大到重大伤害案件;利用监控器对少年审判进行视听;在限定被害人参与的情况以外,被害人广泛接受公费律师的援助;关于一定的重大案件,原则上应在检察官参与下进行事实认定;检察官应当参与少年的需保护性审理;在少年审判的场合,被害人能直接质问少年;被害人可以阅览重大案件的社会记录。但是,这些意见没有被纳入法制审议会少年法部会审议内容之中。①

2. 实务界修改少年刑罚的主张

在法制审议会少年法部会对2014年修改少年法进行审议之前,实务界主张提高针对少年有期徒刑上限的呼声不断。现职法官主张,2004年刑法修改后,成人犯杀人等一定的重大犯罪的法定刑上限提高,已提高的法定刑与少年的不定期刑等之间产生科刑上的断裂,需要弥补。

第一,现职法官认为成人与少年共犯时量刑不均衡现象显著,有必要提高对少年的有期徒刑上限。2004年日本刑法修改,将有期处断刑的上限由20年提高到30年,② 对于成人来说,从死刑到有期刑,科刑范围具有连续性,但对于18

① [日]《少年案件被害人代表提交的意见书》,参见2012年6月18日第5回“有关2008年修改少年法意见交换会”分发资料。

② [日]《少年案件被害人代表提交的意见书》,参见2012年6月18日第5回“有关2008年修改少年法意见交换会”分发资料。

周岁以上少年来说,无期徒刑与5年以上10年以下的不定期有期刑的上限之间存在非常大的距离,需要通过立法上的措施弥补这种科刑上的断裂。比如,在少年与成人的共犯案件中,如果是少年起主导作用的抢劫致伤等案情,对成人作出10年以上的量刑,但对少年只能宣告5年以上10年以下的不定期刑。在这类案例中,如果对成人共犯作出20年以上的量刑,而对情节严重的少年只能科处5年以上10年以下的不定期刑,那么量刑显著不均衡,有必要对少年提高有期徒刑的上限。因此,该法官提议,将未满18周岁少年替代无期徒刑的有期徒刑上限,与2004年刑法修改前的有期徒刑上限为15年的标准相协调,在将有期徒刑上限提高到20年的2004年修改刑法下,替代无期徒刑的有期徒刑上限也提高到20年,即对现行的刑期一律加算5年,在15年以上20年以下的不定期刑比较妥当。①

第二,有法官依据"原则逆送"案件在刑事裁判中的量刑数据,指出5年以上10年以下的现行不定期刑规定阻碍合理的量刑。在所谓"原则逆送"案件中,有相当比例的少年被宣告处以5年以上10年以下不定期刑的上限或准上限的刑期,要应对案情严重的案件有必要提高处断刑。2004年刑法修改以前,即使有不少法官感觉不定期刑"5年以上10年以下"上限处罚过轻,但基本上是不得已必须这么选择。少年的场合,无期徒刑与最重的不定期刑之间存在太大的断裂,阻碍合理量刑的实现。因此,根据修改刑法,综合考虑量刑也向加重方向移动的这一均衡性,有必要采取制度上的措施以使对少年案件合理量刑成为可能。②

第三,有法官指出,在刑法修改的立法过程中,从公开刊发的资料中找不到针对少年法所产生的量刑差距大小进行研究的内容。以此主张,现在已经到了通过立法紧急调整这种差距的必要阶段。③

---

① 参见[日]八木正一:《关于少年刑事处分的立法论备忘录》,小林充、佐藤文哉古稀祝贺刑事裁判论集刊行会编:《小林充先生 佐藤文哉先生古稀刑事裁判论集上卷》,判例Times社2006年版,第632—648页。转引自[日]冈田行雄:《有关少年有期自由刑的扩大》,载《熊本法学》130号2014年,第34—35页。

② 参见[日]角田正纪:《有关少年刑事案件的诸问题》,载《家裁月报》58卷6号2006年,第1—44页。转引自前引冈田《有关少年自由刑的扩大》,第35页。

③ 参见[日]植村立郎:《少年案件的实务与法理——实务"现代"刑事法》,判例Times社2010年版,第358页。转引自前引冈田《有关少年自由刑的扩大》,第35—36页。

(二) 经过[①]

2012年7月，日本政府“犯罪对策阁僚会议”，归纳“预防再犯的综合对策”。其中，为预防再犯，要求对“少年、青年及初入者进行指导及支援”。

综合考虑“2008年修改少年法意见交换会”意见及“预防再犯的综合对策”等情况，日本法务省展开进一步的研究。其结果认为，为了使少年审判程序中事实认定更加合理化，实现少年审判程序进一步的合理化、充实化，有必要扩大公设律师辅佐人制度及检察官参与制度的对象案件范围；同时为了实现少年刑事裁判中科刑的合理化，有必要修改针对少年刑事处分的相关规定。因此，2012年9月，就少年法修改问题，法务大臣向法制审议会进行咨询。

接受法务大臣的咨询，法制审议会设置少年部会。2012年10月至2013年1月，共计进行四次调查、审议；在2013年2月8日召开的法制审议会第168次会议上，对部会审议经过及结果报告做了总结，通过基于部会承认的内容要纲(要点)，并于同日将答复提交予法务大臣。

日本政府依据法制审议会的答复，在第186次国会上，于2014年2月7日向众议院提出“少年法部分修改的法律案”。3月25日，在众议院法务委员会上，民主党·无所属俱乐部提交修正案，要求从政府原法案中删除有关修改少年刑事案件处分规定的内容，同日听取修正案提案理由的说明，与政府原案一同进行质疑，在28日同委员会所裁决的结果，修正案因赞同少数而被否决。4月1日，在众议院会议上，政府原案以赞同多数通过，接着送付参议院；4月11日，获得参议院的多数赞同，法案得以通过。

(三) 国会审议中的主要争议[②]

1. 公设辅佐人制度

(1) 公设辅佐人制度对象案件范围的限定理由。扩大公设辅佐人制度是由日本律师联合会积极推进的。对于限定理由，一方面，在非现行公设辅佐人制度的对象案件中，尤其是相当于长期3年以上的有期徒刑、监禁的犯罪案件，如诈

---

① 主要参见[日]近泽将生:《为了实现少年审判程序及科刑的合理化》，载《立法与调查》357号2014年，第23—24页；[日]中村功一:《少年法部分修改的法律概要》，载《法律的广场》67卷9号2014年，第13—14页等。

② 即谷垣法务大臣的答辩，这里主要参见前引近泽论文，第26—33页。

骗、恐吓等重大犯罪,且包含共犯多数存在的复杂案件、比如业务上过失致死伤那样结果重大但过失认定困难的案件,为实现少年审判中事实认定程序的合理化,需要律师辅佐人发挥作用;另一方面,鉴于公设制度需要预算支撑,需要得到国民的认可。从切实的事实认定、少年回归社会、预防再犯的必要性看,公设辅佐人制度的对象案件范围应当限定为类型化必要性强的案件,因此扩大到相当于死刑、无期或者长期超过3年的徒刑、监禁的案件,应该能获得国民的理解。

(2) 虞犯少年是否存在作为公设辅佐人制度对象的必要性。虞犯案件的需保护性高,但属于尚未达到犯罪的案件,且在隶属家庭法院前的搜查阶段,身体自由没有被剥夺,另外还有预算的原因,因此公设辅佐人制度没有必要扩大到虞犯少年。

(3) 不承认少年或保护人要求选任公设辅佐人的理由。基于少年法采用职权主义的审判结构,应该由家庭法院从监护的角度判断公设辅佐人选任的必要性。

(4) 不设保护人资力要件的妥当性。一方面,家庭法院可以将少年本人或保护人的资力情况作为一个判断理由,另一方面,在选任公设辅佐人的情况下,如果少年或保护人有资力,那么家庭法院可以事后征收相关费用。

(5) 公设辅佐人资质的确保。日本律师联合会对此会开展研究及研修。

2. 检察官参与制度

(1) 公设辅佐人制度与检察官参与制度对象案件的范围相一致的妥当性。从防止法院与少年之间形成对峙局面,以及确保以被害人为首的国民信任这两种观点出发,实现事实认定程序更加合理化,作为检察官及律师辅佐人双方参与审判的制度,检察官参与制度引进于2000年修改法。假如非检察官参与制度对象的案件,只承认律师辅佐人的选任,即使少年对非行事实的有无进行争议而检察官无法参与,那就无法获得以被害人为首的国民的理解、信服。因此,根据家庭法院的裁量决定公设辅佐人制度对象案件的范围,与检察官参与制度对象案件的范围相同,是合适的。

(2) 检察官参与少年审判会促进事实认定程序合理化的根据。在职权主义式的审问结构中,参与少年审判的检察官归根到底是审判的合作者,从少年以外的公益角度收集、考虑证据,在必要的范围内,阅览誊写案件记录及证据,并出席审判程序,对少年及证人等进行询问、意见陈述等,进一步实现非行事实认定程序的合理化。

(3) 检察官参与制度对象案件的范围扩大是否会招致少年审判的刑事裁判化。在职权主义结构下，少年法本身要求以诚恳的态度为宗旨，在温和的气氛中进行审判，是对少年进行审判的基本姿态。

(4) 在检察官参与决定案件增多的情况下，确保制度切实运用的努力。从2000年修改少年法检察官参与制度运用的情况看，检察官参与案件的件数不太可能大幅度增加。

3. 有关少年刑事裁判规定的修改

(1) 少年自由刑期的提高，是否属于严罚化。对有些案件，在现行少年法规定对少年科处可能的刑罚框架内，无法进行合理的科刑。扩大少年科刑范围是以对少年进行可能合理的科刑为目的。本次的修正法案，根据少年的改善更生及其他特性使极为细致的科刑成为可能。从修改整体看，本次修改对少年科刑一律提高，并非图谋严罚化，可以说是依据少年法理念而进行的应对措施。

(2) 少年法修改的少年犯罪控制效果，是否存在因有期徒刑的长期化而导致再犯增加的可能。少年刑事裁判规定的修改，是对应行为状态科刑，从各种意义上看应对犯罪控制起作用。至于有期徒刑的长期化是否会导致少年回归和适应社会困难这一点，作为前提，对少年的刑罚需要罪刑相均衡。如果与所犯罪行相比，科处明显轻微的刑罚，从少年健康成长或者社会回归的角度看不妥当。对受刑的少年来说，配备发挥教育作用且有利于少年回归社会的处遇制度，致力于少年的更生处遇是可能的。并且，受刑人在少年达到26周岁时将由少年刑务所移送到成年人刑务所，与成人受刑者一样，接着针对其本身的问题实施处遇程序、职业训练。所以说，因长期受刑阻碍少年健康成长、回归社会，再犯增多的担忧不太存在。

(3) 不定期刑的长期与短期的性质差异。作为刑法的功能，除报应外，还有一般预防和特殊预防。从本质上看，刑罚是不得超过犯罪所带来的行为责任程度，出于预防目的加以处罚。这点对少年的不定期刑来说亦然。不定期刑规定有长期与短期，但对于长期，因为不得超过行为责任程度，基本上是因重视行为责任而决定，相对而言，短期是因重视对富有可塑性少年的教育即特殊预防而决定。通过规定短期，决定以短期为标准获得假释的要件，与成人相比有时少年可能在较早时期获得假释，或者在经过短期受刑的场合，基于一定要件终止刑罚执行，少年比成人可能获得更早释放，因此规定了短期。

(4) 关于不定期刑规定低于处断刑短期的理由。修改前的不定期刑短期规定在处断刑范围内,修改法案规定不定期刑的短期低于处断刑。对于少年来说,因其可塑性可能在低于处断刑下限范围内获得更生,并且从行为责任的观点看,也可能存在在短期间终了刑罚执行的案件。少年刑罚,比对成人的刑罚,更重视教育侧面,对于这类案件一律在处断刑范围内规定短期不甚妥当。

(5) 对不定期刑持否定意见的看法。对于不定期刑的批判意见有两种:一是被害人等担忧刑罚执行过早终了;二是实务界批判不定期刑的运用未必能达到预期的效果。但是,少年法采用不定期刑的原因,在于少年比成人更能期待通过教育的改善更生。在处遇的弹性这一点上,不定期刑具有难以舍弃的内容。因此,有必要对不定期刑进行各种尝试。

二、修改的内容

2014年修改少年法(2014年4月18日,法第23号。以下简称2014年修改少年法或2014年修改法),从大的方面来看,可以分为两大部分:一是扩大公设律师辅佐人制度及检察官参与制度的对象案件范围部分;二是修改有关少年刑事处分规定部分。如果就2014年修改法与迄今为止的修改法之间的关系而言,前者属于以前修改法的延长线上的内容,而后者则是基于新观点进行的修改。[①]

(一) 扩大公设辅佐人制度及检察官参与制度的对象案件范围

2014年修改法,将公设律师辅佐人制度及检察官参与制度的对象案件范围,扩大到相当于"死刑或者无期徒刑或者长期超过3年的有期徒刑或监禁"的犯罪(就公设律师辅佐人制度来说,对象案件包含触法案件)。在国会审议期间,关于这两项内容的修改案提案理由,是作为一个组合而提出的。但是,从根本上说,这两项分属不同的内容,应分隔开来分别说明其必要性和合理性。

1. 扩大公设辅佐人制度对象案件的范围

2000年修改少年法本身,为了进行适当的事实认定,设置了这样的制度:针对一定的案件,由家庭法院裁量允许检察官参与,同时,如果少年没有律师辅佐人,那么使用公费为少年选任律师辅佐人。公设辅佐人制度的对象案件范围是

① [日]川出敏裕:《少年法改正的进程》,载《法律的广场》67卷9号2014年,第8页。

检察官参与制度的对象案件，即，(1) 因故意的犯罪行为导致他人死亡之罪；(2) 除(1)以外的犯有死刑或者无期徒刑或者短期在2年以上的徒刑或者监禁之罪。2007年少年法修改新设第22条之3第2款，规定不仅限于检察官参与决定的案件，针对犯罪少年或触法少年，(1) 关于一定的重大案件(法22条之2第1款各项所揭示的犯罪即因故意的犯罪行为导致被害人死亡、相当于死刑或无期徒刑或短期2年以上的徒刑或监禁的犯罪)；(2) 少年接受观护措施(法17条第1款第2项)人身自由被束缚的案件，家庭法院认为必要时，可以利用职权指定律师作为公设辅佐人。2008年修改少年法规定，在允许被害人等旁听审判前必须听取公设辅佐人的意见，如果此时少年没有公设辅佐人，家庭法院根据职权为少年选任公设辅佐人(法22条之3第2款)。

2014年修改法规定，家庭法院根据裁量，将公设辅佐人制度对象案件的范围扩大至相当于死刑或者无期徒刑或者长期3年以上的有期徒刑或监禁的少年犯罪案件。通过此次修改，盗窃、恐吓、诈骗、伤害、过失驾驶致死伤、违反兴奋剂取缔法(自己使用、单纯持有)等犯罪行为，根据家庭法院裁量，都成为公设辅佐人的对象案件。在这些案件中，有的是因为少年审判程序事实认定的需要公设辅佐人参与，有的是因为少年的改善更生需要作为法律专家——律师的援助，有的是因为在少年审判程序阶段环境调整需要律师辅佐人的参与。[①]

在法制审议会少年法部会上，有意见认为“被移送少年鉴别所采取收容观护措施”的所有案件都应当作为公设辅佐人制度的对象。但是，只有是投入国家财政就有必要征得国民的同意，从这种观点出发，有必要将公设辅佐人制度限定必要性高的情况。

此外，关于上诉审中根据裁量选任的公设辅佐人制度(法32条之5第2款)，其对象案件规定为“法22条之3第2款规定的案件(在家庭法院中被采取法17条第1款第2项措施的案件)”，随着因本次修改家庭法院由裁量选任的公设辅佐人制度对象案件的范围扩大，上诉审中根据裁量选任的公设辅佐人对象案件的范围也同样扩大。

2. 扩大检察官参与制度对象案件的范围

在法制审议会少年法部会中，基于与2007年修改少年法同样的理由，认为

① 前引中村论文，第14—15页。

只要公设辅佐人制度对象案件扩大,就应相对应地扩大检察官参与制度的对象案件。关于检察官参与制度的必要性,就像前述国会审议中谷垣大臣答辩的那样,为了在少年审判中进行切实的非刑事实认定,家庭法院认为检察官参与审判程序比较合适时,可以要求检察官出席审判程序,并进行证人询问等一系列活动。关于检察官参与制度的合理性,根据日本最高法院展开的 2000 年少年法修改后运用状况的司法研究,即使检察官参与的案件,家庭法院作为主体的职权主义结构并未发生变化,不存在检察官在审判中作为追诉官活动的事例。

2014 年修改少年法,扩大检察官参与制度的对象案件范围,即相当于死刑或者无期徒刑或者长期 3 年以上的有期徒刑或监禁的犯罪案件。这与 2000 年少年法修改时成为废案的政府提出法案一致。2000 年废案与 2000 年修改少年法一样,都采用检察官参与先行,然后相对应地选任公设辅佐人的形式,主张上述扩大的案件范围,纯粹是源自非行事实认定的必要性这种观点。此次修改少年法,在相同意义上,考虑为事实认定有必要承认检察官参与的范围时,结合公设辅佐人制度对象案件扩大这个理由,对检察官参与制度的对象案件范围扩大到相当于死刑或者无期徒刑或者长期 3 年以上的有期徒刑或者监禁的犯罪案件。

在 2014 年修改少年法中,关于对象案件范围以外的案件,家庭法院裁量决定的公设辅佐人选任与检察官参与决定要件,跟 2000 年修改法一样,并未变化。关于公设辅佐人制度,除家庭法院裁量决定以外,分为(1)检察官参与制度所伴随的公设辅佐人制度与(2)少年审判旁听制度所伴随的公设辅佐人制度;(1)对象案件范围随着检察官参与制度对象案件范围的扩大而扩大,但(2)的对象案件范围并未改变。

(二) 少年刑事案件处分规定的修改

2014 年少年法修改的一大支柱,是上述扩大检察官参与对象案件的范围和扩大公设辅佐人制度对象案件的范围。另一大支柱,是修改少年刑事案件处分的规定。

1. 对少年不定期刑规定的修改

(1) 扩大不定期刑适用案件的范围。从少年健康成长理念出发,对少年科处自由刑时,其刑罚也应是以教育刑为理念。[①] 对此,少年法规定有不定期刑。

---

① [日]平场安治:《少年法》(新版),有斐阁 1987 年版,第 444 页。

由于少年人格处于发育过程中富有可塑性，通过教育改善更生的效果更值得期待，基于教育上的考虑引进不定期刑，以使处遇具有弹性。[①] 这种考虑不应限于处断刑 3 年以上有期徒刑或者监禁所相当的犯罪少年，应适用于所有被科处有期徒刑或者监禁的少年。因此，适用于少年不定期刑的案件范围，从本来“应处断长期超过 3 年的有期徒刑或者监禁”的情况，变更为“应处断有期徒刑或监禁”的情况(法 52 条第 1 款)。

依据这次修改，在对少年宣告有期徒刑或监禁的实刑时，除应处断无期徒刑时作为所谓缓和刑宣告有期徒刑以外，其余的必须全部宣告不定期刑。当然，在处以缓期执行时依旧是依照从前宣告有期刑。

(2) 提高不定期刑的长期及短期上限。本次修改前的少年法规定，不定期刑的长期及短期分别为 10 年与 5 年，对少年科处可能的最重有期徒刑是“5 年以上 10 年以下的徒刑”。如同前述修改背景中所指出的那样，这种轻刑规定被认为会导致对成人的刑罚与对少年的刑罚之间产生不均衡。因此，通过扩大法院量刑的选项，根据少年所实行的犯罪行为，进行更加合适的量刑，2014 年修改少年法将不定期刑的长期上限与短期上限分别提高 5 年，即长期上限为 15 年，短期上限为 10 年。由此，对于犯罪少年科处可能的最重有期徒刑为“10 年以上 15 年以下的徒刑”(同第 1 款)。

(3) 不定期刑长期及短期的决定标准。虽说不定期刑具有较强的教育要素，但其本质是刑罚。[②] 因此，在对少年科处有期刑时，原则上其不定期刑的长期与短期也应限定在处断刑的范围之内。由于刑罚是在行为责任的范围内达成一般预防目的和特殊预防目的的内容，不定期刑的长期也不得超过行为责任程度的期间，从重视行为责任的观点来决定不定期刑的长期，从重视教育的观点来确定不定期刑的短期。因此，在决定具体的量刑之际，首先通过重视行为责任的长期来量定上限，在其范围内决定重视教育的短期。

关于不定期刑长期与短期之间的幅度，修改法并未设置特别限定，但针对短期，修改法则限定在“不低于长期的二分之一(长期不超过 10 年时为长期减去 5 年后的期间)的范围内”(同第 1 款)。即使限制不定期刑的长期与短期的幅度，

---

① [日]田宫裕・广濑健二编：《注释少年法》(第 3 版)，有斐阁 2009 年版，第 466 页。
② 前引田宫・广濑《注释少年法》(第 3 版)，第 467 页。

但鉴于针对少年的不定期刑是出于教育考虑才引进的内容,为达成其目的也需要确保其必要的幅度。因此,少年法规定长期的二分之一为基准。

(4) 有关不定期刑短期的特则。由于对少年的不定期刑短期也属于刑罚,应在处断刑范围内进行量定。但是,根据少年富于可塑性的特征,有时少年在低于处断刑下限的期间内可以得到改善回归社会,并且从行为责任的观点看在那样的期间内终结刑罚的执行也被容许。因此,2014年修改少年法,原则上规定在"在应处断的刑罚范围内"决定不定期刑的短期,另一方面还规定"考虑少年改善更生的可能性及其他事情特别需要之时",不定期刑的短期,可以在"不低于处断刑短期的二分之一,且不低于长期的二分之一(长期不超过10年时为长期减去5年后的期间)"的范围内,决定为低于处断刑下限的期间(同第2款)。判断是否相当于"少年改善更生的可能性及其他情况特别需要"之时,需要对以下事项进行综合考虑:少年是否对自己所犯罪进行真正反省,更生改善意念是否存在,改善更生的环境有何种程度调整等情况,适用特则决定低于处断刑下限的短期时是否能让少年抱有改善更生的意念,是否有助于少年顺利回归社会等适用特则后的效果,从报应(行为责任)的观点看是否容许等。[①] 关于"其他情节",存在各种可能。比如,针对少年的刑罚低于处断刑的下限期间终了一事获得被害人容许的情况,行为责任的上限接近于处断刑的下限,关于短期如果不得不规定低于处断刑的期间但无法适当规定的情况等。

关于不定期刑短期的修改规定与酌情减轻(刑法66条)规定的关系,既可以仅适用其中一个方面,也可以在适用酌情减轻的基础上再进一步适用法52条第2款的规定。[②]

2. 修改对少年无期徒刑的缓和刑规定

(1) 提高作为所谓无期徒刑缓和刑的有期徒刑上限。通常情况下,缓和对少年的刑罚,必须出于两种考虑:一种是从责任的角度,一种是从人道的角度。[③] 但是,从本质上说,这是将14周岁以上未满20周岁少年的这一年龄段视为中间责任减轻阶段,出于避免对少年实行残酷的刑罚的考虑,对少年设置宽刑规

① 前引中村论文,第18页。
② [日]櫛清隆:《关于"少年法部分修改的法律"》,载《刑事法Journal》41卷2014年,第104页。
③ 前引平场《少年法》(第2版),第443页。

定。[①] 迄今为止，作为所谓无期徒刑缓和刑的有期徒刑已经历经两次大的修改。本来由无期徒刑减轻到有期徒刑是作为必要的减轻规定，但2000年少年法将此修改为由法官裁量决定的事项，即“犯罪时未满18周岁的，即使应处断无期徒刑，可以科处有期徒刑或监禁。此时，其刑期要宣告10年以上15年以下期间”。而2014年修改少年法更进一步提高无期徒刑缓和刑的刑期，“宣告刑期为10年以上20年以下期间”(法51条第2款)。

提高作为无期徒刑缓和刑的有期徒刑上限，是为了与不定期刑上限由“10年提高到15年”的修改规定相匹配。如果不提高作为无期徒刑缓和刑的刑期上限，那么比无期徒刑缓和刑责任轻微的不定期刑的上限就与无期徒刑缓和刑的上限一致，这样明显不妥。并且，由于2000年修改法规定作为无期徒刑向有期徒刑的缓和，是由法官裁量决定的，因此处断刑为无期徒刑时，有可能就直接宣告无期徒刑。对应这种情况，缩短无期徒刑与作为缓和刑的有期徒刑之间的差距，法院可以根据个案进行适当的量刑。[②]

(2) 假释要件的严格化。针对少年时被处以有期徒刑或者监禁的人，到可能假释的期间，少年法设有特则(法58条)，比日本刑法第28条[③]要件缓和。在本次修改法以前，关于作为无期徒刑的缓和刑被判处有期徒刑的到可能假释的期间，一律规定为3年。但是，本次修改，将不定期刑的短期上限提高到10年，如果被处以短期为10年的不定期刑，当其刑期执行经过三分之一即3年零4个月时才能假释。倘若依旧维持作为无期徒刑缓和刑的有期徒刑一律3年即可假释的规定，那么被处以无期徒刑缓和刑的就将先被假释，这将导致不合理的情况出现。因此，2014年修改少年法仿照刑法的原则(刑法第28条，详见脚注)，对于被判处作为无期徒刑缓和刑的有期徒刑的人，可能假释期间修改为刑期的执行经过三分之一时(法58条第1款2项)。

三、分析与评价

2014年修改少年法，扩大公设律师辅佐人的范围，并相对应地扩大检察官

---

① [日]守山正·后藤弘子编著：《Beginner's少年法》(第2版)，成文堂2008年版，第218页。

② 前引中村论文，第19页。

③ 日本刑法第28条(假释)规定，被判处惩役或者监禁的人，如果有悔改表现，在有期徒刑的执行经过三分之一、无期徒刑的执行经过10年后，可以根据行政机关的决定准许假释。

参与的范围,旨在进一步加强少年审判程序的合理化和充实化。但是,有不少学者对于这种组合式的修改内容提出质疑。修改少年不定期刑适用要件以及提高刑期上限等少年刑罚措施,带来的后果是长期剥夺少年的自由,显示出日本对犯罪少年的严罚化进一步加强的趋势。

(一) 公设辅佐人的扩大能充分保护少年的权利

本次的少年法修改,将公设辅佐人制度的对象案件扩大到刑事案件嫌疑人公设辩护人制度的同一范围。因此,关于少年案件,从搜查阶段到审判阶段,律师的法律援助始终都得到公费保障。其对象案件数,约占少年被少年鉴别所收容案件的八成。在相关的广泛范围内,国家对律师辅佐人的权利保障的必要性、重要性进行确认,意义极为重大。但是,从少年案件中辅佐人的作用来看,有三方面的问题值得探讨。

1. 公设辅佐人扩大的目的与少年审判的本来构造相矛盾

从辅佐人的本来作用来看,辅佐人最重要的功能是支援非行少年或犯罪少年进行反省,克服非行,进而回归社会。然而,在 2014 年修改少年法中,公设辅佐人被视为检察官的对立当事人,这与少年审判基于保护主义理念的职权主义审问构造为前提的本质相矛盾。①

辅佐人是少年的伙伴。② 辅佐人与刑事辩护人类似但作用不同。辅佐人在保护少年权利的同时,与少年一起回顾过去的非行,思考将来的目标,考虑少年应返回的环境调整,将少年的所思所想与法官及调查官进行直接讨论,在审判中站在少年的角度陈述意见。通过少年审判,辅佐支援少年克服非行,这就是辅佐人的作用。在这个过程中,辅佐人与少年之间构筑起信赖关系,是非常必要且重要的。③

少年因具其脆弱性与迎合性等特征,在人身自由被束缚的情况下,需要接受律师的支援。律师成为辅佐人最大的价值,在于从少年嫌疑人阶段开始可以进行支援的方面,以及在少年被逆送到检察官时接着进行援助的方面。如果以少

---

① [日]佐藤香代:《少年法改正法案的动向——根据迄今为止的审议经过等》,载《法律时报》86 卷 4 号 2014 年,第 67 页。

② 参见[日]福冈县律师协会儿童权利委员会:《少年事件辅佐人手册(第 3 版)》,日本评论社 2013 年,第 1 页以下。

③ [日]安西敦:《保护案件的辅佐人》,载《法学 Seminar》59 卷 7 号 2014 年,第 29 页。

年的脆弱性为前提，从少年司法程序的最初开始可能参与支援的律师的存在非常重要。即使在逆送后，能够以已经构建的信赖关系为前提面临刑事审判，也会给少年带来极大的安心感。①

在承认选任律师辅佐人有益的程序中，主要重视之处，如果是非行事实及犯罪事实的认定，那么律师作为辅佐人活动的场合越增多，就越可能强调非行事实认定的切实化。因此，律师作为法律专家首先应发挥作用的地方，必须是限制法官的裁量保障正当程序。并且，律师辅佐人必须在理解少年法理念的基础上进行这些活动。从那种意义上看，关于原本期待律师的这种作用该如何发挥的议论，今后也越发显得重要。

2. 非律师不能成为公设辅佐人的问题

与成年人不同，辅佐人未必一定是律师（法10条）。若立足于该立场，关于进一步推进选任律师做辅佐人的制度的必要性是否存在，不能说没有问题。②由于推进律师被选任为辅佐人制度，导致其他非律师辅佐人被选任的可能性就将减少。本来，对于需保护性极高的少年，由家事调解委员会构成的“少年之友会”的会员担当辅佐人的情况很多。还有原犯罪少年作为辅佐人的情况。这种辅佐人属于BBS协会等更生保护志愿者团体。他们要么以非行少年、少女的哥哥或姐姐的立场，用平等的视线，与非行少年等交流，要么变成非行少年的父母身份，为援助非行少年而努力。③ 因此，有必要研究构造何种制度，才不会因律师辅佐人选任件数的增加，而阻碍本来存在的辅佐人多样性发展。比如，构建选任法律援助专家的律师辅佐人附加社会援助专家的制度。④

3. 公设辅佐人的适用范围存在欠缺

公设辅佐人的选任与以往的制度一样，基于法院的裁量。对象案件何种程度能选任，取决于法官的个别判断。并且，因暴行罪被少年鉴别所收容的虞犯少年，更需要公设辅佐人的援助，但并不适用该制度。

---

① ［日］后藤弘子：《公设辅佐人制度的扩大与检察官参与》，载《刑事法Journal》41卷2014年，第109—110页。

② 前引后藤论文，第109页。

③ 参见［日］高坂朝人：《我作为少年院退院者的辅佐人活动——所属三个团体中的事例》，载《法学Seminar》59卷4号2014年，第38—41页。

④ 参见［日］葛野寻之：《少年司法的新构筑》，日本评论社2003年版，第628页。

(二) 扩大检察官参与制度的根据何在

2014年修改法中,检察官参与制度与公设辅佐人制度扩大进行组合的形式,扩大到律师辅佐人对象案件相同的范围。但是,不应该因公设辅佐人对象案件范围扩大,就理所当然地扩大检察官参与案件的范围。之所以扩大公设辅佐人对象案件范围,是因为被采取观护措施遭受自由剥夺的犯罪少年、触法少年,被预想到权利侵害性强的重大处分,必不可少地需要法律辩护。这与事实认定的切实化所产生的问题不具有必然性。

1. 检察官参与制度扩大的立法事实不存在

在2000年修改法的讨论中,社会对故意致死案件高度关注,关于刑期的长期为3年以上的案件与类似的重大案件同样,也受到社会的高度关注。基于这样的立法事实,通过对这种社会关注度高的案件的非行事实进行切实认定,才能确保国民的信赖,因而允许检察官作为公益者参与审判。但是,2014年修改法中,缺少如同上述那样的立法事实。即便这样,修改法依然大幅度扩大检察官参与的对象案件。最终,几乎所有的少年犯罪案件的审判检察官都参与可能。

2. 检察官参与制度本身所存在的问题

在少年审判中,检察官作为审判协助者参与,但检察官本身是搜查少年的机关,也是向家庭法院进行移送的机关,属于与少年之间存在利益对立的当事人。因此,检察官参与少年审判,对非行事实有所争议的少年将被置于比成年人更糟糕的不利地位,真实的发现越发困难。① 少年审判与刑事审判不同,审判本身具有教育机能。专业化的家庭法院调查官对少年及辅佐人的意见认真倾听,恳切且平稳地进行审判,具有教育意义。② 但是,实质上属于追诉官,作为公益代表的检察官同坐本身,与本来审判的目的并不相符,有可能带来少年审判本质的变动。如果少年否认,作为搜查机关的检察官可能进行强力补充搜查摧毁少年的否认主张。少年经过检察官严厉究问式的询问,即使终于获得辅佐人的援助,接着作为究问当事人登场审判,这也许就不能称为是公正的审判。因此,为切实进行非行事实的认定,应当追究让检察官参与制度本身的问题。

2000年少年法修改以后,"非行事实的重视",向对所涉犯罪的"应对的责任

---

① 参见[日]山崎健一:《从律师的立场看2014年修改少年法——以公设辅佐人制度的扩大及今后的课题为中心》,载《法律的广场》67卷9号2014年,第32页。

② [日]山口直也:《第4次少年法修改案的研究》,载《立命馆法学》345号、346号2012年,第886页。

论”转化，不仅对少年非行背景的关心在后退，少年的刑事裁判化色彩更加鲜明。[①]

（三）严罚化进一步加强的刑期修改

2014年修改法，对少年刑规定的修改，与从前的规定相比，无论是不定期刑的短期与长期的提高，还是无期徒刑量刑上限的提高，抑或是无期徒刑缓和刑的假释要件的提高，都是允许重量刑、长刑期的内容。

1. 对立法事实的疑问

2014年少年法修改，旨在切实进行少年刑事审判中的科刑。其基础是，“在基于现行法对少年所能科处刑罚的范围内，存在一些对犯罪少年难以进行切实的科刑的案件”。但是，对判例研究的结果表明，2014年修改少年法的立法事实欠缺。作为促成这次法修改的审判实务上的要求，对少年科刑的方式产生疑问的判例有6件，在法制审议会作为资料展示，其中登载公开发行审判判例集的仅有1件。[②]

关于“刑罚的提高”，不同于一般少年案件，因设定特异事例才使讨论显得毫无悬念。但是，这种提高是侵蚀少年法的基本理念和构造的内容。不定期刑受刑人的刑罚执行率，年年都在提高。相反，假释率显著降低。提高设定特殊事例的刑罚的上限，可以看出对其的影响。

2. 刑期提高导致少年刑的崩溃

2014年修改法，致使根据少年的特性通过长期累积重复而来的少年刑减轻理念大幅度后退。[③]

大正少年法以来，对少年刑期的减轻，是基于富有可塑性、更加可以期待改善更生的少年特性产生重复积累而来的。2014年修改前的少年刑规定，几乎是整个吸取大正少年法的规定。其体系，是报应刑与教育刑并列。将少年刑的基本设为不定期刑，是教育刑思想的体现，但规定死刑、无期徒刑.监禁、无期刑的

① ［日］佐佐木光明：《新的公共秩序与第四次少年法修改》，载《法学Seminar》59卷5号2014年，第3页。

② 参见［日］本庄武：《对少年的刑事处分》，现代人文社2014年版，第258页；［日］武内谦治：《对少年的严罚化（少年法修改）》，载《法学Seminar》60卷3号2015年，第32页。

③ ［日］津田玄儿：《关于少年刑事案件处分规定的修改》，载《法律时报》86卷4号2014年，第64页。

缓和刑等一连串的条款,是报应刑的体现。本次修改,显示出朝向强调不定期刑的教育刑性质方向的内容。2014 年的法修改,可以认为是切实维持作为报应刑的量刑均衡的措施。但是,形式上的量刑均衡,导致不定期刑的教育刑性质后退。具体而言,由于假释与短期刑的终了没有进展,而又加强长期依存性,产生少年刑整体的教育效果后退的悬念。

迫使处于成长期的少年,通过缓和刑 20 年,不定期刑长期 15 年,与社会切割开来接受受刑生活,可能造成其极难回归社会,再犯的风险剧增。超过"作为最后手段的最短且适当的期间",威胁少年的尊严。本来,少年刑与对成年人的刑罚的前提就不同。将其视为成年人的刑罚、作为成年人共犯的情况提出,与其进行比较时产生难以进行适当量刑的事例本身,就是犯有将完全不同性质的内容进行同列比较的错误,这是就连强烈依存刑罚的大正少年法也没有采取的姿态。① 因此,有必要对不定期刑处遇内容进行改善,并且对教育刑的理念进行再确认。②

参考文献

[1] [日] 安西敦:《保护案件的辅佐人》,载《法学 Seminar》59 卷 7 号 2014 年。

[2] [日] 檞清隆:《关于"少年法部分修改的法律"》,载《刑事法 Journal》41 卷 2014 年。

[3] 葛野寻之:《少年司法的新构筑》,日本评论社 2003 年版。

[4] [日] 后藤弘子:《公设辅佐人制度的扩大与检察官参与》,载《刑事法 Journal》41 卷 2014 年。

[5] [日] 佐佐木光明:《新的公共秩序与第四次少年法修改》,载《法学 Seminar》59 卷 5 号 2014 年。

[6] [日] 佐藤香代:《少年法改正法案的动向——根据迄今为止的审议经过等》,载《法律时报》86 卷 4 号 2014 年。

[7] [日] 泽登俊雄:《少年法入门》[第 6 版],有斐阁 2015 年版。

[8] [日] 武内谦治:《对少年的严罚化(少年法修改)》,载《法学 Seminar》60 卷 3 号 2015 年。

[9] [日] 高坂朝人:《我作为少年院退院者的辅佐人活动——所属三个团体中的事例》,载《法学 Seminar》59 卷 4 号 2014 年。

---

① 参见前引津田论文,第 64 页。

② 参见[日] 泽登俊雄:《少年法入门》[第 6 版],有斐阁 2015 年版,第 265 页。

[10] [日]团藤重光・森田宗二编著:《新版少年法》(第二版),有斐阁1984年版。

[11] [日]津田玄儿:《关于少年刑事案件处分规定的修改》,载《法律时报》86卷4号2014年。

[12] [日]平场安治:《少年法》(第2版),有斐阁1987年版。

[13] [日]福冈县律师协会儿童权利委员会:《少年事件辅佐人手册(第3版)》,日本评论社2013年。

[14] [日]本庄武:《对少年的刑事处分》,现代人文社2014年版。

[15] [日]守山正・后藤弘子编著:《Beginner's少年法》(第2版),成文堂2008年版。

[16] [日]山口直也:《第4次少年法修改案的研究》,载《立命馆法学》345号、346号2012年。

[17] [日]山崎健一:《从律师的立场看2014年修改少年法——以公设辅佐人制度的扩大及今后的课题为中心》,载《法律的广场》67卷9号2014年。

“二战”以后全世界审判日本战犯第一案

马　军*

[摘　要]“二战”结束以后，为了维护国际正义，惩治战争暴行，同盟国方面依据《波茨坦公告》等一系列国际法律文件，在远东各地对日本战犯进行了司法审判。在当时的“远东之都”——上海也曾有过“上海审判”，且开庭时间上最早，规模和重要性亦不逊色。1946年初，驻华美军司令魏德迈将军奉命在中国上海组建美军军事法庭，审判日本军队在中国大陆和台湾地区杀害美国空军被俘人员的有关案件。“镝木正隆在汉口残杀美国飞行员案”是整个上海审判的第一案。

[关键词] 战犯；日本；美军；提篮桥监狱

一

“二战”以后，同盟国方面对日本战争罪犯的审判，最早是从上海开始的。

1946年1月24日晨10时，驻华美军所设的战犯审判委员会(American Criminal Commission)在上海华德路提篮桥监狱② 开庭首次提审日本战犯。是时，提篮桥监狱戒备森严，沿路四铁门均有美军宪兵和中国法警共同严密把守。新闻记者必须获得美军方面特发的通行证后方能进入。电梯亦由美军宪兵驾驶。四楼东首房间，即为审判所在地，其内油漆新刷，审判官面对室门而坐，两面崭新的美国国旗则分挂于其背后墙上，右边为日本战犯席，左边则为记者席。除审判官五人、日本战犯十八人、检控官两人、辩护人一人、日语翻译官三人、女书

---

* 马军，上海社会科学院历史研究所研究员，研究方向：上海史、中日关系史，主要研究成果：《全面抗战时期中国文化界译介日本“中国研究”文献目录简编》。

② 该监狱原为上海公共租界所建。

记员一人外，共到新闻记者三十余人，旁听者四十余人。

开审前 10 分钟，18 名日本战犯由美军宪兵押送鱼贯入场，分成 3 排入座，每排 6 人。各人概况见下表 1：

表 1　18 名日本战犯

中文姓名	日文姓名	职衔	英文职衔及姓名	案发时所属部队或单位
镝木正隆	镝木正隆	少将、参谋长	Major-General Masataka Kaburagi	第 34 军司令部
福本亀治	福本龜治	大佐	Colonel Kameji Fukumoto	汉口宪兵队本部
酒井定次	酒井定次	少佐	Major Sadatsuku Sakai	汉口宪兵队本部
小坂庆助	小坂慶助	大尉	Captain Keisuke Kosaka	汉口宪兵队本部
藤井力	藤井力	准尉	Warrant officer Tsutomo Fujii	汉口宪兵分队
增井昌三	增井昌三	曹长	Sergeant-Major Shozo Masui	汉口宪兵分队
久松稔	久松稔	曹长	Sergeant-Major Minoru Hisamatsu	第 34 军司令部
山口久吉	山口久吉	军曹	Sergeant Hisayoshi Yamaguchi	第 34 军司令部
冢田孝吉	塚田孝吉	军曹	Sergeant Kokichi Tsukada	汉口宪兵分队
竹内义幸	竹内義幸	军曹	Sergeant Yoshiyuki Takeuchi	汉口宪兵分队
藤井顺一	藤井顺一	军曹	Sergeant Junichi Fujii	汉口宪兵分队
白川与三郎	白川与三郎	伍长	Lance-corporal Yosaburo Shirakawa	汉口宪兵分队
西川正治	西川正治	兵长	Sup. Private Lance-corporal Shoji Nishikawa	第 34 军司令部
增田耕一	增田耕一	军曹	Sergeant Koichi Masuda	汉口宪兵队本部
水田胜	水田勝	上等兵	Lance-corporal Massaru Mizuta	汉口宪兵队本部
真锅良一	真鍋良一	领事	Civilian Ryoichi Manabe	日本驻汉口领事馆
浜田正平	浜田正平	警员	Civilian Shohei Hamada	日本驻汉口领事馆
加藤匠	加藤匠	译员	Civilian Takumi Kato	“模范青年队”

后 3 人由于并非军人，所以身穿便服，其余则均着草黄色哔叽军服。诸犯入场后态度沉静、面无表情，有数人竟举头仰视，好似旁若无人。

10 时正，美军主审官米都顿准将（Brigadier-General John W. Middleton，又

译密德顿),偕 4 名审判官史冰克上校(Colonel Allen R. Springer)、奥斯特上校(Colonel Edward F. Rector)、迦度上校(Colonel Antonio L. Gado)、米撒中校(Lieutenant-Colonel Harry M. Manser)均着整齐短形军服入席,审判随即开始。首先由书记员和翻译官宣誓,翻译官中有一人名叫咸俊龙,系美籍韩人,曾在美任法学教授,精通英、日文。继而由检控官韦斯中校(Lieut. Col. Willis A. West)发言,其副手是杰拉德上尉(Captain Lynn J. Gillard,又译加兰德)。韦斯宣读了驻华美军总司令魏德迈中将(Commanding General of U.S. Forces, China Theatre)的公文,请庭上接收,接着便开始宣读起诉书,大旨是:被告 18 人曾于 1944 年 12 月 16 日左右,在汉口违反国际公法,以惨无人道之酷刑,虐待被俘美飞行员 3 人,在绞杀前又将彼等在闹市区游街。上述罪证确实,故要求庭上判处被告死刑。韦斯中校另称,此案另有 4 名涉案人在逃①,还有一名涉案人服部守次中佐(Lieutenant Colonel Moriji Hottori)则已于 1945 年 11 月 23 日在美军看管下畏罪自杀。宣读诉状时,场内空气极为紧张,各被告均手持起诉书,静听译语,逐句对看。藤井力准尉明显露出了忧虑恐怖之色。之后,主审判官问被告方:"有何答辩?"被告副辩护人赖维尔上尉(Captain Maurice Levin,又译李文、利威云、蓝文,后升少校)声称,正辩护人哈金斯中校(Lieutenant Colonel Edward M.Hudgins,又译胡金、克金斯)尚未到沪,而自己也来沪未久,所得材料未全,案情尚未仔细研究,所以要求延期两星期后再审。鉴于原告方对此亦无反对,审判官们商洽后宣布休庭,择日仍在原处重审。

此次庭审前后仅 30 分钟,诸被告随后排队押出。其全部过程已由美军通讯部录音,下午向全球广播,庭审期间,记者照相机之镁光灯和摄像机之声音交织不停。②

①

中文姓名	日文姓名	职衔	案发时所属部队或单位
寺田幸一	寺田幸一	宪曹长	汉口宪兵分队
中村胜吉	中村勝吉	宪曹长	汉口宪兵分队
泰重春	泰重春	曹长	第 34 军司令部
泉喜一	泉喜一	中尉	第 34 军司令部

② 《美军审判委员会首次提审日战犯申报》1946 年 1 月 25 日,第 4 版;《汉口惨杀飞行士案,日战犯昨侦讯》,上海《大公报》1946 年 1 月 25 日,第 3 版;Japanese War Crime Charges, *North China Daily News*, January 25, 1946.

二

1946 年 2 月 1 日和 2 月 4 日上午，美军战犯审判委员会分别进行了第二次和第三次庭审。其间，检控双方辩论极为激烈，意见难趋一致。日本战犯仍坐于被告席上，聆听美军上尉翻译官用日语向他们解说辩论过程。首席审判官米都顿将军主张应以“一视同仁”之手段，给各战犯以“公平的审判”。而检控官韦斯中校则表示：“吾人今日对于日本战犯之宽大，已达最高点，战争期间，日人强以罪名加诸美飞行员身上，并以不合法的审判而置美飞行员于死地，此种飞行员于审判法庭中，日人并未给以辩护律师，渠等更无自辩之机会，故今日日人所受之待遇，实为战犯所梦想不到之优待。”①

2 月 11 日上午 9 时开始的第四次庭审历时达 7 小时之久，原被告双方律师继续激烈交锋。被告辩护人赖维尔少校首先对美军当局在华设立军事法庭的合法性提出质疑，他说：“美政府在华既已取消治外法权，且又并未占领中国境内之土地，同时，军事法庭仅能由军事政府所设立。根据法律，美军当不能在华组织军事政府。”“美军所以能在德日设立法庭，因此两国乃属战败国，与中国立场不同，根据侵害中国法权方面而言：美军在华审判日战犯，似有违国际公法。”检控官韦斯中校则当即辩驳：“设立美军事法庭之权，乃属于美军在华战区总司令者，而美军总司令之设立此法庭，亦乃受命于太平洋战区之联合委员会。此种情形，即在菲律宾、日本或德国均同样可通行。”“审判战犯并无地区之分，无论在任何国家均可执行，中国对此事未表反对。”主审官米都顿将军表示，对双方意见会予以考虑，然后再作决定。之后，米都顿一一询问了十八名战犯是否认罪，各犯竟一一高声作答：“无罪。”接着，韦斯中校向法庭提供了四份文件，前三份是战时美国政府向瑞士政府和日本政府的发函，大旨是要求日本遵守国际公法、不得杀害战俘；最后一份是美国飞行员歇弗中尉的证词，他曾同三名飞行员一同被俘，同受虐待，但侥幸未死。韦斯中校又请法庭传唤原日军 34 军汉口战俘监狱日籍看守立田外次郎前来作证，立田曾负责向美国飞行员提供食物，并曾目睹他们被虐情形。中午 12 时休庭后，下午 1 时半法庭继续开审，从汉口赶来的中国人杨德

① 《美战犯审委会审讯战犯》，《申报》1946 年 2 月 2 日，第 3 版；《审讯日战犯，两种不同观点》，《申报》1946 年 2 月 5 日。

有、张家元先后到庭作证,为他们担任英汉翻译的是生长在北平的柏斯丁上尉。杨德有是住在汉口日本居留民团火葬场附近的农民,曾目睹三位飞行员尸体被焚烧的经过。而张家元是该火葬场的管理员,1944年12月17日日军曾命他打开两座火葬炉焚尸,事后又命其将骨灰掷入水中。但张并未服从,而是与同人宋文清(又作宋文进、宋文达)一起,偷偷地将三人的骨灰埋在附近,并做好记号。抗战胜利以后,遂将上述情况报告给了前来调查的美军当局。[①]

是日,庭上除了原有的60个记者席外,又增设了100个旁听席,并于早晨在监狱外发旁听证,任何人均可领取,发完为止。

紧接着,第五次庭审于次日(2月12日)早晨9时开始,美军调查失踪人员委员会贝次中尉(Lieut.John L. Bates)将在张家元引导下发现的3名飞行员遗留的皮带扣、指甲等证件呈庭作证。接着出场的是汉口人宋文清,他叙述了1945年秋他向美军人员指点骨灰埋藏地点,并帮同搬出的情形。是日下午,战时曾在汉口为国民党政府从事地下工作的罗静文(现任汉口警察局侦缉队员)亦到场作证,他详细回忆了1944年12月16日下午日本宪兵押着3名美国飞行员在汉口街道上游街并实施痛殴的情形,其中一名美军曾被击伤鼻部,满脸鲜血。罗静文还在被告席指出3人——藤井顺一、竹内义幸、冢田孝吉当时就参与了殴打。下一个证人是战时"日本驻汉口领事馆"的警员木多三郎(Kida Saburo),木多亦叙述了美国飞行员被押游的经过,并称曾目睹竹内义幸实施了殴打行为。韦斯中校遂面向被告席询问18名被告中有无此人?木多三郎正要指认,竹内义幸竟自行起立,结果引得在场者哄堂大笑。是日庭审中,各被告大多愁眉深锁,低头不敢仰视,可见对于昔年暴行已颇有愧疚,与先前的若无其事状明显有了区别。[②]

2月13日和14日,检控官韦斯中校继续向法庭举证,他试图表明对被俘美军实施游街并予以杀害,是日军第34军和日本领事馆11月末就在一系列的会议上共谋的。他除了朗读若干被告在美军预审时的供词外,还传唤了多名日籍证人,各人证言多有出入。前34军参谋松浦觉证明,将美军飞行员游街是参谋长镝木正隆批准的;前汉口日本宪兵队本部酒井定次少佐供称:将美军飞行员

① 《美军续审日战犯,双方有激烈辩论,定今日上午开庭再讯》,《申报》1946年2月12日。

② 《美军续审日战犯,四证人出庭陈述》,《申报》1946年2月13日,第4版;Hankow Atrocity Trial Continues, *North China Daily News*, February 13, 1946。

游街示众4小时并将他们杀害和焚化,实际上是泉喜一中尉(Izume Kiichi,日军34军新闻报道组组长,在逃,据说在朝鲜北部)主谋的,而他自己在美飞行员被游街时派出了五、六名宪兵沿途维持秩序,但对当夜焚化一事却不知悉;福本龟治大佐则称,杀害美国飞行员之事是酒井和泉两人共同负责的;前34军参谋长镝木正隆的供词表明,就如何处置美国飞行员,他曾和第34军军司令官佐野(Sano)忠义中将(已在1945年冬病死)洽商,鉴于美机频繁轰炸汉口,当地民众损失至巨,极为愤慨,故而佐野将军决定采取游街示众的方式。他曾劝告佐野将军取消游街,因为这样会给美军以违反国际法的口实。至于后来三名美军被处死之事,他则完全不知情,也从未下过处决的命令。前日本领事馆的警务处处长Yashitaro Shinohara则宣称,真锅良一对于12月15日对游街之事进行了详细的安排。加藤匠则证明,在日领馆的一次会议上泉喜一中尉安排青年模范团参与游街活动。韦斯中校还宣读了已自杀之服部守次大佐(前汉口宪兵司令部司令,战后在汉口被捕,因病在美军医院就医时仰药自杀)的遗书,大意是:将三名美军游街,是其下令,他人不过执行而已,不应有罪……概而言之,诸被告为避罪起见,一方面,力图将下令游街的责任推给已死或在逃之人(佐野忠义、服部守次、泉喜一);另一方面,又诿过于汉口观望游街的中国民众,似乎是后者对美军实施了虐待。至于何人下令处决三名美军,则始终不清不楚,无人认领。[①]

2月15日,庭审进入关键阶段,上午开庭后韦斯中校即宣读了若干被告此前所作的签字供状,其中包括增田耕一、久松稔、竹内义幸、藤井力、白川与之郎、西川正治、山口久吉等人。他们均曾直接或间接参与了1944年12月16日晚8时在汉口日军宪兵司令部附近广场上的杀人行为。各人口供大意是:那天晚上天气寒冷,上司(主要是汉口宪兵司令部司令服部守次大佐)命令他们十余人将三名美军飞行员处死。于是,他们先在司令部门前等候一辆载有三名美军(在先前的游街中已被打得遍体鳞伤,不能直立)的大卡车到达,然后一同开赴附近广场,随即用麻绳将三人逐一绞死。美军在未完全断气时,曾挣扎了约20分钟。三人气绝后,大家便将尸体运至日本居留民团火葬场焚烧,由中国火夫点燃焚尸炉,事毕时已至10点半钟。在供词中,久松稔称:"我只在旁观看,我从无杀人之

① 《日战俘续受审,证人支吾其词》,《申报》1946年2月14日,第4版;《日战犯受审》,(上海)《民国日报》1946年2月15日,第3版;Hankow Japs Deny Responsibility, *North China Daily News*, February 13, 1946。

经验,故不敢下手。”白川与之郎则说:“我没有杀人,我把绞绳的一端交与别人,让他去动手。”西川正治称:“参加杀人工作之后,常常失眠。”山口久吉自称:“帮忙同辈杀人后,心绪烦乱,并自叹命途多舛。”增井昌三供认:“我只帮助大家将美军搬运至车上,并未参加行动,将战犯游街之事,则完全依照司令部之意,以期嫁祸于汉口市民身上,因为此事发生在汉口大轰炸的第二日,市民对于炸后汉口的满目荒凉,表示异常悲痛,故对于美国飞行员恨得咬牙切齿。”众人均供称,为了掩饰暴行,日军上级部门曾指示大家,若有人问及这三名美军下落,可答称已将他们押往上海。各犯口供的最后一句均是:“我对于三名美国飞行员之死感到十分惋惜。”

被告辩护人对原告方的上述举证表示反对,认为这些口供系先前美军在汉口用威胁方式取得,且美国在华已无治外法权,故应将本案注销。这一意见立即遭到了法庭的否决。是日,日本战犯被首次从座中提出,召至庭前盘问。第一个是年方26岁的增田耕一,他被叫到名字后,缓步上前,面上充满忧恐与愤怒之色,每次回答审判官之问话时,低垂其头,思索良久后才回答“是”或“不是”。[①]

2月18日晨,著名的美国飞虎将军陈纳德由中国航委会外事科科长舒伯炎上校陪同前往提篮桥美军法庭听审,法庭颇感荣幸,特地为他设立首席旁听席。他的到来引起了在场人士的注意,当年被惨杀的3名飞行员便隶属于其指挥的美军第14航空队(俗称飞虎队)。(1944年12月18日,该航空队获悉3名飞行员被杀,再一次轰炸汉口日本目标以示报复,当时有不少中国人亦受波及而罹难。)上午开审后,被告辩护律师哈金斯中校及赖维尔少校先后发言,请求法庭开释被告真锅良一、浜田正平、加藤匠、久松稔、山口久吉、水田胜、冢田孝吉、竹内义幸、藤井顺一,理由是他们系奉命行事,而且并未参加杀人。辩护人尤其强调一点,即全案不能看作“共同阴谋”,因为地位低级之军政人员根本无共谋之资格,故全案应个别审判。如果个别审判,则上述诸人,均不应有罪。具体来说,真锅曾反对游街;浜田不过适值勤务,故而引导宪兵至刑场;加藤只是担任中日文翻译而已,亦不足道。所以“检控官一定要把他们拉进来,未免过分”。至于久松等6人,有的是奉命押送飞行员,有的是奉命在游街时沿途保护,有的则在沿途

① 《审讯日本战犯,当庭宣读供状,被告承认绞毙美飞行员》,《申报》1946年2月16日;《汉口日战犯将宣判》,上海《大公报》1946年2月16日。

拍照，还有的是在三名飞行员死后协助火化。执行上述命令，本身并不非法。赖维尔少校由此感慨地说：“诸位，我们今天在审判别人，也就是自己在受审判。我们所说所为，将为后来许多法学家研究检讨，我希望大家要公正。”面对辩护人的咄咄逼人，检控官韦斯中校引经据典予以反驳，他说明了“共同阴谋”的含义，因此，“被告无论全部与议，局部与议，并未同意，全部参加行动，或担任一部分工作，均为‘共同阴谋’之一份子，不能认为无罪”。5 位审判官多数并非法学专家，韦斯中校不断对法律名词详细说明。审判官最终拒绝了被告辩护人的请求。下午庭审时，被告辩护人展示了一张前驻汉口日军第 34 军的组织序列图，并传镝木正隆、福本龟治及前汉口宪兵司令部官佐藤井力准尉上前答问。辩方试图以序列图说明第 34 军军司令官佐野忠义中将可以直接命令泉喜一中尉（第 34 军新闻报道组组长），中间不一定要经过军参谋长镝木正隆，而第 34 军军部也可直接下令给汉口宪兵支队服部守次大佐，福本龟治大佐有可能完全不知情，故此应该承担责任的是佐野（已病故）、服部（已畏罪自杀）、泉（在逃），而非现在的 18 名被告。赖维尔少校语锋犀利，数次发言均引起哄堂大笑，18 战犯亦情不自禁发出笑声。检控官在询问镝木正隆时，后者说佐野军司令官曾两次向他谈及准备将美战俘游街以作宣传，他曾表示异议，认为此举有可能影响在美日人的安全。但佐野仍下令实施游街，故镝木曾将此令传达给泉喜一中尉，由泉执行。至于最后处以绞刑的命令是何人所下，他也不知道。其他问题，镝木常以“不记得，对不起”加以回答。①

在 2 月 19 日、20 日的庭审中，原被告双方的辩论依然激烈，被告辩护人哈金斯中校恪守职责，仍试图以日本军规“执行长官的命运就是执行天皇的命令”为由为各犯脱罪，至少也要减轻各人的罪名，而检控官韦斯中校则当仁不让，极力为死者伸冤。于是法庭之间，舌战不止，五名审判官颇有左右为难之势。韦斯中校曾质问镝木正隆少将，是否知道美军飞机曾分发传单要求日军不得虐待战俘？是否知道瑞士领事曾提交抗议书表明对战俘实施游街将违反国际公法？镝木正隆供词含糊，答非所问，始终坚称“吾并未发任何命令”或“吾不知”，并仍竭力将罪责推给已死之第 35 军军司令官佐野中将，坚称“在我官职范围内，我不能

① 《美军续审日战犯，陈纳德将军亦到庭旁听》，《申报》1946 年 2 月 19 日；《汉口日战犯案，展开激烈辩论》，（上海）《大公报》1946 年 2 月 19 日。

改变他的命令”。福本龟治(前汉口宪兵司令)受讯时自称对游行之事不赞成,只是奉命派宪兵出动配合,而派宪兵的理由有三:(1)为保护美国飞行员;(2)为预防彼等逃脱或自杀;(3)军令如山,不得违反。当被问及是否知道将战犯游街有违国际公法及人道,福本说:“知道,故不赞成。”福本之后接受讯问的是酒井定次,他声称自己是在杀害美飞行员的事件发生后,才接到泉喜一中尉报告的,当时日军以为可以借此游行机会,大肆宣传,并伪称日人已打落美国飞机。他当时曾与福本龟治谈及此事,福本说怕会有麻烦,但既是命令,只好执行,所以“我毫无办法”。遇到关键问话时,福本和酒井亦常以“不记得”“不知道”“我不清楚”或“我没有做此事”来应对。①

2月23日上午,美军法庭提审了前日军第34军新闻组西川正治。西川承认曾目睹三名美军飞行员被绞死,并将其中一人推倒在地,他说:“吾奉命守卫火葬场监视战俘,以免彼等逃脱。又帮同抬已死之一美飞行员之腿至火葬处。”但究竟是谁亲手执行了绞形,西川却称不知,“因时在夜间,仅知秦重治军曹(此人失踪)令人将绳取来”。法庭继审汉口日宪兵队情报处代理处长曹长增井昌三,增井声称:自己曾接获师团命令,令其与其他3宪兵在游街时负责维持秩序,故而将三美军捆绑押出游街,事后又协助他人对3人实施了绞刑。检控官韦斯中校曾问其对3人之死是否抱有怜悯和歉意?增井表示,现在确实感觉3人很可怜,但当时却无法顾及,因为面对上司的命令,是不能反抗的。②

三

2月28日晨9时半,在历经了一个多月的庭审后,美军战犯审判委员会对18名日本战犯进行了宣判,主审官米都顿将军以响亮的语调宣读了判决书。此时场内空气极为紧张,各犯均仔细聆听译员的译词。各犯涉及罪行有三:(1)虐待美空军3人迫使游街示众;(2)残害三人并置彼等于死地;(3)参加以上两项,并作计划与行动上之参与,对全程发展有关。判决结果如下:镝木正雄、藤井力、增井昌三、增田耕一、白川与三郎被处绞刑;福本龟治处无期徒刑;滨田正平无罪;其余十四人均被处一年半至二十年不等的有期徒刑。主审官曾问原被告

---

① 《杀害美军飞行员案续审,双方激烈辩论》,《申报》1946年2月20日,第4版;《续审十八日战犯,决展期正式宣判》,《申报》1946年2月21日。

② 《汉口日军残杀美飞行员案,宪兵队情报处代处长,供述勒死时情形》,《申报》1946年2月24日。

双方对审判结果"有若何意见",双方律师均答称"无意见"。全部程序历时仅20分钟,日战犯在宪兵押送之下鞠躬而退。绞刑判决须在驻华美军司令魏德迈将军批准后始可执行。①

4月4日,魏德迈将军对判决书进行了核准,除对其中被判有期徒刑的3人(冢田孝吉、竹内义幸、藤井顺一)因"证据不足"予以减刑外,其余均维持原判,不予赦免,并确认4月20日至27日间对5名死刑犯执行绞刑。② 由此,各犯的刑期被确定如下(见表2):

表2 各犯的刑期

中文姓名	刑　罚
镝木正隆	死刑
福本龟治	无期徒刑
酒井定次	有期徒刑20年
小坂庆助	有期徒刑3年
藤井力	死刑
增井昌三	死刑
久松稔	有期徒刑15年
山口久吉	有期徒刑15年
冢田孝吉	有期徒刑15年
竹内义幸	有期徒刑15年
藤井顺一	有期徒刑15年
白川与三郎	死刑
西川正治	有期徒刑15年
增田耕一	死刑
水田胜	有期徒刑1年6个月
真锅良一	有期徒刑3年
浜田正平	无罪
加藤匠	有期徒刑3年

① 《日战犯十八名判决,五犯处绞刑,仅领馆警员一名无罪》,《申报》1946年3月1日;《日战犯昨判决》,(上海)《正言报》1946年3月1日。

② Wedemeyrer Confirms Sentences on Japs, *North China Daily News*, April 5, 1946.

四

死刑最后被定在4月22日晨于提篮桥监狱内执行,整个过程除执行人及证人外,绝对禁止外界进入。镝木正雄于8时17分被绞决,藤井力、增井昌三、增田耕一、白川与三郎依军衔大小先后被绞。具体流程是:一名战犯被缚双手由美军宪兵领出监房,导入绞刑室(18平方米,三面环壁,一面有窗),然后由美军审讯官汉姆上尉向其宣读罪状及判决书,并询问有无问题,再由宗教人士对其抚慰。最后犯人被押上绞刑台,紧系双脚,双目蒙蔽,颈上系上环绳,然后横杆一动,犯人身体即行吊起,数分钟内毙命。医官验明死亡后,以布包裹后装入木棺中。如此循环五次,每绞一人中间均停留数分钟。尸体焚化后将连同衣物交给日方联络部。当被询问有无问题时,其中4人均摇头无语,只增井昌三一人请求将遗书上原填日期4月20日改为22日。增井毕业于日本教会学校,行刑前曾由西班牙天主神父柴拉士为其施洗,其他4人则由一日本和尚为其祈祷。5人被系上环绳时均狂叫不止。此次行刑由美军上海宪兵司令部负责监督,巴萨克中尉实际执行(巴氏前曾任艾森豪威尔之卫士),在场监视行刑的还有美新闻联络组主任凯脱(又译吉拉德)中校、美宪兵司令魏斯曼(又译韦斯门)中校、美战犯审判委员会法官威廉斯(又译威林斯)少校及美宪兵5人。其他无关人员一律禁止入内。①

从此案开始,直至同年9月间,上海美军法庭共计审判了8批47名日本战犯,判处死刑10人(实际执行6人,其中在上海执行绞刑5人,在广州执行枪决1人),判处无期徒刑6人,判处有期徒刑29人,无罪释放2人。是为世界范围内对日本战犯的首次审判,既伸张了正气,顺应了民意,也为后来中国方面审判日本战犯提供了可资借鉴的实践。

参考文献

[1] 上海市档案馆馆藏号Q1-6-411,《关于处理美军各司令部商借华德路鉴于押日本战犯及派军警协助戒护问题与高等法院警察局的来往文书》。

[2] 徐家俊:《提篮桥监狱对日本战犯的关押、审判与执行》,载《上海纪念抗日战争胜利60

① 《日战犯五名绞决,临刑前狂叫不已》,《申报》1946年4月23日,第4版;《绞决日战犯》,上海《大公报》1946年4月23日,第4版;《日战犯五名,昨晨绞决》,上海《民国日报》1946年4月23日。

周年研讨会论文集》,上海人民出版社 2005 年版。
[3] [日] 坂邦康编著:《上海法庭》,东潮社 1968 年版。
[4] 冈田舜平:《二つの戦犯裁判ードゥーリトル事件はいかに裁かれたか》,光人社 2009 年版。

图书在版编目(CIP)数据

日本社会观察.2016年/金永明,王虎主编.—上海:上海社会科学院出版社,2017
ISBN 978-7-5520-1932-2

Ⅰ.①日… Ⅱ.①金… ②王… Ⅲ.①日本—研究报告—2016 Ⅳ.①D731.3

中国版本图书馆CIP数据核字(2017)第053922号

日本社会观察(2016年)

著　　者:金永明(主编)　王虎(执行主编)
责任编辑:路征远
策划编辑:黄诗韵
封面设计:梁业礼
出版发行:上海社会科学院出版社
上海顺昌路622号　邮编200025
电话总机021-63315900　销售热线021-53063735
http://www.sassp.org.cn　E-mail:sassp@sass.org.cn
排　　版:南京展望文化发展有限公司
印　　刷:上海龙腾印务有限公司
开　　本:710×1010毫米　1/16开
印　　张:17.25
插　　页:2
字　　数:332千字
版　　次:2017年4月第1版　2017年4月第1次印刷

ISBN 978-7-5520-1932-2/D·445　定价:68.00元

版权所有　翻印必究